万川
reflections

一步万里阔

亨利·贝尔坦的
“中国阁”

【法】约翰·芬利——著
JOHN FINLAY

王子童——译

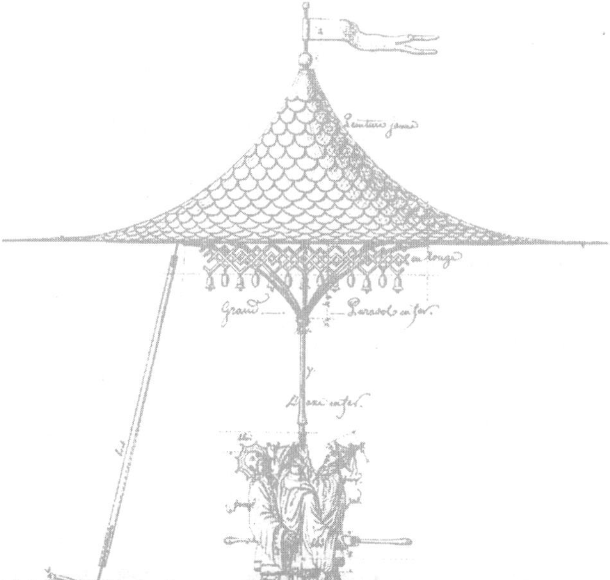

Henri Bertin and the
Representation of China in
Eighteenth-Century France 1st Edition

中国工人出版社

图书在版编目（CIP）数据

亨利·贝尔坦的“中国阁”/(法)约翰·芬利
(John Finlay)著；王子童译. -- 北京：中国工人出
版社，2025. 9. -- ISBN 978-7-5008-8778-2

Ⅰ. G125

中国国家版本馆CIP数据核字第2025L1D273号

著作权合同登记号：图字01-2024-5339

亨利·贝尔坦的“中国阁”

出版人	董　宽
责任编辑	邢　璐
责任校对	张　彦
责任印制	黄　丽
出版发行	中国工人出版社
地　　址	北京市东城区鼓楼外大街45号　邮编：100120
网　　址	http://www.wp-china.com
电　　话	（010）62005043（总编室） （010）62005039（印制管理中心） （010）62001780（万川文化出版中心）
发行热线	（010）82029051　62383056
经　　销	各地书店
印　　刷	天津中印联印务有限公司
开　　本	880毫米×1230毫米　1/32
印　　张	8.875　**插页**　0.375
字　　数	220千字
版　　次	2025年10月第1版　2025年10月第1次印刷
定　　价	68.00元

中文版序言

亨利·贝尔坦（1720—1792）在路易十五、路易十六时期担任国务大臣，他的这一经历对于理解 18 世纪中国与法国之间的交流具有至关重要的意义。贝尔坦对众多中国事物的热爱，使他成为志同道合者群体的核心人物。这些人与他一样，都认为中国是一个值得法国学习的国家。与当时许多欧洲人一样，贝尔坦将中国想象成一个由睿智且仁慈的君主统治、由博学的官员辅助的开明帝国，这种政府模式是欧洲人希望自己的统治者能够效仿的榜样。贝尔坦还认为，法国在“实用技艺”（实用或机械技能、手工艺、制造技术以及农业技术等领域）等方面也应向中国学习很多东西。我希望中国读者会有兴趣了解本书中呈现的现代早期欧洲对中国的描绘，这些描绘见证了两个世界之间的长期相互关系。

常驻北京的法国耶稣会传教团在很大程度上依赖贝尔坦的宫廷职位。那些被派驻清朝宫廷的传教士向他寄送的资料——图像、文章和译稿——在 1776—1791 年以《中国杂纂》为题出版。这些内容提供了关于中国的准确的第一手信息，对于当今的研究者来说，它们仍是非常重要的一手资料。

贝尔坦最初通过两位中国天主教神父——高类思、杨德望——与法国耶稣会士建立了联系。1765 年，高、杨二人返回中国时，随身携带了一套准备送给乾隆皇帝的重要礼物，礼物清单用法文书写。这些礼物不应被误解为法国呈交中国的贡品，而是旨在激发中国对法国文化与艺术创作产生兴趣。在欧洲历史的其他时期，外交礼物也曾起到过类似的作用，而赠送礼物的历史是两种世界文化交汇的重要组成部分。

贝尔坦认为，高、杨二人回国后能够为自己提供有用的信息。为了让高、杨二人能够研究并分享有关中国的信息，贝尔坦将他们的回国时间推迟了一年，并为他们提供了关于挂毯与瓷器等物品制造、科学与机械的技术培训，还教授了他们绘画技巧，以便他们能够详细对比并报告两国之间的差异。

档案文件详细地列出了从中国运来的物品清单，其中包含了超过 50 名接收者的名字，实际上这是一份贝尔坦所处圈子的详细名单，其中包括国王图书馆（现为法国国家图书馆）成员。其中一些人与贝尔坦的官方职位有直接关系，而另外许多人与他一样热衷于了解中国。档案文件中的物品清单，尤其是收藏于法国国家图书馆和法国研究院图书馆的清单，对于研究贝尔坦的藏品具有至关重要的意义。这些藏品在 1793—1794 年被法兰西共和国没收，随后在拍卖会上被分散出售。只有法国国家图书馆馆藏的一小部分素描、油画和版画被明确地认定是贝尔坦的收藏品。其他几乎所有物品实际上都已消失不见。

在贝尔坦收到的来自中国的众多文献中，其中一些是描绘孔子生平的插图和文字。这些内容反映了当时欧洲人对关于这位伟大的中国哲学家不断演变且时有矛盾的描述所产生的浓厚兴趣。孔子形象是启蒙运动时期欧洲推崇的“理想的中国”的主要来源之一，也是贝尔坦本人的榜样。贝尔坦于1778年在《中国杂纂》中收录了一篇关于孔子的简短传记。于1786年出版的《中国杂纂》第12卷收录了一篇由耶稣会传教士钱德明（1718—1793）撰写的篇幅更长的孔子传记。除了传记，该卷还包含了按时间顺序排列的孔子生平事件表、18幅印有文字的雕版版画的详细说明，以及延续至1784年的第71代传人的孔子家族族谱。

在对中国的理想化描绘中，亨利·贝尔坦甚至计划在巴黎以西的沙图庄园旁的塞纳河畔建造一座真正的中国建筑。在那里，他将像一位法式儒家学者那样度过余生，尽管法国君主制的覆灭使这些计划化为泡影。贝尔坦的遗产蕴含在多卷本《中国杂纂》以及保存在法国国家图书馆的版画和画册之中。

目　录

第三章 构建真实的中国

CHAPTER THREE

第四章 启蒙运动时期的法国儒家学者

CHAPTER FOUR

结　语

导　论

一则耐人寻味的逸事揭示了18世纪法兰西的时代精神：弗里德里希·梅尔基奥尔·格里姆与德尼·狄德罗曾记载，素有“王国最伟大哲人”之称的法国国王路易十五（1715—1774年在位）深感国内积弊。某日，他与五位国务大臣之一的亨利·贝尔坦专论革新民族精神之道，诘问方略所在。数日后，贝尔坦奏答：“陛下，需为法兰西民族注入中华之魂。”[1]此论深得圣心，路易十五遂令贝尔坦全权推行相关举措。格里姆与狄德罗继而简述始末：王室斥巨资延请两位中国“士人”赴法受教，后派遣其返华考察这一理想帝国，所呈报告终成贝尔坦主持的《中国杂纂》（*Mémoires concernant les Chinois*）鸿篇之基——此时第10卷行将面世。格里姆与狄德罗以戏谑笔调指出，或许“民族精神”尚未彰显贝尔坦妙策之效，但随即提醒读者，莫忘当年法国家居陈设皆崇尚中国趣味之盛况。[2]

亨利·伯纳德-马特尔在引用格里姆的逸事时，将其置于特定的历史语境中——路易十五统治时期，这位君主正频频遭受包括格里姆在内的文人群体的讥讽与攻讦。无论贝尔坦与法国国王对话的真实性如何，这段评述汇聚了18世纪中法知识迁移的核心张力——在追求实证认知的同时，也裹挟着时代特有的误读与困惑。这正是亨利·贝尔坦对华交往复杂性的缩影。17世纪末至19世纪初，在这个被学界称为“漫长的十八世纪”的时期里，欧洲持续探索着关于中华帝国的详尽知识。在此跨文化对话中，亨利–莱昂纳尔·让–巴蒂斯特·贝尔坦扮演了关键角色（见图0.1）。他试图通过借鉴中国模式改良法国，这种努力建立在对中国文化的系统性认知之上。贝尔坦的政治生涯始于1753年，直至1780年卸任国务大臣，其间他历经了路易十五与路易十六（1774—1792年在位）的统治。

18世纪欧洲对中国的认知虽非全然同质，但普遍构建起一个广为流传的理想化图景：这是一个由哲人君主与博学士大夫共治的开明帝国，其政体模式被部分塑造成批判欧洲君主制与经济弊病的镜鉴。[3]法兰西在所谓“实用技艺”领域——涵盖工艺技术、制造方法、农学等——亦多有效法中华之志。然而，值得注意的是，该术语几乎从未指涉中国美术领域，时人对中国绘画的评判体现出真知灼见，亦难掩其根深蒂固的欧洲偏见。与同时代学人相似，贝尔坦坚信，器物、科学标本以及视觉图像能够印证并深化文本知识。他在从中国寄来的信函与手稿页缘屡屡手书“voyez les peintures”（请见图示）字样，确证了文字必须与图像互参方能加深理解。这种“非图不足明理”的认知范式，构成了18世纪特有的心智结构，与当今图文互释的思维模式存在本质差异。置身于信息过载的现代社会，图像不过是流动的庞杂的认知元素之一，人们实难想象启蒙时代图文

图 0.1　勒内 · 盖拉德（约 1719—1790），版画《国务大臣兼国王勋章的司令亨利 · 贝尔坦》，画幅 51.1 厘米 × 34.5 厘米。亚历山大 · 罗斯林（1718—1793）于 1769 年前后为此幅画作命名。现藏法国国家图书馆。

的稀缺性：彼时，文字皆赖手抄或印刷，图像仅存于画稿、绘画或有限的版刻，其数量较之今日堪称珍稀。正因为18世纪末法国获取的中国图像的质与量俱受物理局限，所以诸多问题随之浮现——时人究竟赋予了这些图像多大的可信度？在图文互证（或如贝尔坦藏品的常见形态：以图证文）的认知过程中，掺杂了多少理想化想象？

所谓中欧“图像贸易”的认知体系，滥觞于17世纪中叶，至18世纪末的巴黎臻于鼎盛。该法语术语的字面义指涉“图像贸易”的商业行为，但与伏尔泰笔下的“思想贸易”“观念贸易”形成语义共振——后者强调公共领域思想自由流通的启蒙理念。[4]本书着重探讨的正是这种视觉图像的跨国流通机制。现代早期中欧文明相遇，初以文本与图像为媒介，借由探险家与传教士的著述展开；近乎同时，茶叶、纺织品、香料、瓷器等东亚商品亦如潮涌入，物质交流与知识传播并辔而行。本书聚焦的图像认知持续深化，实为跨国知识工程的重要维度：既有通过复刻版画广为传播的历史性图像，亦不乏仅限于精英鉴藏圈流传的秘藏珍本。“图像贸易”概念的本质在于主动构建与“中国”理念的认知契约——通过系统性地收集图像，解码这个遥远国度对欧洲文明的意义光谱。

现代早期中欧文明相遇（通常被界定为1500年后的历史时段）始终是国际学界关注的焦点，相关主题的学术会议、专题论著及文献目录层出不穷。[5]总体而言，现有研究多聚焦于17—18世纪初的宗教传播、商业往来与艺术交流。欧洲在这些领域与中国的持续互动，以及直至18世纪末方显端倪的新趋势，似乎尚未获得学界的充分关注。诚然，文明接触的初始阶段更具学术魅力，但18世纪晚期欧洲对华认知的范式转型同样值得深究：此时，欧洲致力构建精确翔实的中国知识体系，冀望从中获取直接效益。关键问题在于，这些来自东方的信息究竟在何种程度上被理解与传播？若摒弃“影响”这类被动表述，转而以“主动参与”的视角审视，贝尔坦及其交游网络如何将中国新知转化为改造欧洲的现实力量？事实上，贝尔坦身处一个跨学科的中国研究网络核心。档案文件显示，来自中国的货物清单列有逾50位接收者的姓名，勾勒出以贝尔坦为枢纽的学术共同体的轮廓：既包括国王图书馆等与其职务直接关联的官方机构人士，亦不乏渴求认知中国的同好之士。[6]

本书各章聚焦亨利·贝尔坦漫长求索历程中的关键节点——这位18世纪中法知识迁移的核心推动者，终其一生致力构建广泛且可靠的中国认知体系。其政务生涯的跌宕起伏与对华兴趣的演进轨迹互为表里：北京耶稣会士源源不断寄送的图像、典籍、器物以及自然标本，构成了一个持续扩容的跨媒介知识库。贝尔坦藏品的演变过程以及他对藏品的认知深化，贯穿毕生轨迹。本书的章节编排既遵循历时性脉络，也兼顾主题性。这场始于公共知识共享的智性探索，最终演变为一场极具个人特质的精神远征——在启蒙运动的集体求知浪潮中，贝尔坦以国务大臣的权柄与鉴藏家的慧眼，构建了中西认知史上一座独特的桥梁。

本书第一章“高类思、杨德望及北京法国耶稣会传教团”

勾勒出亨利·贝尔坦对华交往的缘起。这位启蒙运动时期法国政要的中国情结，可追溯至18世纪50年代其主政里昂期间——彼时，他作为丝绸产业监管者，已深度介入中法生丝贸易。1764年，两位赴法晋铎的中国天主教徒高类思与杨德望向贝尔坦申请搭乘法国东印度公司商船返华，此举激发了贝尔坦的灵感——将二人培养为跨文化信息员，系统报告中国实情。作为1763—1764年法国东印度公司主管，贝尔坦巧妙地运用了职权，推迟高、杨二人归期一年，并为他们安排了挂毯、瓷器等物品的制造技术培训，以及科学、机械、绘画方面的指导，旨在使他们能够对比并详细地报告两国之间的差异。1766年高、杨抵京后，即由北京法国耶稣会传教团接管，贝尔坦与耶稣会士的史诗级通信正式开启。这些跨越时空的对话的结晶即为1776—1791年刊行的15卷本《中国杂纂》。该套丛书不仅是18世纪欧洲汉学集大成之作，而且凸显了贝尔坦知识生产的双重维度：既译介《尚书》《礼记》等经典文献，又收录钱德明等传教士撰写的清朝中期时政报告；既有展现儒家礼制的精细版画，又独创性地以图像志的形式重构孔子生平——这位“中国圣哲”的形象嬗变，恰与启蒙思想家对理性君主的想象形成共振。正如后续章节所揭示的，孔子学说既为欧洲启蒙运动提供了思想资源，也成为贝尔坦改革法国行政体系的重要镜鉴。[6]

第二章“事实与幻想的景观”探讨了亨利·贝尔坦对华认知中精确再现与彻底虚构之间的复杂关系。本章主要研究中国皇家园林图像、相关的园景描绘以及同时代的园林理论。档案文件详细地记载了从中国运送给法国王室、贝尔坦及其交游圈成员的货物，其中的多幅画作描绘了圆明园（“万园之园”）。这座位于北京西北郊的清代皇家园林——时称“夏宫”——早在1743年就通过耶稣会士王致诚在《耶稣会士中国书简集》（*Lettres édifiantes et curieuses*）中发表的著名信札闻名欧洲——该套丛书作为广为流传的文献，正是《中国杂纂》的直系前身。被贝尔坦及其同时代人誉为“北京凡尔赛宫”的清代皇家园林，对欧洲园林理论与设计产生了深远的影响。法国传教士寄送了数量惊人的圆明园图像，其中包括绘画册页以及基于乾隆皇帝时期《圆明园四十景图》原作创作的清代宫廷木刻版画。然而，耶稣会士呈送贝尔坦的画作，混杂着可靠的视觉信息与不同程度的艺术想象。这些图像生发了重要问题：园林意象的中欧渊源何在？为何包含虚构成分？例如，某一系列精美的大型画作，将圆明园景致彻底重构为超现实景观。18世纪文献对圆明园图像与知识传播有着惊人的翔实记载，为理解当时欧洲的中国认知提供了重要实证。在与亨利·贝尔坦直接关联的鉴藏家群体内流通的中国园林与建筑图像，在18世纪中法知识迁移中起到了关键作用。值得注意的是，圆明园的相关知识直接启发了贝尔坦本人的建筑实践。

第三章“构建真实的中国”考察了欧洲人对中国建筑的认知。法国耶稣会传教士呈送贝尔坦的文献与图像中，最具创新性的内容聚焦中国建筑——这一主题此前在欧洲文献中鲜有系统论述。典型例证当数图文互证的温室（暖房）研究：五幅画作组成的册页以高度精细的透视法呈现中国建筑结构，而《中国杂纂》中的配套专论则详述了中国温室技术之先进，并阐明该技术若为法国效仿可获之裨益。1775年，亨利·贝尔坦收到了近200幅描绘中国建筑的绘画，并附有一篇详尽的长文。他将这些画作装订成两册，冠以《论中国建筑》（*Essai sur l'architecture chinoise*）的总标题。这批图文资料首次在欧洲系统地呈现了中国建筑全貌。在该书序言中，耶稣会士提出了核心问题："中国建筑是否值得被欧洲人认知？我们提供的知识能否产生实用价值？"彼时，法国建筑界正通过出版物传播欧洲历史传统、建筑理论与实践知识，由此确立了建筑作为一门值得严肃研究的艺术学科的地位。对于贝尔坦及其同时代人而言，建筑论述领域深受古典传统形塑——这种传统决定了耶稣会士向贝尔坦传递的非西方建筑知识的"真实性"标准。在非凡的《论中国建筑》中，中欧建筑差异始终是论述焦点，但贝尔坦等人显然坚信，中国建筑具有重要的认知价值。正是这种建筑知识的积累，最终激发了贝尔坦为自己营造中式建筑的渴望。

第四章"启蒙运动时期的法国儒家学者"聚焦亨利·贝尔坦传播中国知识的执着追求。这位国务大臣始终与北京传教士保持着密切通信，并明确通信的目的是建立可供学者与艺术家研习的收藏体系。他在巴黎宅第创设的"中国奇珍室"，汇聚了典籍、器物与绘画之精粹，堪称当时欧洲最完备的中国文化宝库，并且定期向求知者开放。贝尔坦坚信，视觉图像作为认知媒介，在传播精准可靠的中国知识方面具有不可替代性。这种理念与启蒙时代知识精英推动藏品公共化的潮流不谋而合。

1780年卸任公职后，亨利·贝尔坦矢志以毕生所集中国知识为蓝本，在位于巴黎西郊沙图（Chatau）的庄园营造具有真正中国特质的建筑群。他在此另建“中国阁”，试图将自己塑造为某种典范化的中国士人形象。与贝尔坦通信最为频繁的钱德明神父（1718—1793，他于1749年抵达中国）曾描绘其形象：这位前国务大臣成为清朝士大夫所体现的儒家理想的化身，其举手投足“俨然有中华风骨”。贝尔坦在沙图庄园的营造实践中，执着地追求建筑的中国本真性——与当时欧洲盛行的“中国风”（chinoiserie）装饰性园林建筑（以奇巧臆造的所谓东方风格为特征）截然不同，他力图在园林中融入纯正的中国景观元素。这段经历或许构成了贝尔坦中国认知实践中最错综复杂的篇章——现存关于沙图营建工程的资料，尤其是他与法国耶稣会士的通信，揭示了动态且时而矛盾的探索轨迹。贝尔坦掌握的中国建筑知识堪称卓绝——从园林营造技艺到纯正的中式室内陈设，无一不包；然而，基于上述认知的建造实践却问题重重。尽管如此，贝尔坦对中国的热忱毕生未减，沙图营造计划正是他在启蒙时代的法国，自我形塑为儒学文人的明证。

亨利·贝尔坦堪称启蒙时代欧洲知识精英的典范个案——这位博学且充满好奇心的国务大臣，穷尽一切可行之径探索中国奥秘。本书结语部分论及法国大革命后其藏品的流散命运、贝尔坦旧藏图像的更广泛传播以及耶稣会传教士对中国绘画的品评（这些论断折射出欧洲对中国视觉文化的认知与接受维度）。贝尔坦的特殊政治地位，使其得以持续获取北京法国耶稣会士（该团体活跃至18世纪末）提供的独家知识资源，传教士亦始终热忱地回应其孜孜以求的探询。考察18世纪末中欧文明相遇进程中某一个体的独特作用，有助于揭示人际关联与交游网络在收集与传播中国知识体系过程中的关键效能。亨利·贝尔坦正是这段历史进程中的核心行动者。无论是规模、品类、形制还是内容，贝尔坦的收藏皆冠绝欧洲——无论是视觉图像还是文献典籍，同期欧洲再无堪与其比肩者。

考证知识传播范围往往困难重重，或许最关键的证据莫过于出版行为本身。亨利·贝尔坦资助刊行《中国杂纂》，冀望其中图文并茂的内容能被广泛研读。贝尔坦收藏中基于文本与图像的其他同期出版物，也致力面向欧洲受众传播中国知识。诚然，当时欧洲对中国的认知远非完备——那些被误读的细节与今人明察的缺漏，本身便构成认知史研究的珍贵线索。19世纪初，欧洲的中国形象发生剧变，此过程虽肇端于18世纪，却迅速摒弃了贝尔坦及其同时代人认知中的理想主义色彩。18世纪末中法文明的相遇——尤其是以视觉图像为媒介的相遇，经由贝尔坦作出的开创性贡献，绘就了一幅截然不同的历史图景。

第一章
高类思、杨德望及北京法国耶稣会传教团

中法两国交往历程

1765 年 1 月 17 日，午夜刚过，距离高类思与杨德望从巴黎出发前往洛里昂港口还有两个小时，他们将搭乘东印度公司的船只返回中国。[1] 启程前，这两位中国天主教徒简要地记录了他们的生平与赴法经历。这段文字原拟作为《旅居纪行》（*Voyage et Séjour en France*）的引言，该书尽可能详细地描述了他们在法国的见闻、接受天主教司铎培养与晋铎的经历，以及他们与亨利·贝尔坦之间的官方往来。贝尔坦与高类思、杨德望的关键性会面，为后来他与北京法国耶稣会传教团建立直接联系奠定了基础。[2] 将这两位中国青年纳入其毕生致力的构建中国知识体系工程后，贝尔坦为高类思与杨德望提供了必要的培训与教育，使他们能够参与这一跨文化交流项目。

北京法国耶稣会传教团可追溯至约 80 年前，即 1684 年，路易十四决定派遣五位接受过科学，特别是数学与天文学培训的耶稣会士前往中国。这批传教士在国王颁布的敕书中被

正式命名为“国王的数学家”。[3]1685年，这五位被任命为法国皇家科学院通讯成员的传教士从法国启程，于1688年抵达中国。他们最初隶属葡萄牙耶稣会中国副省，1700年后脱离葡萄牙体系实现独立。[4]1773年，教皇克雷芒十四世颁布《吾主救主》敕令，正式解散耶稣会。该教令于1775年11月传至北京后，法国耶稣会传教团在王室赞助下继续维持，直到1789年法国大革命爆发。1804年，传教团的使命最终移交给“圣母会”。在原耶稣会士中，画家潘廷章（1734年生）于1811年或1812年在北京去世，贺清泰神父（1735年生）则于1813年去世。[5]

从一开始，耶稣会传教团的使命就被设想为天主教布道与对中国进行细致观察及准确记录相结合的综合任务。传教团首任会长洪若翰（1643—1710）在1707年发表的一封信中，记载了其传教目标——这些目标很可能是在1681年与时任法国财政大臣让-巴蒂斯特·柯尔贝尔（1619—1683）商讨确定的。柯尔贝尔曾于1666年创立法国皇家科学院。[6]在信中，洪若翰记述了柯尔贝尔的建议，“当他们不再忙于传扬福音的时候，本应在田间进行大量的观察研究，我们却因缺乏这些观察而无法完善科学与艺术体系”[7]。以中华技艺完善法兰西科学与艺术的理念——这里的“艺术”尤指技术与机械工艺，包括先进的手工技艺以及各种生产方法——后来在涉及中法交流的目标阐述中反复出现。[8]法国耶稣会士致力生产、传播关于中国的知识，这一努力成为亨利·贝尔坦与传教士直接通信的特色，而这种通信始于高类思与杨德望返回中国的那一刻。[9]法国耶稣会传教团关于中国的最全面记录体现在34卷《耶稣会士中国书简集》中，这套书于1703—1776年在巴黎陆续出版。[10]这套书的编辑之一杜赫德（1674—1743）于1735年出版了自己的巨著《中华帝国全志》（*Description de la Chine*），该书反响热烈，传播广泛。[11]当首批传教士启程前往中国时，法国皇家科学院成员向他们提供了一份涵盖广泛主题的问题清单，这一策略后来被应用于对中国文明的其他官方调查，也为贝尔坦所沿用。[12]

1688年2月，抵达北京的法国传教士受到了康熙皇帝（1662—1722年在位）的某种庇护。[13]耶稣会传教士还在清朝宫廷作坊中担任画师，这在一定程度上反映了他们传教目标的一个侧面——通过展示欧洲艺术与科学的优越性来说服中国皇帝接受天主教的至高性。[14]最负盛名的传教士画家是郎世宁（1688—1766，他于1715年抵达中国）。这些画家不仅与清宫画师合作完成各类绘画和版画作品，而且承担着培养宫廷画师的职责。[15]这种艺术互动的关键元素在于将欧洲线性透视法引入清宫绘画实践。[16]对于耶稣会传教士画家而言，欧洲单点线性透视法是他们为清宫创作的大部分绘画以及京城三大教堂壁画装饰的视觉结构基础，同时蕴含了天主教的宗教含义。[17]许多传教士画家，尤其是郎世宁，曾专门根据耶稣会修士安德烈·波佐（1642—1709）的指导接受线性透视训练。郎世宁自称是波佐的“门徒”。[18]波佐的线性透视法广受欢迎，其图文并茂的著作《绘画与建筑之透视》(*Perspectiva Pictorum et Architectorum*)包含了关于透视法神学解释的重要论述。[19] 在这本书的英文版中，波佐对学生们写道："因此，我的建议是，请满怀热情地工作，并以坚定的决心将所有要点引向真正的目标——上帝的荣耀。我敢预言并承诺，你们在这项光荣的事业中定能取得成功。" [20]

对于耶稣会传教士来说，观看者在透视法创造的幻觉中所处的正确位置，恰如面对天主教信仰时应持的正确关系。[21] 当前的讨论仅暗示了欧洲画家——耶稣会传教士画家——在清宫中起到的重要作用及其对宫廷绘画的影响。诚如我们将在后文所论及的，清初宫廷绘画的中西融合之风，其影响并未止步于宫墙之内。这种新颖的艺术风格远渡重洋，悄然塑造了那些在北京创作，而后被送往亨利·贝尔坦手中的画作的形态。[22]

在法国接受教育

根据《旅居纪行》的记载，高类思与杨德望都出身于中国的天主教家庭。[23] 年轻时，他们在法国耶稣会传教士的指导下学习拉丁语，并接受了额外的天主教宗教教育。因此，他们被鼓励前往法国，最终成为罗马天主教神父。离开中国时，杨德望 18 岁，高类思 19 岁，他们乘坐法国东印度公司的一艘船，从广州出发，经历了为期 6 个月的航程。他们将在法国耶稣会的支持下度过九年半的时光，而在耶稣会最终被正式废除后，他们又度过了一年半的时光。返回中国时，杨德望已 29 岁，高类思已 30 岁。1762 年，巴黎议会结束了耶稣会对大约 80 所学院的管辖权，他们二人于同年 3 月被接纳进入由传教会管理的圣费尔曼神学院，最终于 1763 年被任命为遣使会神父。[24] 他们希望乘坐法国东印度公司的船只返回中国，因为当时贝尔坦负责监督法国东印度公司的事务，所以他们便与贝尔坦建立了联系。[25] 根据《旅居纪行》第 10 页记载，“贝尔坦阁下，国务大臣兼国务秘书，表示支持我们，期望我们同时为法国和中国效力。因此，我们同意将航程推迟一年”。在贝尔坦的推荐下，国王命令高、杨二人参观巴黎的各大皇家工坊、官方画室以及巴黎周边为宫廷及国家生产商品的作坊。在这里，他们将了解法国的“实用技艺”与中国可能存在的差异。随后，他们将前往里昂周边地区，继续观察制造业、农业和丝绸生产等活动。与以往一样，他们的目的是考察特定领域的工业技术与农业生产过程，以便从中国撰写详细的报告发回法国，内容包括中国制造技艺以及其他手工业技术，使法国可以从中受益。高、杨二人同意遵照贝尔坦大臣向他们传达的国王谕令行事。[26]

高类思和杨德望的艺术与科学教育被详细规划，文件明确规定了他们应考察、研习的内容，他们以长篇书面报告详细记录了所见所闻，并补充“心得”，这些“心得”实为他们对中华实践既有认知的注解。两位法国皇家科学院成员被选中负责指导他们学习：马图兰－雅克·布里松（1723—1806）教授物理学和博物学，路易–克劳德·卡代·德·加西库尔（1731—1799）教授化学。[27]1764年9月，高、杨二人到达里昂时，受到了贝尔坦的重要同事和通信伙伴皮埃尔·普瓦尔（1719—1786）的热情接待，普瓦尔在里昂负责监督他们的培训课业。[28]贝尔坦如常给出了详细的指示——希望二位观察哪些事物，并安排了他们应前往接受技术与科学教育的地点。[29]1764年，贝尔坦在“关于中国人返回中国前应在法国看到的事物的备忘录”中明确指出，在前往里昂及其周边地区的旅途中，他们应首先学习丝绸织物的制造。[30]这些指示集中于欧洲产品，并根据实际情况进行安排。由于旅程恰逢蚕茧产季，他们应去法国东南部的多芬地区，观察生产丝线的关键工艺。除了与纺织工业相关的观察，他们还应研究铁、钢和铜的生产及其在各种工具中的应用，同时也要了解武器制造工艺。

贝尔坦备忘录中的一部分被标注为“非常重要的事项”。[31]其中要求高、杨二人必须仔细考察位于里昂以南的阿诺奈镇——该地区拥有当时法国规模最大且工艺最精良的4家造纸厂。[32]贝尔坦特别提到了中国纸张的巨大幅面，这是当时法国制造工艺难以企及的。[33]他们还需要熟悉农业、采矿、搪瓷、玻璃以及普通陶瓷和瓷砖的生产技术，甚至包括化学科学，以便日后能专业地考察中国的相关工艺。备忘录最后强调，必须仔细研究布里亚尔运河的水闸系统及运作原理。这条运河是法国重要的运河之一，它连接了卢瓦尔河谷与塞纳河谷。贝尔坦提出，杜赫德的《中华帝国全志》记载了宏伟的中国运河体系，这显然是法国亟须深入了解的一个领域。[34]

在按照贝尔坦的指示前往里昂之前，高、杨二人在艺术与科学方面的实践培训始于参观巴黎皇家挂毯制造厂，随后又相继考察了巴黎的萨沃内里地毯厂、位于巴黎以西塞纳河对岸的塞夫勒瓷器厂，以及设在卢浮宫内的皇家印刷厂。[35] 他们向贝尔坦呈递了以《各色制造工艺考》为题的报告，详细记录了二人对皇室御用奢侈品制作工艺的观察所得和学习成果，并附上了基于所见所闻撰写的“心得”批注。[36] 与其他部分一样，这些“心得”将法国工艺实践与中国同类技术进行了对比。关于挂毯，他们补充说，若能在皇宫中陈设两三件来自法国的挂毯，其带来的愉悦将胜过所有华美御座，中国皇帝定会惊艳于其明艳的色彩与精美的图案。挂毯被作为进献中国皇帝的合宜礼物——高、杨二人论及萨伏内里挂毯时曾推崇这一提议——促成了一段佳话：一组六幅挂毯越洋而来，献至乾隆皇帝御前。这段精彩往事将在后文详述。

高、杨二人在瓷器生产方面的论述重点集中于法国运用的石膏模具制作工艺——法国人先以石膏模具塑形，继而用这些模具塑造各类瓷雕器皿。报告中记载了高、杨二人的 5 条“心得”：其一，中国工匠应提升人物形象塑造的表现力；其二，中国工匠应当学习如何使用模型及模具进行生产；其三，需突破常规设计局限，使产品超越现有的普通水平；其四，瓷器胎体应更加厚实坚固；其五，尽管中国瓷料优于法国，但法国审美更胜一筹——中国人或许应当效仿法国。显而易见，高、杨二人对中国瓷器的认知极为有限，他们的观点反映了当时欧洲人对中国瓷器的普遍看法，而这些看法主要基于大量出口到欧洲市场的普通外销瓷的品质。即便他们承认中国瓷胎确实优于法国，这种认知也折射出法国对获取中国瓷器制造技术的迫切渴望，尤其是获取中国瓷器的成分。在贝尔坦对塞夫勒皇家瓷器厂的监督下，破解瓷器成分的目标在1765年前后得以实现。[37]

高、杨二人向贝尔坦提交的第二份报告，主要内容是他们在里昂及其周边地区考察见闻。这份报告是对贝尔坦此前提出的指示与问题的回应，其内容依旧呈现出精准的技术细节与对中国相关技术认知粗浅并存的特点。[38]他们在里昂地区的研究重点是丝绸及丝织品生产，而关于金属加工、大炮、火器、各类五金制品以及造纸的记录则相当简略，仅零星地提及了与中国技术的比较。针对贝尔坦关于仔细观察布里亚尔运河船闸的指示，他们仅提到曾认真检查这些船闸，并指出，他们离开中国时曾沿着“御河”——京杭大运河——航行，沿途共有30多座船闸，其建造工艺精良，空间也比布里亚尔运河的船闸更为宽敞。

学习绘画与蚀刻

除了技术培训，高、杨二人还学习了绘画与蚀刻艺术。在贝尔坦于1776年开始资助出版的《中国杂纂》第1卷的序言中，他强调，绘画与蚀刻训练是高、杨二人准备工作的重要组成部分，这使他们能够通过插图补充文字无法完全描述的信息：

> 我们当时认为，应当让二人学习绘画与雕版技法。远隔重洋通信，即使有详尽的文字描述，终不及一图直观——凡机械织机、仪器、草木，绘图既可补文字之不足，更能尽传其神。数月之后，二人已能用蚀刻之法摹刻中国山水。[39]

很明显，贝尔坦希望高、杨二人能够从中国寄回图像——无论是绘画、版画还是素描，图像在传递准确信息方面至关重要。然而，他们学习蚀刻技术的原因仍不明晰。因为蚀刻需要配备完善的工作室，包括大型专用印刷机以及欧洲风格的纸张，才能制作出令人满意的图像。此外，蚀刻工艺本身的复杂性也增加了实践的难度。值得关注的是，他们在法国受训期间创作的 4 幅蚀刻作品，因多种原因而引人注目。[40] 首先，与 1764 年受训期间他们创作的素描作品一样，这些版画也并非直接根据实际观察的对象或场景创作，而是对其他版画或素描的临摹。其中一幅可能来源于植物学插图，而另外三幅素描及两幅蚀刻作品则临摹了欧洲风景画的传统图像。这些风景画展现了自然环境中的人物、动物、河流、建筑物、船只，甚至风车，特别是从建筑物的细节来看，这些图像明显来源于荷兰或者至少是北欧的艺术作品。

然而，就贝尔坦所称的“中式山水”而言，可以明确地辨认高、杨二人用于蚀刻训练的范本，这些范本是被称为《御制耕织图》的绘画与版画作品。[41]《御制耕织图》及其配套诗文有着悠久且复杂的历史，可追溯至大约1145年的南宋时期，当时即已形成相关诗文的最初版本。自问世以来，这些诗文即被赋予了政治内涵，用来规劝皇帝不要向百姓征收过多的赋税或徭役，并通过制作和传播图文，将此理念传达给地方官员。[42]1696年，康熙帝下令重新创作一套稍作扩展的版本，配以他所作的诗文，并由画家焦秉贞（约活跃于1680—1720）绘制插图，由雕版工艺大师朱圭（约活跃于17世纪末18世纪初）负责雕刻印制木版。这套康熙时期的御制画册具有一个鲜明的特点：焦秉贞在重新创作南宋插图的过程中，首次使用了欧洲线性透视法，这是中国艺术史上首次重要的运用线性透视法的实例之一，而这一技法不久前才由耶稣会传教士画家引入宫廷画院。这套康熙时期的《御制耕织图》被不断临摹、仿制，并以绘画和木刻版画等形式广泛流传，直至清末。

鉴于《御制耕织图》的重要性，耶稣会传教士将其中一套图册送往法国便不足为奇了。在包含高、杨二人的蚀刻与绘图作品的同一卷档案文件中，有一份标注时间为“1767年”的寄给贝尔坦的物品清单，其中提到一册“关于耕作和蚕丝的［书］”。[43]该条目旁边标有缩写“B.R.”，即“Bibliothèque du Roi”（国王图书馆，当代法国国家图书馆的前身）。在送给贝尔坦的书籍和物品清单中，标注“B.R.”的项目通常表明该物品是为赠送国王图书馆而准备的。然而，现代记录并未明确显示这一版本的《耕织图》是否现存于法国国家图书馆。目前该馆收藏的两册《耕织图》，实际上是贝尔坦的私人收藏，于法国大革命后因其财产国有化而被收入国王图书馆。[44]值得注意的是，“1767年”可能仅仅是清单编写之年，而非图册实际寄送时间。鉴于高类思与杨德望的印刷与绘画训练完成于1764年，并且二人已于1765年离法，目前尚无法确定该版本是否是他们临摹的底本。可以确定的是，这两幅存在争议的蚀刻作品以清朝的这一御制图册为蓝本，足证此时已有《耕织图》的摹本传至法兰西。

一幅与高、杨二人有关的蚀刻作品（尚不清楚究竟由谁完成），描绘了一位老者拄杖而立，身旁伴有童子，另有一位青年手指稻田，新秧初萌，青翠欲现。画中人物背靠一片水景，背后堤岸上可见几处屋舍，视野延伸至一座简桥及远山。此幅蚀刻作品再现了康熙《御制耕织图》中的第七幅《初秧》——此画是南宋系列的增补之一。蚀刻工艺导致图像在印刷过程中被反转，并且这幅作品将原作的近乎正方形的竖向构图改为横向构图，同时简化了部分山水细节。但是三位人物的刻画略显稚嫩。

另一幅蚀刻作品则展示了更为复杂的构图，融合了康熙《御制耕织图》系列中两幅画作的局部元素。前景处，一名身披蓑衣的男子站立于平整木板上，由耕牛牵引前行。这种木板似乎是一种带尖齿的耙，底部密布齿钉，用以平整泥泞的稻田。该人物取自康熙系列图册第三幅《耙耨》，其构图源自南宋原作；而背景山水则取自康熙系列图册第二幅《耕》，画中再现了岸边两株树木与一排屋舍、一人手执长杆而行，以及船头自石畔微露的生动细节。

然而，这些改编作品丧失了焦秉贞为康熙皇帝创作的原画中鲜明的欧洲单点透视法，这种清朝宫廷艺术风格融合了欧洲绘画与传统中国画的元素，通常在《御制耕织图》的木刻版画中得以保留。[45] 为了学习如何准确地描绘中国主题——尤其是贝尔坦感兴趣的中国农业——两位即将被派遣返回中国的年轻神职人员，受命临摹一系列中国版画，这些版画无疑被视为中国农耕技术的精确写照。《耕织图》诗篇所体现的田园生活与农业生产的诗意理想——更不用说其中隐含的清王朝统治合法性的政治宣传意图——对于贝尔坦及其同时代人而言，恐怕难以察觉，即使高、杨二人也未必能完全领会。[46]

杜尔哥的“问题”清单：农业与经济

高类思和杨德望在法国的停留以及他们可能提供的详细信息，促使贝尔坦的朋友和同事、法国里摩日省[47]省督（1761—1774）、后来的财政总管杜尔哥（1727—1781）向他们寻求有关中国经济基础和运作的具体信息。杜尔哥的“问题”清单直接促成了他的《关于财富的形成和分配的考察》（以下简称

《考察》）的出版，这部著作对欧洲的经济思想产生了深远影响。[48]《考察》直接启发了亚当·斯密（1723—1790）于 1776 年出版《国富论》。[49] 杜尔哥"问题"清单与《考察》之间的关系复杂且深刻：他原本是让高、杨二人在 1765 年 1 月离开法国时带上自己的 52 个问题，正如贝尔坦一样，杜尔哥的最终目的是获取关于中国的详尽准确的信息。

杜尔哥提出的问题非常具体，并且聚焦于某些特定主题，其宏观背景阐释散见于文本中的多篇"观察札记"。[50] 这些问题可分为三大类：其一关乎财富、土地分配和农业（问题 1—30）；其二涉及工艺技术，即造纸、印刷和纺织等实务问题（问题 31—45）；最后一类则聚焦于博物学或自然科学，其中还包括有关中国历代王朝历史及各族群的 3 个简短问题（问题 46—52）。与财富相关的问题数量最多，其提问逻辑深受杜尔哥对欧洲经济模式的思考——他不仅将农业视为财富的源泉，而且特别关注了中国社会中的贵族阶层（可能指清皇室宗亲和权贵）、军事集团以及其他朝廷重臣在经济体系中的作用。

在关于中国艺术的问题中，纸张和造纸技术引起了杜尔哥的浓厚兴趣，成为他特别关注的内容。他展示了自己对中国纸张和造纸技术极为精细的了解。他的许多信息可能来源于杜赫德的《中华帝国全志》，该书包含了关于中国纸张、墨水、毛笔、印刷和书籍装订的论述。[51] 杜尔哥与贝尔坦一样，对中国纸张的尺寸感到惊讶——这种纸张远大于欧洲标准规格。[52] 杜赫德在其著作中也多次提及了中国的大幅纸张及其制作所用的帘模尺寸。在第37个问题中，杜尔哥引用了《造纸术》（*Art du Papetier*）一书——本书实为杰罗姆·德·拉朗德（1732—1807）所著《造纸工艺》（*Art de faire le papier*）。[53] 该书相关章节虽引用了描述中国造纸术的若干中文术语，但其内容几乎全部转抄自杜赫德的著作，部分段落甚至逐字照录（尽管拉朗德至少在两处标注了杜赫德的名字）。相比之下，书中关于欧洲造纸术的记载则详尽得多。这部配有雕版插图与详细说明的著作，被收入法国皇家科学院主持编纂的《工艺百科全书》。[54] 此种关于造纸技艺图文并茂的呈现方式，正是欧洲启蒙运动传播技术知识的典型策略——狄德罗与达朗贝尔的《百科全书》即为其中翘楚。杜尔哥对中国造纸术（特别是科学样本）的探究，完全契合这一时代精神。

杜尔哥在问卷中对纸张与造纸工艺的询问，因其详尽程度与数量之多而格外引人注目。相较之下，有关印刷与纺织技术的问题仅各三则，显得简略许多。然而，这些提问仍体现出他对中国印刷技术的认知，只是这种认知更多地建立在与欧洲印刷技术比较的基础之上。纺织技术方面的问题同样简略，仅触及一两个基础性议题。至于博物学领域的问题，数量更为有限，并且仅涉及若干相关主题。其中一个具体的请求——第47个问题——是要求提供用于制作瓷器的原材料的大样本。在这里，杜尔哥参与的是欧洲探寻中国知识的关键进程，这是欧洲为掌握真正硬质瓷器烧制秘技而进行的漫长求索的一部分。他提到了1712年法国耶稣会士殷弘绪（1664—1741）

的一封信，信中详细描述了瓷器烧制的过程。殷弘绪的信件于1741年在《耶稣会士中国书简集》中发表，迅速传播到欧洲各地。[55] 杜尔哥向高、杨二人索取的是未经加工的天然瓷土原料样本，此举显然意在探究其确切成分，也是为了在法国境内寻找同类原料。

杜尔哥的最后三个问题分别涉及中国犹太人的历史实证、华南苗族的身份与处境以及满族人。关于入主中原已久且时空上远离发祥地的满族人，杜尔哥想了解他们是否正被汉俗同化并逐渐失去民族特征。虽无“观察札记”阐明为何这些特定的问题会引起杜尔哥的关注，但其对满族身份认同的探究却颇具洞察力。同样，虽然没有直接的证据，但杜尔哥必定从某些资料中得知了这一问题，几乎可以确定，这些信息源自身处清朝宫廷的耶稣会传教士的著作。维护满族特征也是乾隆皇帝关心的议题。[56]

贝尔坦的“问题”清单：回到中国

与杜尔哥一样，贝尔坦也为高、杨二人准备了一份详细的问题清单，交由他们带回中国，这些问题将成为二人在故土开展研究的指导方针。杜尔哥的问卷内容清晰，历史背景也较为明确；相比之下，贝尔坦对两位中国神父的指示却不够周全——他原本希望二人能在中国担任他的代理人。所幸，人们偶然发现的一份档案文件弥补了这一缺憾。它不仅揭示了贝尔坦对高类思和杨德望的具体要求，而且展示了他如何细致入微地阐述自己的目标。[57]

这份文件的日期为1765年1月16日，即高、杨二人离开巴黎前往洛里昂港口的前一天，文件中有许多贝尔坦亲笔写的边注和补充内容。文件标题为《致高先生与杨先生之指示》(以下简称《指示》)，开篇总结了他们在过去一年中接受的系统训练。这段教育经历被置于全球语境下进行说明，即“天下万民同出一源”，这是天主教信仰的一部分，也成为对中国普遍认知的基础，构成了贝尔坦向二人传达的指示的框架。因此，高、杨二人可以在中国将中法艺术进行比较，这些知识能够为法国带来益处。两个大国之间具有可比性的信念也在此得到了直接的表达。简要列举了法国国王赠送的礼物后——这一话题将在后文讨论——《指示》继续列出了若干条内容，[58]讨论了高、杨二人归国后的行为准则、需要汇报的主题，以及中法两国间信息传递面临的实际困难。

《指示》第一部分简要说明了高、杨二人的可靠性，以及他们在东印度公司船上应如何表现。第二部分则详细规定了二人抵达广州后的行为准则，需着中式服装且保持隐蔽状态。贝尔坦显然意识到，清廷律法对出洋行为的严苛禁令——依据《大清律例》，私自出国者将受到严刑峻法的惩处。第三、第四部分则着手构建联络人机制，以便将他们的信件和包裹通过可靠的中间人转交给贝尔坦。[59]第五部分指出，高、杨二人无须在广州开展研究，因为此类行为极易引发当局猜疑。第六部分要求他们撰写一封详细的信函，内容包括前往中国航行的情况、在广州期间的行为表现、对此次任务成功可能性的评估、在广州的永久联络人或通信代表人选，以及如何安排“随身物品”（国王赠予的礼物）。第七部分再次重复了学习运河、桥梁和道路建造技术的指示，但贝尔坦也询问了他们在中国的家庭情况，他回忆起高类思的父母在其留法期间已过世，便鼓励杨德望与自己的家人重新取得联系。第八部分鼓励他们尽快从北京写信，[60]以确保信件能够随同从广州返回的船只一起出发。

第九部分占据了约4页的篇幅，其中包含了贝尔坦提供（或将要提供）的三项独立指示，这些指令旨在指导高、杨二人在中国开展的调查工作。[61]文中再次强调，高、杨二人所学的知识对中法两国都大有裨益。为了实现这一目标，他们应当在中国继续深入研究，并将在中国观察到的新情况与在法国所学的知识进行对比。文中还引述了一段贝尔坦亲笔撰写的内容，他鼓励二人在培训未涵盖的领域，也应尽力收集相关资料，并表示，无论他们寄回何种信息，自己都将由衷地感谢。随后，文章转向三条指示的具体内容——它们显然已经或即将交给他们。每条指示均被分为若干章节，每一章都包含一系列问题。当前这段总结很可能正是关于这三条指示的唯一记录。指示或已遗失，或尚未被学界发现和确认。第一条指示涉及公法，即规范社会政治、行政和财政职能以及国家间关系的法律体系。为了让高、杨二人能够对比中法的不同制度，第一条指示附带了三篇论文，这些论文以书信体写成，内容涉及创世、《圣经》记载的诺亚大洪水、人类始祖时代的历史及其在世界各地的繁衍、语言与文字的起源等诸多主题。[62]高、杨二人被鼓励对这些涉及神圣与世俗历史的问题给予最大的关注，以便能够将中国的制度与欧洲学者建立的制度进行比较。[63]

为他们准备的第二份指示仅做了简要的概述。它涉及法国《民法典》确立的民事法律体系，即规约个人行为，以及该法律原则在中国如何影响公民权益及私人财产权。第三条指示则包括了若干章节，涉及自然科学、机械制造工艺，以及人类生存的基本需求，包括衣食住领域的技术革新、对人类有益的事物，特别是各种形态的商业或贸易，以及为满足这些实际需求并推动其落实所应采取的各项措施。

贝尔坦指出，一般来说，要实施这三条指示，必须接触各领域的权威人士和要员，获取他们能提供的答案。至于第三条指示，它涵盖的领域非常广泛，也是至关重要的。贝尔坦鼓励高、杨二人首先识别出最重要的主题，并确保按照顺序整理回答，随后通过每年由中国返航的东印度公司船只，尽快将研究过程中收集的资料运回法国。这一做法揭示了中法两国之间通信的障碍，同时体现了贝尔坦力求高效推进自己的中国知识项目的迫切心情。

接下来，贝尔坦写道，高、杨二人应利用一切机会向中国人展示法国国王的美德、伟大与威严。贝尔坦补充道，法兰西王朝已经延续了9个世纪。路易十五是在位时间最长的欧洲君主（统治了约50年），既受到本国人民的称赞，又受到外国人的推崇。高、杨二人还收到了展示中法之间距离的地图，表明法国具备维持两国贸易的能力。这些地图还对比了中国与法国及其他欧洲国家的疆域。高、杨二人还得到了巴黎、卢浮宫、凡尔赛宫以及其他皇家住所的平面图，从中可窥见法国国王的威仪。贝尔坦也寄去了由法国皇家科学院成员撰写的论文，进一步彰显了法兰西国王对文学、科学与艺术的扶持与保护——这一点恰与中国皇帝的做法如出一辙。

贝尔坦在长信结尾再次强调了自己坚定的信念——法国与中国是可以直接对比的：

> 最后，高、杨二人应抓住一切机会，去展现他们所观察到的中法两国的民族精神与国民性格的共通之处。毕竟，这两个国家可被视为世界上治理最有序、天然具备文明教化的民族。[64]

这无疑是贝尔坦最明确的表态：法国与中国实为对等之文明，两者足以站在平等的地位上直接比较。

馈赠中国的礼物

1765年1月16日，贝尔坦在致高类思、杨德望的长信开篇列出了法兰西国王馈赠之物。综合其他史料，可得完整礼单如下[65]：

一套六幅“中国风”挂毯。

两幅维杰创作的肖像画，附水晶玻璃画框。[66]

一箱十二面装匣玻璃，规格为 30 法寸 ×24 法寸。[67]

一台便携式印刷机，“包括全套器械和四箱法文活铅字”。[68]

一套皇家塞夫勒瓷器厂生产的精致瓷器。[69]

布里松电学仪器装置。[70]

一组望远镜。

一台天文望远镜。

一台暗箱成像仪。[71]

一台“日光”显微仪。[72]

一台手持式显微镜。[73]

萨扬书坊艺文丛书廿三种。[74]

瓦拉书坊典籍。[75]

舆图若干幅，另有巴黎、卢浮宫、凡尔赛宫以及其他皇家住所的平面图——以彰显法王之恢宏气度。[76]

另附鎏金怀表两枚。[77]

礼单中的第一项是一组六幅挂毯，通常被称为第二套“中国风”挂毯。这套挂毯由弗朗索瓦·布歇（1703—1770）在 18 世纪 40 年代初接受委托设计，并由博韦皇家织造厂精制而成。它是这份皇家赠礼中最引人注目的部分。无论是这些挂毯本身，还是其作为皇家赠礼的象征意义，均成为学术研究的重要议题之一。[78] 挂毯所描绘的主题——充满理想化想象的中国风景，包括疑似展现帝王人物的场景——乍一看似乎是送给中国皇帝的一份颇为奇特的礼物。其宏大的规模与精美的工艺，彰显了挂毯在法国国王馈赠礼仪中的传统地位。[79] 不过，托付高、杨二人保管的这批礼物，最初并非为进献皇帝而准备。贝尔坦在指示这两位年轻的中国天主教神父时已作出明确说明。他在 1765 年发布的第十条指示，专门阐述了法国皇家赠礼的实际用途。[80] 这些物品虽非直接对高、杨个人有所助益，但贝尔坦设想，它们应赠予那些精心挑选的清朝文官或贵族，从而获得对高、杨二人学术研究的最大支持与官方鼓励。同时，贝尔坦的亲笔批注补充道，这些礼物还应赠予那些能够推动中国对法国艺术产生兴趣的特定人士。尽管贝尔坦代表国王详细地指明了礼物的使用方式，但他也允许高、杨二人在特殊情况下，如遇到经济困难或急需外援时，自行处置部分礼物。无论具体情形如何，他们必须向贝尔坦如实报告这些礼物的分配情况及其接受者。而在《旅居纪行》中，二人亦承诺将严格遵循国王通过其大臣传达的指示，处理这些赠礼。[81]

当二人即将离开法国返回中国时，他们利用余下的时间整理了在法国接受教育与学习各种艺术、技艺时记录的日记，并带上了先前提到的贝尔坦希望进一步了解的问题清单。他们于 1765 年 1 月 17 日离开巴黎前往洛里昂港，并于 1 月 25 日之后的某个时间乘坐“舒瓦泽尔公爵”号起航返华。[82]

然而，返回中国后，高、杨二人立刻面临着中法之间巨大的现实差异。对于他们而言，法国或许已成为最熟悉的国家，而中国作为他们的故乡，却因多年的离别而变得陌生。1766年10月12日，来自北京法国耶稣会驻地的蒋友仁神父（1715—1774，他于1744年抵达中国）写信给贝尔坦，详细描述了高、杨二人回到中国后的生活状况。[83]在北京，他们原本受蒋友仁的监督，因离开中国时年纪尚幼，对故乡的了解极为有限，他们接受的基本为法国教育。当时，中国法律对中欧之间的接触有严格规定及严厉的惩罚措施。法国耶稣会传教团总会长邓类思神父（1706—约1783，1737—1775年活跃于中国）恰巧身在广州，因此不得不秘密陪同二人前往北京的法国耶稣会驻地。[84]对于法国传教士而言，其外国人的特权身份使他们能够有限地接触到中国的士大夫阶层以及其他显赫人物。然而，对于高、杨二人而言，他们既是本土的天主教徒，又缺乏传统中国教育的背景，这种接触几乎是不可能的。为了继续研究并回答贝尔坦准备的诸多问题，他们不得不在大部分时间里留在法国传教士驻地。所幸，他们仍然能够利用耶稣会图书馆的藏书，从驻地向贝尔坦发送笔记与文章，以满足后者的期待。[85]此外，他们还设法向贝尔坦寄送了一些文本与信件，其中的部分内容后来得以发表。他们对贝尔坦了解中国作出的贡献将在后文进一步讨论。

1766年10月，蒋友仁从北京写给贝尔坦的书信的大部分内容是高、杨二人带到中国的挂毯以及路易十五赠送的其他精美礼物。同一时期，贝尔坦也从法国写信给身在北京的二人，这封信的日期为1766年12月31日，但信件很可能在数月后才送达。在信中，贝尔坦重申了国王关于这些挂毯用途的意图：

> 先生们，国王的意图是，你们要采取一切方法，以便将皇家工坊生产的这些挂毯（他已指定你们作为这些挂毯的持有者，并且它们一直存放在广州的仓库里）呈献给中国皇帝。但这些挂毯并非国王的馈赠，而是仅仅为了试探中国皇帝对于我国的制造品与艺术品的喜好。[86]

这些挂毯成为法国耶稣会传教士、广州港口官员以及乾隆皇帝之间进行的一场复杂谈判的一部分。蒋友仁提到，赠送这些挂毯的初衷之一是帮助高、杨二人建立与能够支持他们研究的人的关系，但由于他们并非士大夫阶层成员，无法接近这些关键人物。清廷严格禁止没有明确理由的人进入乡间庄园、工坊以及其他所谓的公共空间，而高、杨二人试图前往这些场所收集信息的行为，无疑会导致他们被逮捕和遭受惩罚。此外，持有珍贵的欧洲物品也容易引发怀疑，而此类礼物只有那些拥有正式途径的人才能呈交皇帝或皇室成员。他们抵达中国后，这些来自法国的礼物被广东总督扣押——这位总督是管辖包括广州在内的广东省的高级官员——并拒绝允许这些礼物运往北京。[87]这是自1760年以来官方政策的一次最新体现，该政策严格限制了北京与广州之间的一切联系，包括从欧洲寄来的书信和书籍的传递，以及法国传教团新成员的旅行。蒋友仁详细地描述了为解决此事而与多位朝廷官员展开的复杂谈判，这些谈判始于向乾隆皇帝本人提交的一份奏请。他的努力最终促使皇帝下令重新开放了广州与北京之间的通信渠道。与他的许多信件一样，蒋友仁在信中表达了对贝尔坦及法国王室持续支持传教事业的深切感激，并希望从中国寄给贝尔坦的回复能够在某种程度上展现传教士的谢意。[88]

一年后，在1767年11月10日的信中，蒋友仁确认了因其奏请而开展的官方谈判取得了圆满结果，并描述了挂毯及其他“珍贵礼物”最终献给乾隆皇帝的经过。[89]挂毯于1766年12月8日运抵北京，立刻受到了乾隆皇帝的审视与高度赞赏。起初，皇帝计划将这些挂毯陈设于一座皇室寺庙中。然而，根据蒋友仁信中的内容（我们必须从中推测），皇帝似乎意识到，将挂毯用于装饰耶稣会士不认可的神祇庙宇可能会冒犯他们，因此，改为命令将其用于装饰圆明园内的欧式建筑。[90]得知这些欧式建筑没有足够的空间展示挂毯后，乾隆皇帝下令专门修建了一座新建筑。这座名为“远瀛观”（意为“远海观景”）的建筑设计于1767年完成，并于次年春季开工建设。如同此前圆明园的其他建设项目一样，蒋友仁再次负责此地的水利工程及喷泉设计。蒋友仁在信中还详细地描述了向乾隆皇帝呈献礼物时遵守的繁复的宫中礼仪。他通过一段问答，记录了如何向皇帝解释这些挂毯虽由法国皇家工坊织造，但并非来自法兰西国王，实乃耶稣会士聊表心意。[91]作出这种区分显然是为了避免一种潜在的外交误解——如果礼物被视为来自法国国王，便可能被理解为藩属国朝贡，这显然有悖于两国平等外交之立场。

在1766年10月12日的信件末尾，蒋友仁提到了贝尔坦交给高、杨二人的问题清单和指示。他写道：

> 我等已收到他们带来的指示，自当逐步协力完成。只是这些指示到京已迟，时间仓促，今年恐怕无法呈送太多。钱德明神父耗时多年，汇集了中国古今兵家著作，现冒昧地将其整理之作敬呈阁下。[92]往后若时机允许，定当逐年呈送更多。[93]

蒋友仁神父深知中国的律法和习俗对高、杨二人频繁寄送书信的挑战与限制，因此，他承诺北京的耶稣会士将努力完成贝尔坦的要求。事实上，二人确实向贝尔坦寄送了数量可观的信件和文章，但法国传教士寄送的材料更是意义非凡，堪称杰作。

《中国杂纂》：图像与文本

与高类思和杨德望的关键性相遇，使亨利·贝尔坦直接与驻北京的法国耶稣会传教士建立了联系，并开启了他所称的“法国驻北京传教团文学通信”。[94]贝尔坦收到的信件、译稿和文章为至少两部关于中国的重要书籍提供了素材。第一部是1770年出版的乾隆皇帝的一首长诗《盛京赋》，该诗作由传教士钱德明从满文原作翻译而成。钱德明是贝尔坦的多产且学识渊博的通信伙伴之一。[95]这首御制诗实际上是一首赞美清王朝龙兴之地的颂歌。该诗作甚至引起了伏尔泰的关注。[96]钱德明还翻译并著有《中国兵法》，直译为"中国人的军事艺术"。[97]该书收录了多部重要的中国兵法的译文，以及钱德明编撰的一篇题为《军事操练指导》的插图论文。[98]《中国兵法》包含33幅雕版插图，这些插图显然直接取自中国的原始资料。在该书的序言中，钱德明写道：懂得军事事务的人会比他更能理解这些描述，"或许仅凭这些图示，就足以胜过老朽的全部注解"。[99]

然而，在高、杨二人返回中国10年后的1776年，贝尔坦资助出版了《中国杂纂》第1卷。这套书以高、杨二人及法国传教士从北京寄来的"文学通信"为基础，至贝尔坦离世，陆续出版了15卷。[100]自始至终，亨利·贝尔坦明确表示，他的目标是通过高、杨二人提供的直接知识进行交流，使中法两国都能受益。

在第1卷序言中，署名为贝尔坦的作者提到，[101]高类思、杨德望作为年轻人，因希望为祖国效力而来到法国，并且他们回国后可以"与我们保持通信，从而使两国互惠互利"[102]。他的话呼应了法国耶稣会传教团创始人，也就是"国王的数学家"的许多目标。自1766年以来，高、杨二人及传教士几乎每年都会寄来回应贝尔坦问题的文本，尽管贝尔坦承认这些问题可能令他们不堪重负。[103] 如前所述，蒋友仁神父曾致信表示，法国传教士会协助完成贝尔坦关于中国知识的请求。

在第1卷序言中，贝尔坦还阐明了他对《中国杂纂》后续卷目的期望。他简要地指出，已收到的大量关于中国艺术与科学的“回忆录”（当时这一术语指文章、论文或文本），以及预计收到的更多此类作品，促使他决定将这些内容公开出版。在《中国杂纂》的后续卷目中，文章将依据收到的顺序刊载，而不再按照主题或内容进行分类，因为这正是法国各大科学院编纂学术期刊的通行做法。[104] 随后，序言详细介绍了本卷的内容及未来卷目可能涉及的主题。在序言结尾，贝尔坦进一步概述了他希望法国能从被视为“理想国家”的中国学到东西。[105]

贝尔坦在序言中指出，有关中国的最初描述——他特别称之为“事实与事件的观察”——若能在传送至欧洲时被仔细整理并呈现给公众，那么欧洲在艺术、工业、风俗及治理等领域便能更好地与中国进行对比。然而，显然贝尔坦认为，早期的作者未能做到，因此《中国杂纂》第1卷不惜大量笔墨纠正其他出版物中的错误，尽管书中并未指出这些作品的标题。他认为，欧洲本可以认识到，这个在许多方面都显得遥远的国家，其富庶与幸福并不逊于欧洲，而欧洲也许能够从中学到一些有用的知识。贝尔坦进一步推测，中国的大家长式治理模式反映了这个民族的风俗与原则，或许是最能确保人民幸福和统治者真正荣耀的治理方式。他的论述隐含着这样的观点：这些正是欧洲可以从中国学到的宝贵经验。

序言的结尾引用了《中国杂纂》的一位耶稣会作者的言辞，这位作者以谦逊的态度请求读者的宽容。他声明，这些传教士的目标远比撰写文章更重要，尽管他没有明确指出这个目标是让中国的统治精英和皇帝皈依天主教信仰。他表示，这些传教士并非“学者”，即某一特定领域的专家。尽管如此，他们仍将提供关于物理学、博物学、法律与治理、艺术与工艺实践、机械学、园艺等主题的信息。由于担心自己的作品可能无法达到欧洲学者的标准，他们感到更有责任确保所提供的内容尽可能全面准确，不辜负那些以慷慨之心信任并支持他们的人。关于耶稣会传教士提供信息的准确性，杨德望在 1772 年 10 月 10 日写给贝尔坦的一封信中也作了说明。[106] 他希望假以时日，自己和传教士能提供更多清晰且准确地呈现中国实情的文章，从而揭去长期以来遮蔽欧洲对中国认知的浓密面纱。杨德望指出，贝尔坦的推动激励了众多传教士，他们也热切地希望满足他的期待。杨德望进一步表示，人们很快便会看到，以往关于中国的最杰出的出版作品，至少在某种程度上是虚构的。即使是杨德望认为最好的作品——杜赫德的《中华帝国全志》，他也提出了许多需要商榷或修正之处。[107] 这些修正任务或许可以由那些“真理的爱好者”——传教士——完成。

高、杨二人在法国的教育经历，以及贝尔坦对他们的指示，为《中国杂纂》第 1 卷的首篇文章《论中华民族的古典性》奠定了基础。[108] 贝尔坦曾提供给二人三篇“回忆录”，即之前提到的信件，探讨古代中国与天主教历史观之间所谓的重要联系。

《论中华民族的古典性》以一封简短的致贝尔坦的信开篇，信的署名为“高，耶稣会士”，表明作者是耶稣会士高类思。[109]第1卷的序言在开篇就详细地梳理了这篇重要文章的核心主题——中华文明的起源，特别是17—18世纪关于古代中国与古代埃及之间假定关系的争论。这种争论甚至被贝尔坦称为一场“文学战争”。[110]尽管对于现代读者而言，这场争论或许显得荒谬，但在当时却被极为严肃地对待，并成为学术关注的焦点。[111]这场争论围绕古代文明之间的联系展开，涉及三个相互关联的问题：中国是否与埃及存在某种联系？假定的中国“一神论”是否源于中国成为《圣经》中大洪水后人类重新定居的地方？能否通过将中国文字与埃及象形文字联系起来从而证明这一点？

这场争论涉及英国学者、天主教神父、皇家学会成员约翰·特伯维尔·尼德姆（1713—1781）的观点。他在1761年发表的论文《论都灵的某一埃及铭文》中声称，[112]都灵博物馆中的一尊据说是埃及女神伊西斯的半身像上刻有的象形文字，可以与中国文字进行比较。尼德姆的研究被寄给北京的耶稣会士。钱德明神父对此作出了回应，他主张，中国文字具有独特的起源与发展历史，无法与埃及象形文字进行简单的类比。他在撰写于1764年10月20日的一封长信中提出了这一观点，这封信首次发表于1765年，并在《中国杂纂》第1卷中再版。[113]此外，《中国杂纂》中还附有尼德姆本人的一则说明，解释了他最初使用的研究方法，以及他与一位“出生于北京并附属于梵蒂冈图书馆的中国人”的合作经历。[114]第1卷末尾附有一组雕版插图，用来展示各种古代中国文字。其中的三幅插图（Ⅵ、Ⅶ、Ⅷ）直接将中国文字与埃及“图形”进行了比较，还有一幅未编号的插图展示了所谓的伊西斯半身像。这些插图是讨论这一问题的重要组成部分，钱德明在信中将其用于论述中国文字的真实性质与来源。由于当时人们对埃及象形文字的了解极其有限，钱德明与之前的研究者一样，不得不依赖对视觉图像的假设——他从埃及象形文字的图像中感知的内容。

《中国杂纂》第2卷的序言指出，本卷的主要内容是一篇题为《通过古籍证明中国的古典性》的长篇论文，其中“古籍”在18世纪的语境中指文学古迹、历史著作及经典文献。由于部分讨论内容与第1卷刊载的观点有所不同，这篇长文被视为一个例证——证明撰稿人并未协作完成，而是各自进行研究。因此，“欧洲的学者可以比较这些事实和论据，从中得出自己的结论”[115]。该篇文章后面附有大量插图，共计37幅，并配有详尽的说明和评注，插图实际上占据了全卷超过一半的篇幅。[116]序言中还提到了钱德明神父在文中发现了一些与天主教传统相似的线索。鉴于钱德明作为耶稣会传教士的身份，这一主题的出现并不令人意外。[117]序言描述这篇文章或许略显“枯燥”，但认为学者会发现其内容引人入胜。甚至钱德明本人在文章的引言中也担心细节可能显得单调，但他认为有必要提供足够的信息以支持自己的论点。这些插图包括图表、示意图、插画、地图以及大量表格或名词列表。其中的示意图和地图显然基于中国的原始资料——手稿、书籍或木刻版画。大多数插图很可能由贝尔坦的耶稣会通信伙伴临摹或重新绘制。此外，少数插图中还包含了汉字。

《中国杂纂》中的插图对于传递中国知识起到了至关重要的作用。它们强调了寄给贝尔坦的文本中反复提到的观点：文字难以传达的任何内容都将通过插图阐明。在寄给贝尔坦的许多文件中，经常能看到一条贝尔坦以其独特笔迹撰写的批注——“voyez les peintures”（请见图示），表明文本配有插图，而这些插图所涵盖的风格之广、品质之高，着实令人惊叹。

总体而言，早期卷中的插图往往更贴近原始的中国资料，其中最能体现直接复制中国图像的例子出现在第 3 卷的《著名中国人物肖像》中。这些肖像大多是由钱德明神父汇编的简短文本，但其中 6 幅配有复制中国画作的雕版插图。[118] 在第 1 卷的序言中，贝尔坦曾提到，钱神父已经为中国历史上的著名人物准备了“肖像或简短传记”。这些传记中的第一部分共约 52 篇，于 1778 年随第 3 卷出版，其中包括一篇简短的孔子传记，并配有一幅雕版孔子肖像（见图 1.1）。这篇传记重点描述了孔子致力将美德和良好的道德观传播至古代中国各诸侯，提到了传统上认为孔子编纂或注释的经典文本，并讲述了他的许多弟子在编纂《大学》《中庸》《论语》过程中发挥的作用。[119] 这篇传记中有两个脚注，指引读者参考第 1 卷，该卷已刊登了两部关键的儒家经典——《大学》《中庸》——的译文。然而，这篇孔子传记非常简短，仅两页，只有关于其生平与事业的简单梗概。但文章结尾引用了钱德明的声明，表示他将会提供一篇

图1.1　佚名，雕版肖像画《哲学家孔子》，画幅25厘米×20厘米;《中国杂纂》第3卷（1778年），第41页。现藏法国国家图书馆。

更为详尽的孔子传记。[120]

钱德明最初获得了一本中国画册，其中多为著名历史人物的半身像，并配有简短的中文传记。[121] 此画册可追溯至1685年，钱德明原计划将其献给法国国王图书馆。但他意识到，这些人物主题对贝尔坦极具吸引力，于是在1771年10月致函说明，他随信寄出了一套根据1685年画册临摹的复制品。[122] 这些复制品被装订为10卷，包含手绘肖像画和他编写的传记，成为《中国杂纂》中相关内容的来源。[123] 雕版孔子肖像画的格式和细节与中国画作（见彩图1）高度一致。原画作由一位不知名的中国艺术家完成，钱神父以其独特的笔迹在画作上题写了"Koung-Tsée, ou Confucius"，编号为22，并标注了汉字"孔子"。[124] 这幅小型纸张上的绘画已从原画册中分离开来。[125] 画中人物的服饰和姿态表明，此幅肖像画描绘的是孔子担任鲁国大司寇时的形象。[126] 孔子的形象后来对贝尔坦产生了更深远的影响。《中国杂纂》第12卷（1783年）中刊登了一篇增补版孔子传，配有18幅雕版插图。此文本在本书第四章中有所讨论，它是理解亨利·贝尔坦自我认知的重要内容。

忠实于中国原始资料是《中国杂纂》第9卷（1783年）中刊登的12幅雕版插图的显著特点。这些插图再现了1767年寄给贝尔坦的一本中国画册中的部分画作。[127] 在少数提及中国绘画艺术的例子中，这本画册被寄送者——一位传教士——描述为原创作品，其地位相当于欧洲人购买的大师画作，中国人将其视为文化遗产瑰宝之一。[128] 传教士的注释以及对画册中文文本的翻译揭示了画册的主题：1742 年浙江省严州府[129]的水灾以及乾隆皇帝为救济灾民所采取的措施。皇帝的仁慈在历史背景中得以呈现，既包括对受灾百姓的及时援助，又涵盖了长期的水利工程建设，以防止未来的洪水和干旱导致的灾害。1742 年的洪水尤为严重，乾隆皇帝下令分发大米给灾民，重建他们的家园和田地，并实施其他长期措施。画册开篇的中文文本赞扬了一个治理得如此良好的国家，这显然意在暗示其可作为法兰西效仿的典范。[130]这本画册中的 12 幅画作被选中复制，其文字细节也被精确翻译。

第一幅画作描绘了严州府的总体情况，展现了坐落于新安江畔的被城墙环绕的城市，四周群山环抱。画作的构图遵循了一种视觉惯例，将从高处俯视的山水画风格与区域地图的功能性相结合。图版说明指出，看过这幅画才能真切地体会到，洪水之严重程度令人难以置信。第二幅画作描绘了被洪水淹没的城市（见图 1.2）。画中展示了许多人从水中获救后聚集在城墙上避难的景象，另一些人则乘船逃生，还有一些人逃到河对岸一座宝塔旁边的高地上。其他的画作则展示了更多的场景。例如，洪水肆虐乡间，官船救援受困的灾民，官府开仓放赈，急发米粮。然而，大多数插图描绘了政府采取的长期行动，包括重建房屋、复垦稻田、向所有百姓分发粮食、省督巡视以确保政令得到执行、修复城墙和桥梁，以及最后一幅插图描绘了士民在地方官衙前集会，请求通过一份万民书将他们的无限感激之情传达给皇帝。尽管雕版版画似乎忠实地复制了

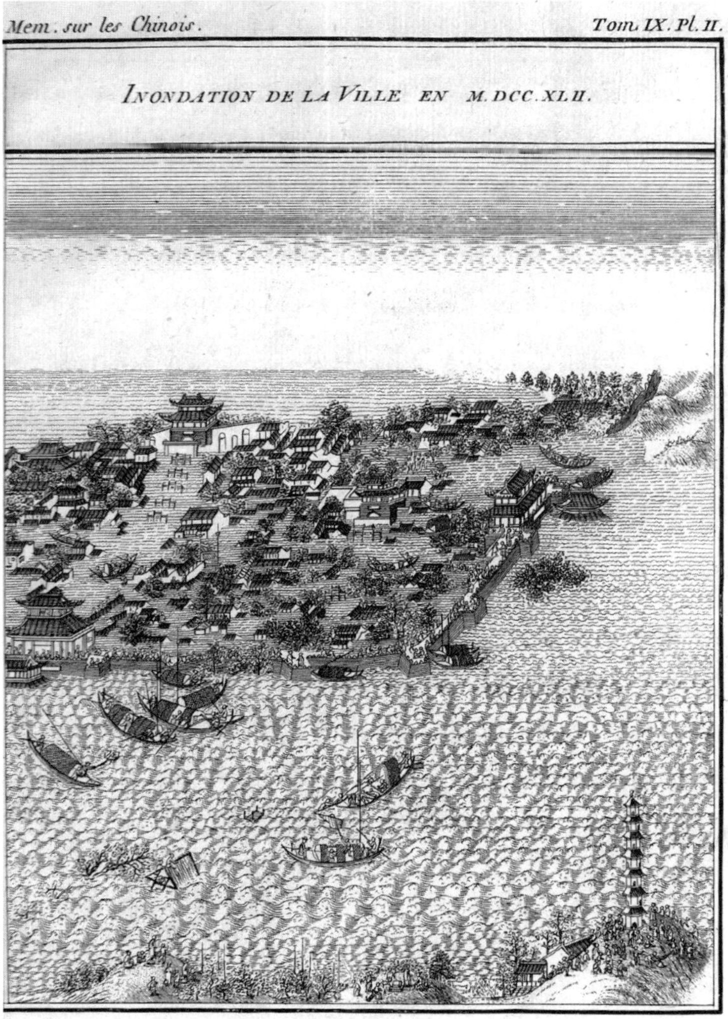

图1.2　版画《1742年严州府洪水》，创作于约1783年，画幅25厘米×20厘米；《中国杂纂》第9卷，图版II。现藏洛杉矶盖蒂研究所（编号41-499）。

中国原作，但这些画作的整体风格显然反映了18世纪御用绘画的图像语言，如描绘康熙和乾隆南巡的手卷。[131] 在广义上，这类画作结合了中国传统的视觉特征，如提供山水全景的高远视角，同时融入了欧洲的透视法——表现远景中的人物和建筑逐渐缩小的比例感。

画册开篇文本的结尾包含了一段精细的表述，提到此文据传由翰林院学士宋南（Songnan）所作。[132] 文中承认，这篇文章可能无法完全反映水灾的惨烈程度，以及严州府百姓对深厚仁慈的皇帝的无尽感激之情。因此，严州府百姓借助一组画作，以“诉诸目击”的方式，尽可能全面地呈现灾情实况，希望激发观者的尊君爱戴之心。耶稣会士在致贝尔坦的书信中，屡屡强调绘画具有超越语言障碍、传递知识的功能。值得注意的是，此番论述竟与该画册中的观点不谋而合。这些文本通常伴随着绘画插图，用以补充文字无法完全表达的信息。在接下来的章节中，我们将看到，图像——无论是绘画还是版画——实为18世纪末中法知识交流之关键载体。

第二章
事实与幻想的景观

18 世纪的法国乃至整个欧洲，人们对中国园林的认知已达到相当的深度。大量记述文献——实地考察报告以及流传的图像资料——对欧洲园林设计与营造产生了深远的影响。尽管对此现象的论述已是汗牛充栋，但本章着重探讨的是亨利·贝尔坦能够接触到的中国园林知识：我们可以合理地推测贝尔坦的认知范畴，并且证实由华寄赠的实物资料以及这些知识对其沙图庄园营造的实际影响（该庄园将是第四章的讨论主题）。本章论述主要围绕清代皇家园林圆明园的相关知识展开，同时涵盖欧洲人对其他中国园林的记载，以及 18 世纪流传于欧洲的中国园林文献译本。这些材料共同构建了中国园林作为"自然艺术摹本"的形象，与欧洲传统规则式园林（以凡尔赛宫为典范）形成了鲜明对比，后者被视为人工、奢华以及铺张的产物，相关文本不仅将自然奉为圭臬，而且对中国园林中的奇石、洞穴惊叹不已，这些元素在欧洲造园实践中是几无先例的。耶稣会传教士寄给贝尔坦的文书以及其他相关文献，隐约回应着清廷关于皇家园林"崇尚俭朴"的官方表述。[1]

的确，耶稣会士对康熙皇帝园林的描述于1735年以法文出版，它记录了一次参观皇家园林的经历。这部作品提供了关于欧洲想象与中国园林相遇的最早论述。让–弗朗索瓦·热尔比永（1654—1707，中文名张诚，1687年抵达中国）是1685年随首批法国官方使团前往中国的耶稣会传教士之一。[2]他在1690年3月的日记中记录了自己参观康熙皇帝位于南海瀛台的皇家居所（南海是紫禁城西侧园林中的湖泊之一）以及畅春园（位于北京西北）的经历。[3]在描述皇家园林的细节时，张诚神父注意到康熙皇帝在个人开支上的节俭、皇室居所的朴素与简约，以及他在治理国家与公共事务上的慷慨。尽管张诚神父对中国的奇石感到些许困惑，但他的描述——尽管简短——很可能是贝尔坦所熟知的，因为杜赫德编撰的《中华帝国全志》在当时大获成功并广为流传，而张诚神父的文字正是首次发表于该书的卷册中。[4]

英国的景观与园林设计可能较法国更早且更深远地受到了中国园林知识的影响，有一点值得注意：有关这一主题的重要英文出版物已在法国传播，并且常被翻译为法文版本出版，这些很可能是贝尔坦接触过的内容。一个典型的英法交流实例是托马斯·惠特利（1726—1772）的著作《现代园艺观察》。该书首次出版于1770年，它是当时景观与园林理论的重要参考来源之一。[5]1770年9月的《百科全书杂志》对该书进行了评论，将其推荐给受过教育的法国读者。[6]此书几乎立刻被翻译成法文，并于1771年以《现代园林设计艺术》为题出版，其译者弗朗索瓦·德·波尔·拉塔皮（1739—1823）还为此书增加了一篇详尽的导论。[7]在导论中，拉塔皮提到了《百科全书杂志》中的评论，并写道，他曾将意见与批评直接转达给惠特利。惠特利在1770年12月的一封回信中解释了为何他的书未包含雕版插图，这封信被翻译并收入导论，拉塔皮还在导论中增加了对建筑对称性与其他园林理念对比的评论。拉塔皮的导论进一步引用了杜赫德的《中华帝国全志》中有关中国园林的描述，提到了中国园林以再现的树林、湖泊以及奇石和假山等自然景观为装饰。[8]为了证明中英园林的相似性，导论还收录了威廉·钱伯斯（1723—1796）于1757年出版的著作《中国建筑、家具、服饰、机械与器具设计》中“论中国园林布局艺术”一章完整的法文翻译。这是将中国园林知识传入欧洲的另一份关键文本。[9]在导论的最后几页，拉塔皮断言，最好的做法是忠实地翻译惠特利的英文原版，而非将其改写为“法式”风格。[10]惠特利的著作在法国出版的版本之多及其产生的反响，充分印证了英法两国在中国园林文献交流方面的深度，尽管这仅仅是众多文化交流案例中的一个缩影。

圆明园：北京的凡尔赛宫

圆明园有时被称为“旧夏宫”，但其名称更准确的译法应为“圆明园”或“圆满明亮之园”，它是清代最大的皇家园林宫殿，位于北京西北部，这一地区长期以来以园林避暑胜地闻名。1707 年前后，康熙皇帝将圆明园赐予皇子胤禛，[11] 即后来的雍正皇帝（1723—1735 年在位）。雍正皇帝在此兴建了圆明园的初期核心部分建筑。此后，圆明园经其继任者乾隆皇帝（1736—1795 年在位）扩建，最终成为清代最重要的皇家园林宫殿。耶稣会传教士王致诚于 1743 年撰写了一封描述圆明园的书信，[12] 随后于 1749 年发表在《耶稣会士中国书简集》中。《中国杂纂》即脱胎自《耶稣会士中国书简集》。[13]

王致诚的书信被翻译为多种语言并广泛传播，对欧洲的园林理论和设计产生了深远的影响，贝尔坦无疑也知晓这封信的存在。信中详细描述了圆明园的建筑、水系以及其他景观元素，并频繁地将中国园林与欧洲园林进行比较。[14] 在一段重要的文字中，王致诚阐述了皇家与贵族园林的基本原则，特别指出了自然美与严格的形式化设计之间的对比。以下是这段文字的英译，摘自 1752 年伦敦出版的第一部英文版：

> 但他们在建造园林时，更偏爱一种错落有致的美感，尽可能地打破常规的造园法则。他们完全遵循这一原则："园中要呈现的是乡野自然的景色，是隐居的田园，而非按照人工规则建造的宫殿。"[15]

这段翻译出自约瑟夫·斯宾塞，尽管并非严格的直译，但将法文原文中的"une anti-symmétrie"扩展为"打破常规的造园法则”。[16]“反对称”（anti-symmetry）是18世纪法国园林理论著作提出的概念，本书随后的讨论将选取相关文本进行分析。这一概念特指对传统园林设计中规则几何对称形式的突破，被视为自然式园林风格的核心特征之一。

斯宾塞在译著中以长脚注（在文本中以“*”标注）说明，王致诚的观点仅仅基于对圆明园的观察，而他近期所见的另一座皇家园林版画，则展现了截然不同的风景与水系布局，这些布局被描述为确实“相当不规则”，与更为规整对称的建筑元素形成了鲜明的对比。他指的版画是描绘康熙皇帝在长城以北满族故地承德建造的避暑山庄（宣立敦将其译为“Mountain Estata for Escaping the Summer Heat”）的铜版画。[17]康熙皇帝曾命宫廷画师绘制《避暑山庄三十六景》组画，后制成皇家木刻版画册，每景皆配御制诗。时任康熙皇帝宫廷画师的传信部传教士马国贤（1682—1746，1710—1724年在华），奉旨将这些木刻版画改制为铜版雕刻。1713年，马国贤已完成若干幅副本，它们成为中国历史上首批铜版画作品。[18]马国贤返回欧洲时，显然带走了这批版画的印本，其中18幅最著名者后来被伦敦四家书商复制并出版，题为《中国皇帝在北京的宫殿》，于1753年问世。斯宾塞在脚注中提到的正是这套版画集，并评论这些版画“即将在本土出版”[19]。

马国贤的铜版画借鉴了清代皇家木刻版画构图，并将其有效地转化为更具欧洲视觉风格的图像，增加了水纹、天光以及其他景观元素的明暗处理，从而使景观细节比康熙木刻版画更加繁复精微。[20] 他甚至在一些版画中添加了天空中的飞鸟、水中的游鱼。《中国皇帝在北京的宫殿》伦敦版中的雕版画大体沿用了马国贤的构图及其中欧混合绘画风格，但增添了一些重要的细节。例如，康熙画册中编号为 31 的画作《石矶观鱼》，展示了一座位于宣石旁的亭子。这幅画被确认是马国贤亲自制作的版画之一，是这些变化的典型例证。[21] 在英文版中编号为 4 的复制版画，题为《俯瞰鱼群之悬石》（*The Hanging Rock, that looks down on the Fishes*）（见图 2.1），植物和树木的细节更加丰富，保留了马国贤版画中悬石的戏剧性效果，但构图中增加了三艘船，其中一艘降下了船帆。这些匿名英国版画家还增添了一些人物形象，包括船上的人物和岸上的两位女性，以及远处的一位渔夫。这些版画堪称最早向欧洲大众展示清代皇家园林细节的作品之一，展现了充满自然细节与人类活动的景观。

在描述圆明园的书信中，王致诚反问，自己为何要如此详细地描述圆明园，而非直接绘制园林平面图寄往欧洲。但他随即指出，即使没有其他任务，仅仅绘制平面图至少需要三年时间，而且圆明园大部分区域只有皇帝和少数被选中的人才能进入，这样的计划几乎不可能实现。[22] 尽管王致诚后来将一套包含圆明园插图的清代皇家木刻版画集寄给了贝桑松的维吉耶神父，但当时人们并未充分认识到这套画册的价值——真正产生广泛影响的仍是王致诚的详细文字记述。[23] 然而，王致诚寄出的画册是理解圆明园知识在中法之间传播的关键视觉资料之一。其中最重要的当数题为《圆明园四十景图》的画册。[24]

图 2.1　佚名，铜版画《俯瞰鱼群之悬石》;《中国皇帝在北京的宫殿》(伦敦，1753 年) 第 4 幅，画幅 40 厘米 × 51 厘米。现藏洛杉矶盖蒂研究所（编号 92-B26685）。

1738年，乾隆皇帝命人绘制了一套《圆明园四十景图》，用来配合他为圆明园40处景致或地点题写的诗作。[25] 此画册的创作借鉴了康熙时期的《避暑山庄三十六景》，但乾隆时期的画作采用了皇帝青睐的中欧融合绘画风格。画册中的典型作品之一是第18景“汇芳书院”（见彩图2）。每一页包含一幅景点彩绘图、乾隆御制序文与题诗。这些画作采用俯瞰视角，建筑严格遵循单点透视法则布局，通过细腻的光影效果表现建筑物和景观特征。其中一座独特的建筑“眉月轩”，采用了罕见的弧形平顶设计，成为远眺群山的观景平台。[26] 画册于1744年完成后，被珍藏于圆明园深宫，仅供极少数人观赏，从未按照现代标准公开展示。[27] 然而，1745年，清宫完成了《圆明园四十景图》的木刻版印刷，画册包含了黑白插图，基本再现了40幅原作的构图。[28] 每幅版画后皆附乾隆御制诗，以及大量引经据典的注释批文。尽管这套木刻版画未曾公开发行或对公众开放——其多作为皇家赏赐之物赏给重臣，或存放于各处宫殿中——但这些画册很快就突破了宫墙禁苑，流入欧洲，其传播速度令人惊叹。

法国国家图书馆藏有一套《圆明园四十景图》木刻版画册，其扉页上赫然可见第六代绍讷公爵（1714—1769）的藏书票。这本画册曾在1770年他去世后的遗产拍卖会中出售。画册标题为《摹刻于中国各类宫殿与寺庙之图绘》，全册再无其他题跋，表明绍讷公爵未曾识破这些图像背后隐藏的皇家身份。[29] 画册中的版画排列杂乱无章，其保存状态表明这些是从未修剪或装订为中式书册的试印样品。绍讷画册中的第4幅版画为“汇芳书院”（见图2.2），与《圆明园四十景图》中的画作相同。此幅版画显示，木刻插图通常忠实地再现了原画的构图，但将观者的视角拉近至场景，省略了一些景观细节。贝尔坦本人是第六代绍讷公爵遗产的执行人之一，而这位公爵的儿子同样热衷于收藏中国物品与图像。[30] 与贝尔坦相关的档案文件中，列有从中国寄来的物品清单，其中包括为绍讷公爵准备的物品。从这些清单的日期来看，几乎所有记录均出现在1769年公爵去世后，因此其中大多数物品显然是为其子（第七代绍讷公爵）准备的。[31] 两位绍讷公爵都是亨利·贝尔坦直接联系的交游网络中的重要人物。

最早传入欧洲并被频繁引用的《圆明园四十景图》版本，是由瑞典伯爵卡尔·弗雷德里克·舍费尔（1715—1786）提供给乔治-路易·勒鲁日（约1707—1793/94）的副本。[32] 勒鲁日在其丛书《时尚的英中混合园林》第15卷和第16卷中，以蚀刻版画的形式精心再现了《圆明园四十景图》，两卷均于1786年出版。在第15卷的扉页上（见图2.3），勒鲁日特别提到舍费尔是其资料来源，并再现了第20景“淡泊宁静”（意为“超然与安宁”）。扉页上的文字说明，这些版画被借来在巴黎刻制，“以促进园艺艺术的发展。众所周知，英式园林不过是对中国园林的模仿”。勒鲁日复制的图像很可能来源于清宫《圆明园四十景图》的木刻版画集。尽管图像的顺序实际上被颠倒了，但整体上仍遵循了《圆明园四十景图》的原始

图 2.2　孙祜、沈源，木刻版画《汇芳书院》，画幅 31.5 厘米 × 39.1 厘米；《摹刻于中国各类宫殿与寺庙之图绘》（1745 年），第 4 页。现藏法国国家图书馆。

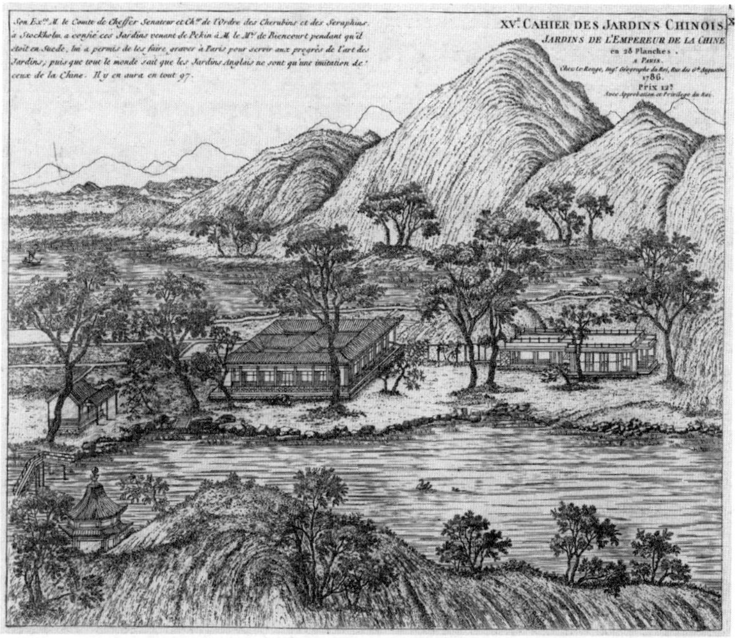

图 2.3　乔治-路易·勒鲁日，版画《时尚的中国皇帝花园详图》，画幅 34 厘米 × 52 厘米;《时尚的英中混合园林》(1786 年)，第 15 卷，巴黎：勒鲁日出版社。现藏洛杉矶盖蒂研究所(编号 88-B1922)。

顺序。[33]然而，勒鲁日在第17卷（同样出版于1786年）的扉页上指出，中国书籍的起始相当于欧洲书籍的结尾，因此他复制的页面确实呈现为反向顺序。1775—1789年，勒鲁日共出版了21卷版画集，包含约490幅插图和新近流行的英式或中英混合风格园林平面图，这些园林据说是以中国风格为蓝本。[34]其中一些插图与中国或中式园林设计以及相关建筑仅有微弱的联系，但第14卷至第17卷（出版于1785—1786年）则忠实于中国原始资料，精心复制了多份画册的图像。勒鲁日为了绘制《时尚的英中混合园林》，参阅了一些画作，其中包括描绘乾隆皇帝行宫的《南巡盛典图》《圆明园四十景图》。[35]勒鲁日的《时尚的中英混合园林》是中欧图像传播的重要媒介，而《圆明园四十景图》的传播则是中法两国广泛交流的一部分，这种交流源于有目的的知识获取。

尽管勒鲁日复制的《圆明园四十景图》在18世纪晚期才得以出版，但这座清代皇家园林——圆明园——早已声名远扬，并常被贝尔坦及其同时代人称为“北京凡尔赛宫”。[36]现存的1770年两份北京耶稣会士寄送贝尔坦的货物清单，均明确提及“北京凡尔赛宫”这一称谓。在贝尔坦的文稿中，还存有一篇题为《圆明园记》的文章，[37]尽管未署名，但很可能出自其重要的通信者[38]——耶稣会士韩国英（1727—1780，1759年来华）。文章开篇即言：“距北京二法里之海淀，实乃中国之凡尔赛，而圆明园则为帝居与游幸之所。”[39]海淀位于北京西北部，恰如凡尔赛之于巴黎西南的方位关系，前者是圆明园所在地，后者是法国皇家宫殿与园林所在地。贝尔坦可能于 1770 年收到了这篇文稿，[40] 开篇便援引了王致诚 1743 年那封著名的圆明园书信。文中重申了王致诚的观点，即图像可以提供文字无法传达的信息，因此随文寄送两个版本的《圆明园四十景图》。这些画作将使观者身临其境：

> 惊叹于中国皇家园林布局之精妙：廊桥门阙、湖沼溪渠、广泽长河、丘陵平原、密林幽径、岩穴奇石、曲径通衢等景致变幻无穷。这些元素的排布与组合遵循着"以自然为师"的造园理念——艺术必须臣服于自然范式，唯模仿自然之道方为至选。[41]

撰文者坦言，圆明园乍观之，或不及欧洲宫殿宏伟壮丽，但其超然尘世之逸趣，更胜一筹，并且四时景异，生意无穷。

寄给贝尔坦的首套《圆明园四十景图》彩绘本——几乎可以确定为《圆明园记》所述之全本——乃是以水彩摹绘于宣纸之上的宫廷画作简本。据《圆明园记》所载，此套画作基于清宫木刻版摹制，抵法后装池成册。[42] 第二套《圆明园四十景图》（该文也曾提及）被描述为"记录所有建筑中文名称及当朝御制诗之画册"。其实它是 1745 年《圆明园四十景图》官刻版之复本，即前文所述之出版物。《圆明园记》详细描述了画册与木刻版书的内容，特别指出各个景点及建筑题名均蕴含道德、美德、政教、哲思、宗教等方面的寓意。[43] 尽管文章对画册内容及乾隆皇帝御制诗不乏赞美之辞，但其分析精准且具有洞察力，显然是出自某位对木刻版画册进行过深入研究的人之手，并希望通过信件唤起收件人对这部作品同等的敬意与欣赏。

贝尔坦收藏的画册与《圆明园记》描述的内容一致，题为《中国皇帝海淀离宫图》。[44] 画册由几位画师创作，他们采用中西融合的绘画风格，使用不透明和透明水彩绘制在光滑的白纸上，这种纸几乎可以肯定是中国宣纸。另一套与之密切相关的画册现藏于荷兰莱顿国立民族学博物馆，来自荷兰古文物学家、汉学家让·西奥多·罗耶（1737—1807）的收藏。[45] 虽然这两套画册的画师大体遵循了《圆明园四十景图》的总体构图，但对景观进行了调整，有时还增补了其他版本中未见的细节，如乾隆皇帝的皇家木刻插图，但《圆明园四十景图》是其创作的终极来源。题为《水木明瑟》（意为“清水与树木的低鸣”）的画作很好地展示了图像在 18 世纪传播至欧洲的过程中发生的变化。这幅画是《圆明园四十景图》的第 22 景（见彩图 3），乾隆皇帝在序与诗中赞美了这一充满自然美的隐居之所。序中特别提到其中的一座建筑“风扇室”，其下方的水道驱动了一个欧式机械装置以转动风扇。[46]

在乾隆御题彩绘本中可见高岸窄渠两侧楼阁耸峙，台榭临水而筑——此景令人想见圆明园的诸多胜境须以舟楫通达。田畴阡陌占据主要空间，水道蜿蜒没入远岫，周遭岗峦环抱，自成洞天。贝尔坦收藏的画作（见彩图 4）虽严格遵循宫廷木刻版画的构图范式，但取景视角更靠近场景，裁切了画面左下角水道上的建筑主体及木板桥。田地和远处的建筑被缩减并拉近，场景叙事显得更具私密性。画师还在画面右上方的青峦间增绘了一座隐约可见的修长高耸的佛塔。

贝尔坦藏画中的另外四幅画作同样源于《圆明园四十景图》，但彻底改造了清宫原作的构图。贝尔坦藏画的画幅较大（约68厘米×68厘米），被装订成册，册页题签为《取自皇帝园林及其他的中国景观》。[47]画册中的第三幅作品（见彩图5）基于《水木明瑟》的构图，在许多方面回归了《圆明园四十景图》御制原作的开放式构图。然而，这位技艺非凡的画家究竟如何得见原始构图，至今仍是未解之谜。

两幅作品的表现形式之间仍存在显著的差异。贝尔坦收藏的这幅画作中的建筑使用了色彩鲜艳的琉璃瓦顶，而清代原作中的建筑实则使用灰瓦。贝尔坦画作中的季节也发生了变化，树木枝叶尽谢，其枯枝与画面左下角的苍松形成鲜明对比。然而，最大的变化在于景观营造。贝尔坦画作通过明亮的阳光及夸张的明暗效果，呈现出一片奇石嶙峋的景观，这些岩石形态更接近中国园林中的假山插图，而非任何自然地貌。（关于园林假山的讨论详见后文。）御制画作中的烟雨朦胧之境，被替换为一片澄澈的湖景，湖对岸堤线以及至少一处小型建筑清晰可辨。在画面的左侧，画师增绘了虚构的岩岫景观，其中石阶蜿蜒通向庞大的庙宇群落的一座巍峨的山门。背倚青山蓝天的是一座高耸的朱红宝塔，其屋角悬挂着小铃。这些元素在乾隆皇帝御制画作中均无迹可寻。

与《取自皇帝园林及其他的中国景观》中的4幅作品相关的，还有被单独保存的一幅贝尔坦藏画。该作以《圆明园四十景图》中位列第二的《勤政亲贤》（意为“勤于政务、亲近贤能”）为创作蓝本，画幅为80厘米×88厘米，仅题为“离宫别苑”（Maison de plaisance），但淋漓尽致地展现了中国画师对清代宫廷范本的大胆诠释。[48] 此画作以《圆明园四十景图》的原构图为基础进行了大幅扩展，在画面右侧增加了许多建筑。这些建筑的细节被呈现得精确细致，是传统“界画”技法的典范。毫无疑问，这幅画出自受过欧洲透视法与明暗造型等西画技术训练的中国画师之手。这五幅画作共同指向了一个核心问题：这些基于清代宫廷原型的图像，在添加不同程度的幻想元素后，其准确性与历史意义应该如何评估？这些画作保留了建筑结构的真实样貌，但在园林景观部分融入了更多绘画特有的虚构成分。关于贝尔坦收藏中此类画作所能传递的真实历史信息，我们将在后续章节中进一步探讨。

《中国杂纂》记载的中国园林

中国园林的主题首次出现在1777年出版的《中国杂纂》第2卷，与之相关的重要译文与文献见诸后续各卷。第2卷中关于园林的前两篇笔记是题为《评P**先生题为〈埃及人与中国人考〉之文》的长篇论文的一部分。[49]这篇文章是对科尼利厄斯·迪·鲍（1739—1799）于1773年所著《埃及人与中国人之哲学研究》的激烈的长篇驳论。该著作问世之初即受到严厉批评，尤以耶稣会士的抨击最为尖锐。[50]该文由一系列编号的“评注”组成，旨在驳斥迪·鲍的错误论断，并为《中国杂纂》的读者提供关于中国各方面的准确信息。[51]关于园林的首条评注驳斥了迪·鲍的观点——迪·鲍声称，只有“畸变的想象力”才会催生出中国园林的概念。[52]然而，根据当时英法等国学界的研究水平，该评注的作者明确指出，迪·鲍对此课题实属无知。[53]文中简要列举了中国园林的诸多特征，随后将其与欧洲规则式园林在设计、建造与维护上的巨大投入和高昂成本进行了对比，质疑此般高昂投入仅为极少数人享乐是否合理。第二条关于园林的评注则驳斥了迪·鲍的另一个论断，即中国建筑师在他们所谓的“园林”中堆叠假山实属罕见。[54]对此，评注援引了关于欧式园林设计耗资巨大的讨论，并将其与中国园林“师法自然”的核心理念相对照。园林本应因地制宜，而被迪·鲍诟病的假山、洞窟等景观，实则需要极高的艺术造诣方能达到浑然天成之效果。欧式规整园林（尤以法国为甚）的铺张浪费，与中国园林基于自然形态的简约经济所形成的鲜明对比——前者追求对称工整且极尽奢华，后者讲求“天然去雕饰”——成为18世纪末法国园林论述中反复出现的主题。

《中国杂纂》第2卷收录了另一篇题为《司马光园记》的译

文。[55] 该译文译自北宋朝臣司马光（1019—1086）所作散文《独乐园记》，尽管编者在此将其标注为诗作。这位 11 世纪曾供职朝廷的学者，最负盛名的成就乃是于 1084 年编纂的史学巨著《资治通鉴》。[56]1071 年致仕后，司马光迁居园林传统深厚的洛阳，于 1073 年建造“独乐园”，并在此居留十二载——恰是其编纂《资治通鉴》的时期。据《独乐园记》所述，该园设计朴拙小巧，其中的景致及建筑皆以历史人物、诗文典故或儒家道德价值观命名。例如，园名“独乐”二字即出自《孟子》，此文开篇便援引此典。[57]《中国杂纂》译本冠以简短导言，为读者理解司马光笔下的中国园林特质提供了语境：

> 中国园林实为对乡野百态之精心摹写——山峦、幽谷、涧峡、洼地、小潭、平湖、岛洲、岩岫、洞窟、古穴、花草树木，无不包罗。其艺术精要在于以景致之繁复、变幻与奇巧，拓展咫尺天地；采撷自然万般机巧，而令其焕发新辉。[58]

文中提到的“图式”尽显园中诸景之胜，凡亭台楼阁、山水花木，皆如实呈现。《中国杂纂》编者于此添加双行小注，考其源流，复证所述中国园亭之确凿。[59] 第一条评注写道：“此段文字录自数年前随《圆明园图册》自北京寄来的《圆明园记》。其文后续写道：‘欲略窥诸景之妙，须得……’”[60] 由此可以推断，此处所述的中国园林景致并非司马光之文，当与前述“圆明园”文献同批寄自中国。所谓“图式”，其实是贝尔坦装订的《中国皇帝海淀离宫图》画册中的《圆明园四十景图》。考虑到《圆明园记》及图册约于乾隆三十五年（1770年）传至法国，而司马光《独乐园记》译文则见于1777年刊行之《中国杂纂》，二者之间必有极深的渊源。[61]

然而，《中国杂纂》收录的司马光《独乐园记》的译文，实有甚多疑义。比安卡·里纳尔迪探讨了这些问题，并翻译了据称是司马光文本的引言部分。她指出，目前的诗或记述“较原作更为精雕细琢”[62]。法文版《司马光园记》的篇幅确实比其声称的11世纪原作长得多，并且在两个文本中，只有少数几个短语以相同的方式排列。[63]1777年《中国杂纂》中发表的韩国英译本，实际上是一篇更长的文章，充满了对据称是司马光园林的描述，以及关于该园林以及中国园林整体的大量细节。文中列举了各种植物和实体景观特征，而在众多额外的描述中，仅有一处细节是司马光原作中未提及的——一条柳径通往溪岸：

> 但见周围奇石嶙峋，犬牙交错，呈露天圆形剧场之势，野拙天成。行至谷底，则见一幽洞深邃，渐次开阔，形成穹顶高悬之不规则洞室。[64]

此文虽生动地呈现了中国园林的特征——如洞窟（此亦欧洲园林常见之景）以及其他明显有别于法式园林的要素，但其具体的中文出处尚不明确。韩文彬曾指出，司马光《独乐园七题》亦以七首绝句分咏园中诸景。[65]此组诗或为韩国英译文之灵感来源，因此此处所载实为诗歌翻译，而非散文。使这一问题更复杂的是，此段文字的完整文本早在1774年就出现于法国，即克劳德–亨利·瓦特莱（1718—1786）所著《园林随笔》之中。[66]瓦特莱准确地概述了该篇要旨，他指出，无论古今中外，智慧皆为士人之慰藉，文本更以真挚笔触，描绘了这些文人雅士在园林中诗酒唱和之景。最后，《园林随笔》篇末的一条按语，却为《中国杂纂》编者提到的“图式”平添疑云。瓦特莱提及佚名画家所作一幅清雅逼真之园景图。[67]此说令人质疑：瓦特莱所见是否确系现存档案文件显示的原稿配套《圆明园四十景图》。根据现存证据，这批画作应已纳入贝尔坦收藏。

《中国杂纂》中关于中国园林最宏大且最具学术价值的文本收录于1782年出版的第8卷。[68]篇幅长达26页的《论中国园林》由韩国英神父撰写，早在1774—1775年便已创作并寄往欧洲。[69]文章开篇提到，与中国相比，欧洲古典时期园林的相关知识匮乏，而中国园林的历史在其连贯的文字记载传统中得到了详细的记录。韩国英在文章中引用了古代传说、儒家经典、重要作家的作品以及关键的历史资料，并翻译了一些原始文本。[70]正如比安卡·里纳尔迪指出的，韩国英的文章是欧洲第一篇探讨中国园林美学理论的论文。[71]文章分为两部分，第一部分叙述了中国园林的历史，展现了一种理想化视角：最初，皇帝的园林与普通百姓的园林仅在规模上有所不同——实际上它们更像是用于农业生产的田地和果园。然而，在西周最初两位君主统治结束后的百年间，[72] 诸侯的园林开始不断侵占平民百姓的农耕用地，由此开启了一段中国园林作为皇权压迫平民的工具的漫长历史。这个主题显然是对当时的中欧社会都具有隐晦的警示意义，韩国英在文中反复提及：在此后近 1900 年有文字记载的历史中，历代皇家园林变得越发奢靡与浪费。

韩国英详细地描述了皇室与官僚阶层园林中那些为了增添奢华而被人为改造和扭曲的自然景观与建筑特征。他指出，中国人早在欧洲开始建造奢华的园林之前，就已开展此类实践。[73] 随着时间的推移，地方士绅与富商的游赏园林也日益效仿王侯园林的营造规制，此种风气延续至明代，明朝统治者在其自诩开明仁政的背景下，重新审视宫廷御园，确立了若干条造园原则，而这些原则被后来的清朝承袭。在文章前半部分的结尾处，韩国英阐述了明清中国园林对法国的借鉴意义：

> 凡有识之士，应当细究其中的奥妙，思考欧洲应借鉴中国园林营造的哪些原则。我们在此申明：中国园林已经回归其营造初旨，相较于维护它们所需的少量精力与花费，其天然宜人的形态起到了更为重要的作用。[74]

《论中国园林》后半篇开宗明义——西方当摒弃时人对中国园林之种种谬见。继而详述中国园林的构成要素：布局章法、山水之胜、建筑规制，以及师法自然而不露人工之艺境。为佐证其说，韩国英特援引唐代山水名家柳宗元的论述。[75]柳氏所言“自然园趣”，恰似对韩国英推崇的园林理想——源自上古，复现于清代——早有预见：

> 夫造园之术，贵在聚旷野之幽寂、草木之葱茏、林荫之掩映、景致之参差、阡陌之变幻、四野之岑寂于一园，而能浑然天成。务使目遇之而惑其朴野，耳得之而耽其静谧——或偶闻天籁破寂，诸感皆陶然于闲适怡和之境，顿觉此间岁月静好。此般变幻万千之趣，实乃郊野永恒至美，亦为园林经营首务。[76]

韩国英对柳宗元文本的评论表明，他对皇家园林中过分炫耀与奢华的“装饰”（景观特征与建筑构造）持批评态度。在继续阐述中国园林理想时，韩国英反复指出，欧洲园林的形式化排列和对称性特征（包括植物布局、水道设计和景观规划），在中国园林中是陌生的。然而，他也承认，即便他在此提供了尽可能准确的细节描述，所呈现的也仅是他所见的一部分：

> 欧洲人的观念与中国审美仍相去甚远，以至于我们几乎担心，您对我们描述的真实性恐怕只会采信一部分。要把所有细节囊括其中进行描述，恐怕得专门写一部完整的著作才行。[77]

韩国英的文章以一则劝诫收尾，呼吁贤者应对中国园林的主题进行反思。他指出，追随中国人在园林装饰上的脚步，不仅能够展现当地气候的自然之美，而且能大幅减少园林维护所需的开支。他对浪费与高昂成本的批判贯穿全文，并在结尾表达了带有道德警示意味的观点：

> 智者越是遵循中国的审美趣味，这件事［指前文提及的采纳相关原则］就会变得越容易；而且他们或许能够采用一种体系——它将避免数千名农业劳动力被无谓地投入那些无人行走的小径修整，以及那些无人观赏的树木修剪塑形。[78]

18 世纪法国的园林理论

在《论中国园林》的最后一段，韩国英提及了与 18 世纪法国园林发展及相关理论有关的两位重要人物。第一位被含蓄地称为“上世纪末之雅士”，比安卡·里纳尔迪敏锐地将其认定为圣西蒙公爵（1675—1755）。圣西蒙在其 1715 年的回忆录中曾尖锐地批评路易十四凡尔赛宫苑之“恶俗趣味”（mauvais goût）。在他看来，路易十四妄图征服自然，但仅获半成之功，徒耗巨资。[79]韩国英继而论及《建筑论》的睿智作者提倡的理念：

若能将中国理念与欧洲理念巧妙融合，便能打造出欢快宜人的园林——在这样的园林中，人们可以领略到美丽自然的全部风姿。[80]

《建筑论》的作者是马克-安托万·洛吉耶（1713—1769），其论述曾于1753年与1755年两度刊行。[81]此作堪称18世纪建筑理论的关键文献之一，内设“论园林装饰”专章，详论中国园林的设计理念。[82]

洛吉耶是耶稣会神父，他强调自然与天然之美对园林设计的启发作用。[83]他认为，法国园林艺术在路易十四时期达到顶峰，当时安德烈·勒诺特尔（1613—1700）设计了凡尔赛宫等皇家园林。洛吉耶主张以乡村为园林范本，从自然中获取阴凉绿意、优美景致，特别推崇其“悦目奇趣”。钱德明在批判欧洲园林的僵化形式时，同样沿用了这类观点。尽管洛吉耶最初将凡尔赛宫誉为法国园林杰作，但随即指责其存在一系列“缺陷”。在凡尔赛宫，自然被埋葬在对称与恢宏的机械秩序之下，造价高昂却只换来了悲凉与单调。洛吉耶认为，园林选址不佳，无视周边自然景观优势，更充斥着无用的装饰。在论及凡尔赛园林的第二大缺陷时，洛吉耶提到了“中国趣味”（le goût des Chinois），尽管未明确提到王致诚关于圆明园的书信，但显然受其影响。[84]对于洛吉耶而言，此处的中国趣味比法国趣味更胜一筹。他注意到清代园林的“反对称性”特征——这一术语亦见于其他园林论著，并主张简约自然之物的优越性。洛吉耶甚至表达了这样的愿望：王致诚的文章如果能附上一份圆明园平面图，必将更具说服力。他写道："毫无疑问，这一方案本可以为我们提供一个优秀的范本，而且，若能以启发的方式将中国理念与我们自身的理念相融合，我们定能打造出这样的园林——在其中，自然将以其全部的美重新展现自身。"[85]

贝尔坦、画作与实践：山石以及其他意象

那些由贝尔坦接收或经他之手流转的中国园林图像——尤其是圆明园图景，无疑强化了自然在中国园林营造中的核心地位。自然被奉为理想范本与终极源泉，而园林设计艺术则以自然为灵感，力求在理论上不露人工痕迹。山石（文献中常记作"pierres"或"rochers"）作为中国园林的典型特征，频繁地出现在18世纪相关著述中，其特质往往与欧洲传统园林中的雕塑以及其他人造装饰形成鲜明的对比。在贝尔坦的收藏中，山石图像出现于再现或重构圆明园景观的画作，这些画作虽偶有比例失调，但使本属自然的景观呈现出精心营造的中国园林特征。

对于贝尔坦而言，中国园林山石具有特殊意义。1778年，他收到了一块带有木底座的中国山石。运送清单中的条目写道："奇石一方，配以基座。此类小品多陈设于斋室；若体量较

大者，则置于园中，取代雕像之用。”[86]传教士寄给贝尔坦的正是如今通称的“文人石”——那些造型奇崛的灵石，向来是中国文人书斋中不可或缺的陈设。文人石承载着中国悠久的文脉传统，涉及诗词歌咏、品石专著，以及描绘典型名石的画册图录。[87]以石为主题的木刻版画谱录往往配有题跋诗文，其中最负盛名的当数北宋杜绾所著《云林石谱》，以及明代学者、藏石家林有麟于1613年编撰的《素园石谱》。[88]

贝尔坦本人珍藏了一套中国园林山石绘画集，他将其装裱成册，题为《中国园林饰石图谱》。[89]这组画作由耶稣会传教士寄送，共42幅，形制统一。每幅皆以瘦长园林山石为主体，山石立于雕花石盆中——此乃中国文人供石经典陈设方式。画面以素底衬鲜明设色，运用了欧洲明暗法与透视技巧，均精心绘于中式宣纸上，纸缘可见铅笔或炭笔勾勒的裁切线，中央隐有垂直线将画作一分为二。山石图像占据较大版面，另一侧下方以楷书题写石名，名下有编号小字。除题签外，画册未附有文字说明，但随附一份“解说”，详述画作内容。[90]与多数寄自中国的文献相同，此册首页有他人批注“参见共计42幅画作”。解说手稿字迹细密很难辨识，未署名字与年代。[91]“解说”开篇即论法国园林的变革：昔日精心（甚或过度）修剪的树木、造价不菲但时有淫亵题材的雕塑已遭摒弃，自然之风渐兴。传教士邀请读者——大概是贝尔坦及其藏品的阅览者——参酌以石为园饰的中国范式，其营造技艺巧夺天工但不露斧凿，并且仅为“反对称”园林整体设计之一环。[92]

根据文献记载，这42幅画作的创作者并未按园林实景描绘山石，而是将其呈现于盆盎之中——此乃城市宅院或庭园陈设山石的常见方式。传教士意识到，详尽地记录各类山石的科学数据是极有价值的，但是他们做不到，仅可依据在华见闻及某些典籍略述一二。虽未注明具体书目，但他们希望这些记述能增进欧洲对东方工艺与科学的认知——这正是贝尔坦与北京传教士通信的核心议题。在《中国园林饰石图谱》中，文本参照画作编号，逐一或分组描述赏石特征，注释大多简略：标明石种大类，附产地或加工说明——因许多看似天然的造型实经人工凿琢。虽画作比例统一，但文字仍详述各石的色泽与尺寸，载明高度自二尺至十余尺不等，其中最硕大、珍稀者多见于御园。《中国园林饰石图谱》中一类名石的图例可作为解说条目的典型：

> 第15号山石因某位帝王的痴迷而留名青史。大量此类石材来自太湖，其底部被湖水侵蚀形成孔洞，故得名“太湖石”，至今仍为园亭珍品。真正产自湖中之石，较他处所获者更为精工细作、悦目可赏，且更［原文模糊］。[93]

第15号山石画作上的标签题为“南太湖石”（见图2.4），太湖毗邻素以园林景致闻名的苏州城，其与中华名园及文人赏石的渊源由来已久。文献另载，此类石材亦见于北直隶（即今北京周边地区），然而品质稍逊。因其形质殊异，中国人常以之

图 2.4　佚名，纸本水墨设色《南太湖石》，画幅 40 厘米 ×33 厘米;《中国园林饰石图谱》第 15 号。现藏法国国家图书馆。

叠山理水，营造洞窟幽岩，或为缩景成趣。匠人巧手能使垒石浑然天成。传教士提到的“某位帝王”当指徽宗皇帝（1100—1125年在位），其在北宋汴京（今开封）所建园林“艮岳”，以人工叠山得名，堪称北宋末期园林瑰宝。其中尤以“神运石”最为著名——此太湖奇石高达49英尺（约14.9米），蔚为大观。[94]然而，为营造此园而广征花石，致使劳民伤财、吏治腐败，终成北宋1127年覆亡之重要诱因。[95]

贝尔坦的《中国园林饰石图谱》所附说明文书继续描述了各类山石的特征与产地。第32号石的记载尤为特别：“尽管我们已经寄出了几方山石，但尚未收到任何提及它们的回复，因此我们今年还会再寄一些。即便深知自己所知有限，这份诚意也绝不会因此动摇。”[96]这可能是指1778年贝尔坦收到的带底座山石。耶稣会传教士书信中常见通信延误的记载，但此段文字也为推断该图谱说明文字的撰写年代提供了线索。文末转而综论中国山石。传教士坦言，无力尽录京师及各省园林所见石种——此非其所能，且需额外资费。然而他们也承认，此类知识实可贯通科学与艺术之域。文中再度论及营园造景之靡费与民生负担，此论正与当时法国园林理论遥相呼应。

《中国杂纂》中关于中国园林的记载相对较少，然而，1786年出版的第12卷所载《孔子生平录》系列版画中，却有多幅园景描绘。[97]其中与本书讨论最为相关者，乃表现孔子幼年逸事之版画（见图2.5），画作附有简短“图说”释文。[98]释文简述此园可远眺乡野，并特别指出，园中嶙峋的山石正为中国本土

图 2.5　伊西多尔－斯坦尼斯拉斯 · 赫尔曼，幼年孔子版画，画幅 21 厘米 ×14.5 厘米;《中国杂纂》第 12 卷（1786 年），第 5 图版，对折于第 16 页。现藏洛杉矶盖蒂研究所（编号 41-499）。

所见之形态。该套孔子生平图系列中的另外4幅版画亦以园林山石为构图主体，但其解说文字未涉及园景设置。[99] 这部重要的孔子传记及相关插图，将于本书第四章作进一步论述。

18世纪欧洲对中国园林的认知，主要源自大量英法出版物中的文字记述以及相对有限的图像资料——这些图像既包括公开刊行的版画，又涵盖私人收藏的绘画作品。前者流传范围较广，后者则仅限小众观赏。诸多文献反复强调某些核心理念：中国园林以自然为最高准则，并且刻意规避奢靡之风。这些观点在亨利·贝尔坦所能接触到的文献中尤为常见。中国园林艺术令欧洲精英阶层心驰神往，而时人对中国建筑的理解——下一章的主题——实与园林营造理念密不可分。

第三章

构建真实的中国

中国文明的方方面面吸引着亨利·贝尔坦探索的目光，显然他曾多次向驻京法国耶稣会士致信获取相关信息。尽管贝尔坦最初写给他们的信件大多散佚，但从传教士的回信和寄往巴黎的文件可知，贝尔坦曾屡次追问“中国建筑”这一主题。尽管从贝尔坦的兴趣来看，他始终关注建筑这类实用学问，但究竟是什么契机让他注意到当时这个尚未被严肃研究的领域，仍未可知。在那个年代，“建筑”概念风靡欧洲知识界，相关著作涉及历史沿革、营造技艺、理论体系等方面的内容，其中的理论部分尤具建筑学历史发展的开创性。贝尔坦不仅结识了当时顶尖的建筑师，晚年更在巴黎郊区的沙图倾力营建宅第，据说园内还辟有中式园林与画室（下章将详述该工程）。早在17世纪，约翰·尼霍夫于1665年出版了《1655—1657年荷兰东印度公司使华记录》，阿塔纳斯·珂雪于1667年出版了《中国图志》，这些出版物中已载有中国建筑图文。这两部风行欧洲的著作的内容与贝尔坦掌握的实际情况颇有出入（后文将结合尼霍夫出版的中国游记插图详细分析）。贝尔坦收藏的绘画作品及相关档案文件，蕴藏着数量可观的建筑资料。其中诸如中国温室的图文记载，直接体现了贝尔坦“以华为师”的务实追求。更有一批装帧精美的画册及配套文献，首次为欧洲带来了系统严谨的中国建筑研究成果。这些资料既沿袭了欧洲传统编纂体例，又以空前翔实的笔触，展现了18世纪中国建筑的独特智慧。

中国温室

1777年，北京耶稣会传教士寄给贝尔坦一组绘画作品，后被装裱成册，题名为《中国温室及其中培育的花卉》(以下简称《中国温室》)。[1]该画册采用了贝尔坦收藏品中常见的靛蓝裱纸封面，年代信息源自首幅画作上方的题记：“中国温室六幅，1777年收。”[2]除题名、首幅题记以及每幅画右下角的编号（标注为图1、图2等）外，画册内再无其他法文说明，仅在第一、第三和第四幅画上可见中文标签。这些画作蕴含了丰富的信息：首幅画作描绘了一座面阔十间的建筑，朴素的立面朝向围墙庭院，院内除了三个大筐，空无一物，枯树暗示了时值冬季。右侧起首四间的檐下悬有竹帘，其中一幅垂落及地；随后三间的格心窗用白纸裱糊；第八间应为门洞所在，但与最后五间同样留白，或因画作未完成而简略了细节。屋顶亦显未竟之工，仅首尾各两间覆瓦，其余部分以多层不明材料苫盖，最远端木梁裸露，与瓦顶相接。这些特征很可能真实地反映了当时温室的建造细节。[3]

第二幅画作（见彩图6）的视觉效果最为精妙。画面以双重视角呈现了与首幅相似的建筑局部：右侧展示庭院景观，可见卷放的竹帘门和糊纸窗棂；左侧采用剖面技法，细致地勾勒出室内三层花架上的盆栽花卉与微型树木的生长状态。此画作最关键之处在于地层的剖面结构——灰砖铺地之下的供暖通道与通风口清晰可辨（具体构造详见后文温室专论）。第三、第四幅画作完整地呈现了温室内景，细节极为丰富：既有各类植物的生长形态，也有透过糊纸窗棂的漫射天光。此二幅与首幅均标有中文“花儿窨子”或“花儿窨”字样（字面意思为“储花地窨”，实为当时对温室、暖房的称谓）。[4] 作为画册中仅存的中文标注，这些题签凸显了中国温室的典型特征——半地下式构造。末幅未标注的画作展示了简易的御寒育苗法：鸟瞰视角下的围墙院落中，新栽植物的浅畦可通过两种方式防寒——展开大型竹席覆盖凹畦，或在略低于地面的苗床上架设竹篾棚架。

尽管1777年的《中国温室》画册几乎未附文字说明，但1778年出版的《中国杂纂》第3卷收录了一篇长达15页的《中国温室考》。[5] 这篇由时任北京法国传教会总管、贝尔坦的长期通信者晁俊秀神父（1723—1792，1767年来华）寄出的手稿，与另外13篇主题各异的论文一起，于1777年11月从北京寄出。这些文章均出自贝尔坦的另一位固定通信人韩国英神父之手。[6]该篇论文虽未附图，但其记载的内容与《中国温室》画册所绘完全吻合。韩国英沿用了耶稣会士致贝尔坦文书中惯用的“吾辈”自称，他首先探讨了自己理解的中国温室历史渊源——尽管他表示这一课题无法在本文深入展开。值得注意的是，随后他提出了以下问题：

> 法国是否能领会中国人的智慧？无论是当今建造温室的方式，还是为补充城市与乡村菜园而设计的方案……我们都将根据观察结果进行阐述，并仅仅记录亲眼所见的事实。[7]

韩国英神父实地考察的温室主要分为三种：皇家宫苑温室、北京花商温室以及京郊农户温室。尽管用途不同，但这些温室都采用了相同的建筑形制。耶稣会士特别注意到，中国各阶层的建筑都呈现出相对简朴和统一的特点。由于北京冬季严寒，这些温室都遵循了中国大部分地区建筑坐北朝南的传统营建方式。但韩国英神父强调，中国温室最独特之处是其半地下式结构。正如画册所示，温室下沉的地面类似于壕沟，这种设计既达到了类似地窖的保温效果，又通过南向的纸窗充分利用阳光。再加上厚实的密闭墙体，温室能够最大限度地吸收和保存太阳的热量。这样的设计也使中国北方特有的地暖系统能够发挥最大的效能：热气在砖地下方的烟道中循环，用最少的燃料实现最佳的供暖效果。

在文章中的某个章节，韩国英神父总结了中国温室建筑的七大关键要素：下沉式地基、特殊的屋顶构造、砖地或高台下方需设置炕式炉灶烟道系统，以及配备结实的竹帘用于夜间或严寒时节覆盖纸窗，等等。[8]他指出，法国的建筑技术完全可以建造此类温室，若能借鉴中国的技术细节将更臻完善。随后，文章的四个章节详细论述了中国温室的具体用途和管理方法。韩国英神父特别详述了如何在人工加热环境中维持适宜的温室湿度与气候环境。其中的一个重要目标就是确保花草和灌木能在冬季开花——这一点在《中国温室》画册中有生动的呈现，此外还包括育苗、插扦甚至反季节培育嫩芽等技术。

1777 年贝尔坦收到的《中国温室》画册，与同年岁末从北京寄出、并于 1778 年迅速刊行的专题论文，二者在细节上呈现出高度吻合。这些画作与文字资料很可能相互关联，或许正是应贝尔坦本人要求所作。这种将翔实的文字说明与强调实用信息的绘画相结合的方式，完美地诠释了贝尔坦“以华为师”的宗旨。尽管这些从北京传至巴黎、继而通过各类出版物传播的知识是否产生过深远影响尚难定论。[9]但一个耐人寻味的线索出现在埃米尔·利特雷于 19 世纪编撰的《法语词典》中：该词典的“温室”（serre）词条下特别收录了“中国温室”（serre chinoise）的定义——一种建于地下的温室。这一细节或许暗示了中国温室知识在法国的传播轨迹。[10]

《论中国建筑》

《中国温室》画册与《中国杂纂》中的温室专论，实现了贝尔坦的主要目标之一——通过图文并茂的形式提供中国特定建筑类型的专业技术资料。这些资料本可直接为法国所用，然而，此前寄给贝尔坦的多组插图与长篇文稿虽包含更丰富的中国建筑信息（其中多聚焦于欧洲未知的建筑类型），但始终未能刊行。一份未标注日期的《中国装饰考略》手稿表明，这项中国建筑系统研究计划已酝酿多时。[11] 撰稿人颇感诧异：中法两国通商两百余载，竟无一部中国建筑专著；更令人费解的是，耶稣会传教士也未曾撰述。尽管全面呈现中国建筑面临诸多困难，但传教士已经开始响应这一需求，并认为最佳方案是首先提供“诉诸视觉”的中国建筑画作，[12] 从而彰显中欧建筑之异同——这一目标在后续的建筑著作中不断被呼应。不过，该手稿题为“装饰”而非“建筑”，缘由很快明晰：文中所谓的中国建筑图像，实为乾隆皇帝及皇太后寿辰庆典时，御道两侧临时建筑的彩绘图。[13] 文中提及“去冬”乾隆六十万寿庆典的记载，可将文本年代推定在 1771 年或之后（因 1771—1772 年冬适逢皇帝与皇太后八旬双庆）。[14] 这些图像为《中式凯旋门与花廊》画册所收 11 幅彩绘，其中“凯旋门”在 18 世纪用以指代中国牌楼（永久性或临时性），其命名源自悬挂于雕饰额枋上的题名牌匾。[15] 编选这些特殊的建筑图像实为权宜之计——全面研究中国建筑工程浩大，因此先以这些图像展现中国的审美趣味。

这些图像极尽瑰丽：首幅描绘的牌楼被装饰为住有八仙的仙山景致，[16]另有数幅饰以绫罗绸缎或仿真花卉。第九幅画作呈现的是一座栖满松鹤的亭阁。而最为精妙的建筑当数第四幅（见图3.1）——被描述为“以绸缎与灯笼装饰的双牌楼”的杰作。[17]与单排柱结构不同，这座牌楼采用双排立柱，托起一组被装饰帷幔环绕的微型楼阁。与其他画作相同，该牌楼以中西合璧的风格绘制：运用中心透视法，并辅以细腻的光影处理技巧。中央门洞上方的匾额题有“五谷丰登”的吉语，其余数座牌楼亦饰有类似的题词。[18]《中国装饰考略》的传教士作者虽简要提及了中国建筑的若干法则，但特别强调，这些画作描绘的实为庆典临时性奇幻建筑。它们与后续寄给贝尔坦的那批建筑画作呈现的内容，存在着根本性差异。

《中国装饰考略》中承诺的诸多内容，最终在一部非凡的双册画集中得以实现——这部题为《论中国建筑》的巨制，首次系统地呈现了中国建筑的全貌。《论中国建筑》集数十幅细节丰富的插图、图注以及长篇论述于一体，旨在全面阐释中国建筑体系。[19]秉承了欧洲启蒙运动追求技术与艺术真知的传统，法国耶稣会士受贝尔坦委托特地绘制了这批建筑画作，并配以详细的说明。这批画作图文并茂地凸显了中国建筑迥异于欧洲实践的独特之处。这两部装帧华美的画册——第一册为竖式开本，第二册为横式开本——封面均烫印有贝尔坦家族的金色纹章。[20]册内标题页与详尽的说明文字均采用仿印刷体书法誊写。目前，

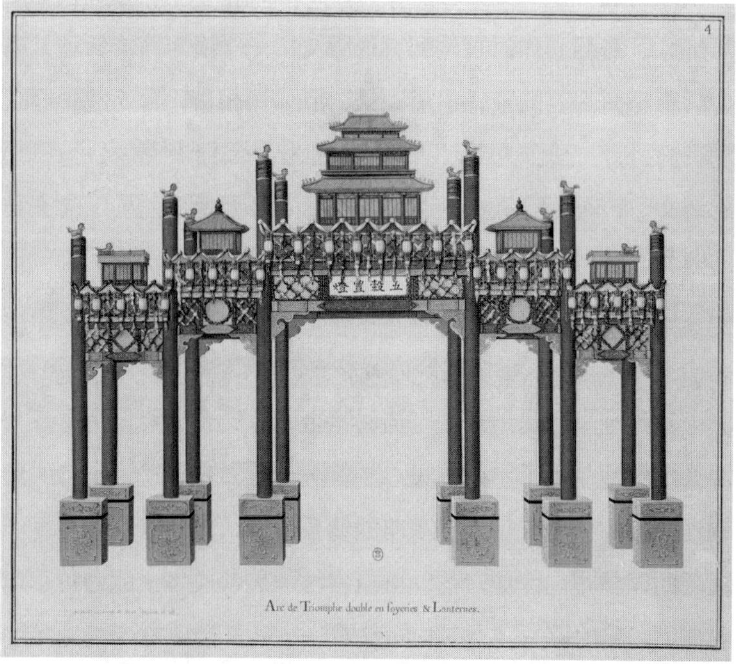

图 3.1　佚名（中国），纸本水墨设色《以绸缎与灯笼装饰的双牌楼》，画幅 64 厘米 ×75 厘米;《中式凯旋门与花廊》(约 1772 年)，第 4 号。

这两册文本的具体作者仍不可考，亦未发现任何文献记载贝尔坦委托制作此套图文集的背景。虽然画册本身未标注日期，但作为文本来源的手稿末页注明“1773年10月3日于北京完成”，提供了时间参照。[21]

《论中国建筑》第一册收录了约135幅画作，开篇附有简短的“导论”，每幅画作对页均配有说明文字——或为简洁标题，或为解释画面内容的短篇段落。第二册体例相仿，含53幅画作、稍长的引言、画作说明，以及卷末题为《若干值得关注之观察》的短文。[22] 该画册涵盖的建筑主题令人叹为观止：从工匠工具与建材，到砖瓦、墙体等构件，乃至各类完整的建筑形制。该画集涉及的建筑阶层跨度极大，除了少量的庶民建筑，更多的是士人宅第，尤以皇家建筑为著——包括圆明园中的宫苑建筑。其中一组画作精彩地呈现了简易亭台的建造全过程，另有系列图像细致地刻画了室内陈设。尽管画作着力表现建筑细节的精确性，但每栋建筑仍配以简略的背景景观，部分建筑更置身于精巧的园林布局之中。这些画册在法国装帧成集，此乃贝尔坦与提供图稿的耶稣会士的共同意愿——完成于1773年的原始手稿已包含每幅画作的标注说明。如此全面系统地记述中国建筑的努力，实属空前创举。

《论中国建筑》第一册开篇以典型的欧洲图鉴形式展现中国建筑的基础工具与材料：所有物品皆以空白背景衬托，每件工具或建材样本均标注序号，与对页上的详细注解相对应。首批图示中的木工工具与欧洲工具极为相似，故耶稣会士未作过多说明。然而，一幅石匠工具图（见图 3.2）展示了与欧式迥异的器具，传教士特地在对页上说明了细节：

> 石匠工具图解：
>
> 1 号：灰浆布袋——以厚帆布制成，盛装灰泥后由匠人肩扛运输。
>
> 2 号：铅制夯地基板——需十二个人同时抬举，垂直下落夯实基础。
>
> 3 号：四人操作路面夯——专用于夯实铺路石与地基。[23]

“路面夯”夯具（法语为“demoiselle”，字面意思为“少女”）是一种夯实铺路石的专用工具，其工作原理与某些现代手工铺路器械相似。不过在当代施工中，此类工序多由动力机械完成。[24]

工具图录之后，画集继而展示各类建材：石灰与灰浆、各式青瓦琉璃（含上釉与素坯），乃至屋脊饰件。随后画集以墙体构造为例证，起始于“庶民建筑”之墙，终篇于精工考究的宫苑墙垣——这种从简至繁的图版编排范式，贯穿画集的诸多章节。墙体图示中首度出现中文题签，首例标注为“菜园子土墙”（菜园夯土墙）。法文说明补充了基本细节：

> 夯土石灰混合墙——以双板夹筑夯实之法砌成。今人所筑此类墙体，往往不及一年便告倾颓，然于百年古墓中

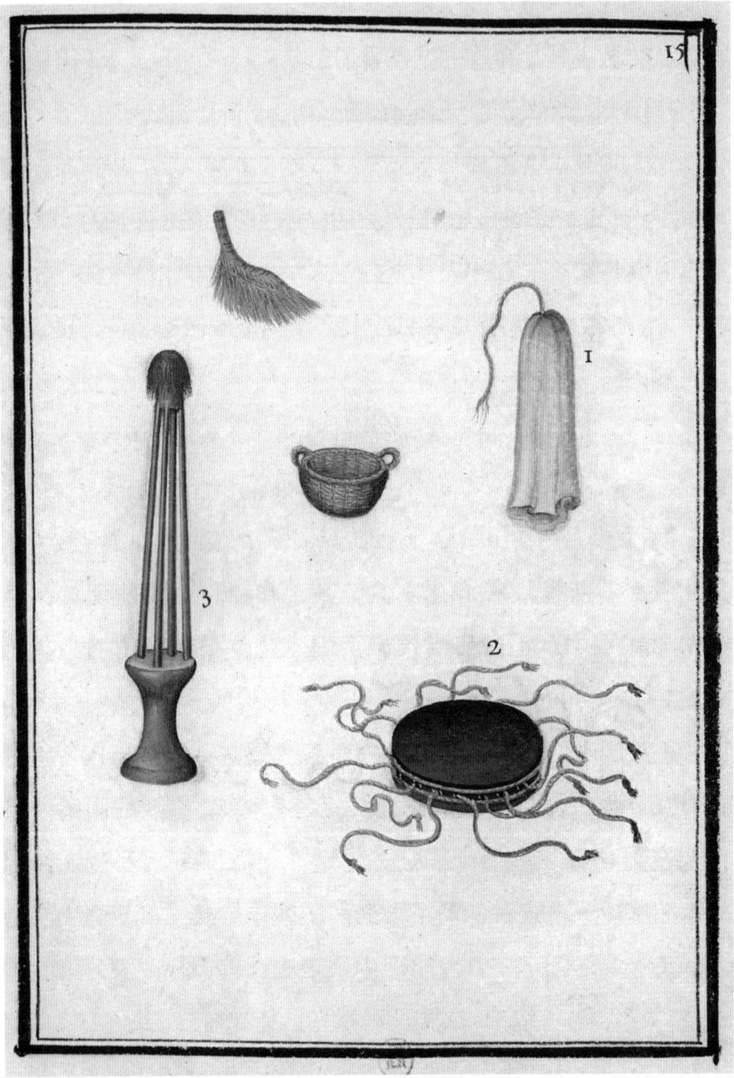

图 3.2　佚名（中国），纸本水墨设色《泥瓦匠的工具与器具》，画幅 36 厘米 × 27 厘米;《论中国建筑》第一册（约 1773 年），图版 15。现藏法国国家图书馆。

犹可见其遗存。［页边铅笔补注］：此墙多用于菜圃围垣。[25]

夯土筑墙作为中国古老的建筑技艺，至今仍在乡村地区广泛沿用。而标注为“皇上家墙”的皇家墙垣图示，则展现了中国建筑另一个典型的实用细节特征，法文说明如此描述：

> 宫苑内垣图示（编号 1 所示未抹灰部分）：特保留麻筋外露构造，以示墙体砌筑时预埋麻丝之工艺。麻丝与灰浆纤维交织，遂令粉层牢固不易剥落。[26]

《论中国建筑》随后探讨了 18 世纪末欧洲鲜为人知的一种建筑元素——中国建筑或院落入口处的“影壁”。该章节中的 12 幅画作在法文说明中被标注为“照屏”（Tchao Ping）、“照壁”（Tchao Pi/Tchao Pei）及“照墙”（Tchao Hiang），均为“影壁”的传统称谓，这些术语也出现在画作的中文标签上。例如，其中一幅画作（见图 3.3）展示了绘有官员与仆役徜徉山水之间的影壁，中文标注为“官宦人家照壁”，对页法文标题亦指明此为官员府第影壁。[27] 然而，伴随此图及前一幅画作的两页说明文字，揭示了撰稿人反复强调的中国建筑特征——规制等级与其公共展示之间的密切关联：

> 我们绘制此幅及后续十幅画作中的照屏、照壁与照墙，绝非为了启发我们的建筑师了解古代的伟大建筑，也不是

图 3.3　佚名（中国），纸本水墨设色《官宦人家照壁》，画幅 36 厘米 ×27 厘米;《论中国建筑》第一册（约 1773 年），图版 43。现藏法国国家图书馆。

为了让他们知晓如何改进新的（建筑），而是为了展现清政府处理这些事物的方式，让所有人都能看清等级的差异，并使每个人在自己的境遇中安分守己。[28]

换言之，这些在中国语境之外毫无实用价值的各式影壁，其形制风格直接反映了建筑使用者的官阶或建筑本身的等级。《论中国建筑》的其他章节——如多层建筑描述或琉璃瓦顶图注——亦反复强调，此类建筑元素受严格的规制约束，即便皇家建筑亦需遵从。此种欧洲未见的建筑规制体系，曾引发了耶稣会传教士的浓厚兴趣。而建筑与社会身份、官员品级之间的紧密关联，恰是18世纪法国本土热议的议题。

在《论中国建筑》第一册中，数量最为庞大的图组当数57幅标注为“Cabinets Chinois”（中式亭阁）的建筑画作。在18世纪的法语中，该术语既指收藏家的私人书房或办公处所，也特指园林亭阁——后者正是此处所指。[29]这些建筑自然是为人熟知的中国园林典型构造，而画作引言特别说明：图示仅为王公大臣及帝王园囿中众多亭阁类型之选粹。题为《中式亭阁平面与立面图》的导论开宗明义：

如果不是考虑到人们或许愿意依照中国的设计风格进行创作，或是对其加以改良，我们大概就不会绘制这么多（作品）了。[30]

正如我们将在下一章看到的，贝尔坦本人就曾计划在巴黎郊外的沙图庄园建造一座“中国阁”，而建筑的真实性将是这个项目的首要考量。

在这组“中式亭阁”画作的开头，10 幅精美的施工图详细展示了一座简易园林亭台的完整建造流程。配套文字说明写道：

> 对于这些亭阁的建造方法，我们无须赘言——画师已通过图示将其营造要诀尽数展现，远比文字描述更为直观。[31]

画作从挖掘地基与安放四角柱础开始，随后依次展现了亭台的石砌基座、立柱竖立、承重木构架搭设等工序。后续图幅重点呈现了屋顶建造的关键阶段，包括支撑厚重瓦片所需的层层结构。其中倒数第二幅图（见图 3.4）特别展示了石匠用于校准瓦片垂直度的铅垂线。在画作引言结尾，传教士再次强调这些图像呈现的精确性：

> 我们仅有三点需要说明：其一，画师笔下绝无虚饰。我们曾在御花园中见过许多类似的亭台，确实如此。其二，因建筑皆用木构，彩料价廉，加之中国人向来喜欢明艳夺目之物，故而这些楼阁皆饰以华彩，正如画中所绘。最后需指明，唯有天子可用琉璃瓦，此乃定制。[32]

在其余描绘亭台楼阁的画作中，建筑形制愈加繁复精巧。

图 3.4　佚名（中国），纸本水墨设色《中国亭阁的设计》，画幅 36 厘米 ×27 厘米;《论中国建筑》第一册（约 1773 年）。现藏法国国家图书馆。

尽管传教士曾声称“画师笔下绝无虚饰”，但这些亭阁已逐渐脱离了实际可能的建筑样式，转而呈现出比同时代的真实建筑更为奇幻的形态。这些画作似乎穷尽了亭阁造型与纹样的变体。我们难以断言这般虚实相生的奇幻风格究竟是源于画师的想象，还是出自传教士的授意。值得注意的是，此类真实与幻想交融的表现手法，在贝尔坦收藏的其他主题画册中屡见不鲜。

继最初描绘的亭台楼阁系列之后（其中部分确定被描述为“临时性”或“装饰性”构筑物），画作呈现了两座坐落于假山之上的亭子。这种构筑于微型山峦之上的建筑，实乃中国园林的典型范式，早在18世纪便已为欧洲所知（见彩图7）。此处对假山亭阁的描绘，再次呼应了传教士论述中国园林时反复强调的诸多主题：

> 中国人仿造山野幽寂处之天然岩群，其技艺可谓精妙绝伦。他们将此类山石移入园中，以营构浑然天成之景……登临绝顶，则见亭台翼翼；凭栏远眺，平台、林苑与蜿蜒千折之溪流尽收眼底。中国人所谓“山水”者，盖以山峦、流水并称；而依据其造园之理，必得冈峦起伏、溪池交错，始称园囿之胜。[33]

画集的解说文字特别提到了中文“山水”一词，字面意思是“山与水”或“山与河”，并强调这是园林不可或缺的元素。画作中描绘的亭台，就像那些假山一样，都是园林景观的关键特征。下一页展示的亭子建在一座造型更为奇特的山峰上，并特别注明这是圆明园（所谓的“夏宫”）中的建筑，关于这一点稍后详述。这组画作中的其他亭子，有的建在小岛上，也有不少是架设在桥梁之上的。

接下来的系列画作展示了各类桥梁样式，这些同样见于中欧两地的“乐游苑”（Jardins de Plaisance）中——该术语通常指仕宦府第或皇家宫苑中的园林。为了更好地展现这些桥梁，本组 14 幅画作均采用横向排版以充分利用页面空间。不过，相关说明文字着重强调的是桥梁的实用功能，而非装饰效果：

> 有朝一日我们若能编撰一部《中国建筑通考》，桥梁、堤堰、闸坝、驿道与水闸必将构成重要篇章。然而，本书仅择其易者，专注于乐游苑中的景桥。但凡细心之人皆可发现，这些纯粹用于装饰的桥梁所蕴含的营造智慧，同样能筑就横跨江河、溪涧的坚固实用之桥。[34]

也就是说，呈现这些中国建筑的细节实际上具有实用价值——法国或许能再次向中国借鉴有益的营造技艺。

《论中国建筑》第一册最后的系列图版展示了各种形式的佛塔（中文称为“塔”）。不过，这部分内容的参考价值有限，编写此书的耶稣会传教士明确表示，“欧洲建筑师在这里找不到任何值得关注的东西……”[35]。这些记述明显表现出对佛教及其他宗教信仰的轻视，将佛塔比作金字塔，唯一的研究价值在于它们可能揭示欧洲古代与中国历史之间的某些联系，因为这类建筑在中国最早的三朝（夏商周）并不存在。前五幅插图展示的塔或塔楼，在某种程度上类似藏传佛教的佛塔（藏语“却典”，即梵文“stupa”），特别让人联想到清代皇家寺庙中的大白塔——这座由顺治皇帝（1644—1661 年在位）于 1651 年下令建造的白塔，位于紫禁城西北西苑的琼华岛上。[36] 书中另一幅佛塔插图（见彩图 8）相比其他建筑显得较为朴实，图注特别提到其惊人的高度（三四百英尺），以及悬挂在屋檐下的众多小铃铛——当风吹过时，会发出悦耳的铃声。[37]

中国的亭台、桥梁与佛塔的图像，在 18 世纪末的法国其实并不陌生。这些建筑元素通过 17 世纪首批出版的旅行记述传入欧洲，构成了当时西方对中国认知的重要组成部分。其中流传最广、影响最大的当数约翰·尼霍夫的记载——他随荷兰东印度公司使团于 1655—1657 年到访顺治皇帝朝廷。尼霍夫的图文并茂的著作以荷兰语和法语（均为 1665 年）首次出版，随后又推出德语（1666 年）、拉丁语（1668 年）和英语（1669 年）版本，并多次再版。[38] 其著作中最负盛名的当数南京大报恩寺琉璃塔的两幅视图（见图 3.5、图 3.6）。[39]

大报恩寺位于明代都城南京之南，系永乐皇帝（1403—1424 年在位）为感念父母（洪武皇帝朱元璋与马皇后）下令建造，工程历时近二十载（约 1412—1431）。[40] 这座九层八面的宝塔高达八九十米，以五彩琉璃构件装饰，被欧洲人称为“瓷塔”，成为象征中国的重要标志。[41] 1424 年，永乐皇

图 3.5　约翰 · 尼霍夫，版画《南京大报恩寺琉璃塔》;《荷兰联合东印度公司出使清朝皇帝使团》(1666 年)，第 124—125 页，阿姆斯特丹。

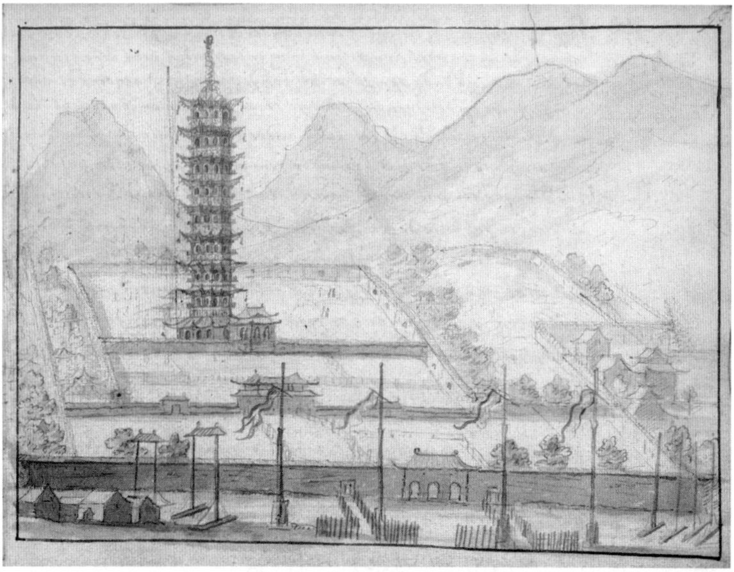

图 3.6　约翰 · 尼霍夫，纸本水墨设色《南京大报恩寺琉璃塔》;《关于一些事件的日记》(约 1656—1659 年)，第 95 页。现藏法国国家图书馆地理学会。

帝亲撰碑文以彰孝思，这座兼具宗教与纪念功能的皇家寺院从此诞生。尼霍夫从广州口岸北上京师的旅途中，曾在南京停留并绘制了多幅草图，后制成版画收入其游记。其中对琉璃塔的图文记载将寺名误作“Paolinxi”，显系“报恩寺”中文名称的讹传。他于1658年绘制的寺院全貌图（见图3.6）[42]比出版后的版画更为简略：在各个版本游记中，大报恩寺遗址的鸟瞰图以小幅版画形式置于页面顶端，下方则配以展开的大幅琉璃塔细节图。法文版序言特别说明，该书第一部分（记录广州至北京行程）皆基于尼霍夫亲眼所见，并辅以随行“官员大人”的口述补充；插图均依据其素描稿制作，并强调作者曾专门研习如何准确表现使团途经的重要景色。[43]

《论中国建筑》第二册开篇的导论再次着重阐释了中国建筑与欧洲建筑的显著差异。耶稣会传教士作者指出，虽然中国建筑形式极其多样，但只要超越普通民居的范畴就能发现，这种多样性在本质上体现为规模、高度以及装饰层次的递进变化。[44]中国建筑的独特之处在于，所有这些特征都受到礼制的严格约束——根据建筑主人的身份、地位或建筑本身的用途，就连细微的构造细节都有相应的规范。作者提到，中国官员甚至刊印了专门的典籍，对各类建筑的形制与造价做出事无巨细的规定。[45]遵循画集的固定体例，本册在展示一座典型民居后，依次呈现了文人宅第、园林建筑、皇家宫苑、宫门形制与精工制作的御苑亭台，最后以一组两层楼阁作为终篇。

在这些典型建筑图样之后，往往附有第二幅相关画作，即被标为“平面图”的建筑台基示意图。这类画作精细地呈现了建筑物的石砌台基，尤其着重描绘了柱础的布局排列——在中国建筑体系中，正是这些柱础决定了实际的平面格局。其中一幅插图展示了皇宫大殿台基平面图（见图 3.7）：通过台基上排列的柱础网络，可清晰地推演出内部空间结构，但两侧实墙与其他建筑细节并未标注。[46] 此类台基示意图的运用范围甚广，从园林门楼、独立亭榭、大型厅堂到各类皇家多层建筑，皆有涉及。

《论中国建筑》第二册所载多层建筑多为皇家建筑，图注反复强调其形制受礼制约束，唯帝王可使用琉璃瓦顶。其中一幅插图的解说文字指明，此类双层楼阁可见于圆明园及京师（当指北京）城内园林。[47] 另一座形制相近的殿宇（见图 3.8），其彩釉屋瓦上饰有繁复的几何纹样。[48] 如前文论及园林亭台时所述，彩釉瓦顶仍为皇家建筑专属。1778 年出版的《中国杂纂》刊有韩国英神父专论琉璃瓦的短文，[49] 详述了在帝王宫室、纪念先帝与英烈的祠、庙等皇家建筑中，那些琉璃瓦顶所呈现的璀璨华光。[50]

本部分末幅插图所示的三层宏伟建筑，也注明坐落于中国皇帝的御苑之中。随图附有短文，阐述了决定中国建筑形态的环境因素：[51] 首先，此类多层建筑多受官方禁令限制；其次，考虑到频发的地震（这迫使中国人采用木构建筑），高楼也存在安全隐患。气候条件同样不利——在都城地区，高层建筑夏季过热且难以抵御严寒。相比之下，单层建筑能形成更精巧的建

图 3.7 佚名（中国），纸本水墨设色《皇宫大殿台基平面图》，画幅 35 厘米 × 45 厘米;《论中国建筑》第二册（约 1773 年），图版 11。现藏法国国家图书馆。

图 3.8 佚名（中国），纸本水墨设色《双层楼阁示意图》，画幅 35 厘米 ×45 厘米;《论中国建筑》第二册（约 1773 年），图版 25。现藏法国国家图书馆。

筑群组，既保证空间开阔，又利于空气流通。中国建筑普遍坐北朝南，此朝向四季皆宜。这一议题在论述中国温室的专文中已有详述。

篇末特附“说明”一则，解答贝尔坦以及可能阅览此画册的读者关于如何获取更多信息的问题：

> 【说明】我们原本打算就中国建筑之各部——规制尺度、比例关系，以及庭院、屋宇、廊庑、屋顶、立柱等布局设计——提出若干见解与推论。然而，经过深思，不如静候垂询为佳。何况系统图录更可直观说明，此处难以详述的细节，亦可借图像彰显无遗。[52]

这类说明在其他章节也出现过。耶稣会传教士在书中多次表示，这些画册已尽可能完整地展现了欧洲人从未见过的中国建筑风貌，但是若有必要，他们还可以提供更详尽的资料。

《论中国建筑》第二册中的11幅画作呈现了真正新颖的内容——中国宅第与宫殿的内部景观。耶稣会传教士再次强调，这些室内布局与法国建筑截然不同。虽然，若能附上一篇长文，详细解释中国人的习俗与审美趣味，乃至气候对室内陈设的影响，必将大有裨益，但眼下只能借助这些图像来传达信息。[53]这些画作极为精细，清晰地展现了特定中国建筑（主要是社会上层人士或王府宅第）的内部空间。[54]所有室内图采用统一制式：严格的单点透视图，其消失点位于中心。尽管画面中空无一人，但明暗处理精妙，部分画作还通过敞开的门廊，展现出通往其他房间或精美园林的景致。虽然中国室内景观对 18 世纪的欧洲并非完全陌生，但这组画作的独特价值在于其严谨的透视格式，以及尽可能准确地呈现特定类型中国建筑室内空间的细节。[55] 如今，我们通过对中国文人精英（图注称为“Gens aisés”，即“富裕阶层”）文化的了解，得以辨识并欣赏这些画作中的空间布局与陈设。对于贝尔坦及其同时代人而言，这必定是令人惊叹的新奇发现——他们很可能会就这些画作中的书画、典籍、家具、空间规划，以及通过敞阔门廊观赏园林的景致设计等诸多细节，提出一系列问题。

其中三幅室内图共享同一标题——《亲王府第礼仪厅与会客厅》。[56] 这组作品中的第二幅（见彩图 9）展现了一间陈设着文人雅物的接待厅：厅堂尽头的坐榻靠垫后方，悬挂着一幅仿元代文人画家倪瓒（1301—1374）风格的装裱画作——这位画家刻意求简的纸本水墨风格，正是文人审美的典范。室内书画琳琅，八角形入口处的坐榻上方悬有匾额，题曰“静默轩”，当为此厅之名。[57] 值得一提的是，右侧墙面挂有水墨山水画，两侧配以书法对联，其前置案几上陈成束书卷、青铜香炉与朱红瓷瓶各一。这些皆是典型的中式文人陈设。下文将提及，贝尔坦曾收到过类似的书画、器物布置图样，用以在沙图庄园中仿建。

《论中国建筑》第二册末篇以长文引出最后 14 幅建筑画作的主题——台基上的建筑。这种中国建筑的特色构造尤其令耶稣会编纂者惊叹，因为台基在古代与当代建筑中都扮演着重要角色。画集再次采用横向排版，以充分展现高台楼阁的全貌。其中一幅画作清晰地呈现了皇家建筑的特征：朱漆立柱与五彩琉璃瓦顶坐落于高台之上，台体覆以象征皇权的红垩灰泥（见图 3.9）。这种特殊的红色原料土质样本，已见于第一册的建材图解中。[58] 对于耶稣会士而言，此类台基既引发了惊叹，又招致其对皇家匠人的严苛评价：

> 这种“惊叹”在于，迄今关于中国的所有论述，都难以让人联想到其竟然拥有此类建筑；而“好奇”则在于，众多台基展现的巍峨、华美与奢靡，与其标榜的治国节俭之道格格不入——此般例外的缘由，着实令人诧异。[59]

对于这一“特例”，画集在关于台基建筑的导论中给出了详细的解释（尽管作者声明这只是简略说明）：传教士采纳的中国传统纪年显示，早在公元前 12 世纪末的周朝初期，周天子宫苑内就建有三座宏伟的台基建筑。当时众诸侯（被比作法兰西中世纪贵族）竞相修筑此类建筑，以彰显权势财富。传教士提出了一种解释：正是由于台基建筑泛滥，反而衍生了佛塔（《论中国建筑》第一册图示中的“塔”）的雏形。尽管失去了最初的功用，后世仍耗费巨资广建台基，耶稣会士认为这与中国建筑一贯体现的“节俭”传统背道而驰。在阐明台基的各类用途后，作者留待观者自行辨识后续画作中的具体实例。

图 3.9 佚名（中国），纸本水墨设色《皇家建筑的台基》，画幅 45 厘米 ×35 厘米;《论中国建筑》第二册（约 1773 年），图版 41。现藏法国国家图书馆。

《论中国建筑》第二册末尾收录了一幅建筑群平面图，题为《满洲八旗军营某参领宅第平面图》。[60] 该图沿袭了18世纪中国平面图的传统简化风格，仅呈现建筑轮廓与决定内部布局的关键柱网。此类平面图通过展示“间”（柱间距形成的网格）来表现建筑内部格局。另有独立成册的大型图集《〈论中国建筑〉附图》，内含三幅清代高官府第的精细平面图。[61] 具体为康熙皇帝第十六子的府第平面图、一位高级官员或满族贵族成员的宅第平面图，以及一位宰相的府第平面图。[62] 其中康熙皇帝十六子允禄（1695—1767）王府平面图展示了一个庞大的建筑群，包括侍卫与太监居所、接见大厅、其子专用宫室、亲王寝殿等建筑。[63] 另一幅为军机大臣傅恒府第平面图，图中显示，中轴线上的最大建筑群被标为“额驸府第”。[64] 和嘉公主（1745—1767）[65] 下嫁傅恒次子福隆安（约1743/1746—1784）。[66] 这一家族关系在平面图中亦有体现。傅恒是乾隆朝的重要官员，于1768年被任命为军机大臣，而这一职位在此处或许被译为“宰相”。

这幅高官显贵府第的平面图（见图3.10）的标题仅以“大人”（满语“Ta-Gin”）指代宅主，此为清代对皇室宗亲或重臣的标准尊称。图幅对面附有图例与简短说明：

> 关于建筑布局，简言之：前部区域皆为衙署及仆役、军官住所，中部为家族居住区，而园林部分则专为彰显［宅第］之恢宏气派而设。[67]

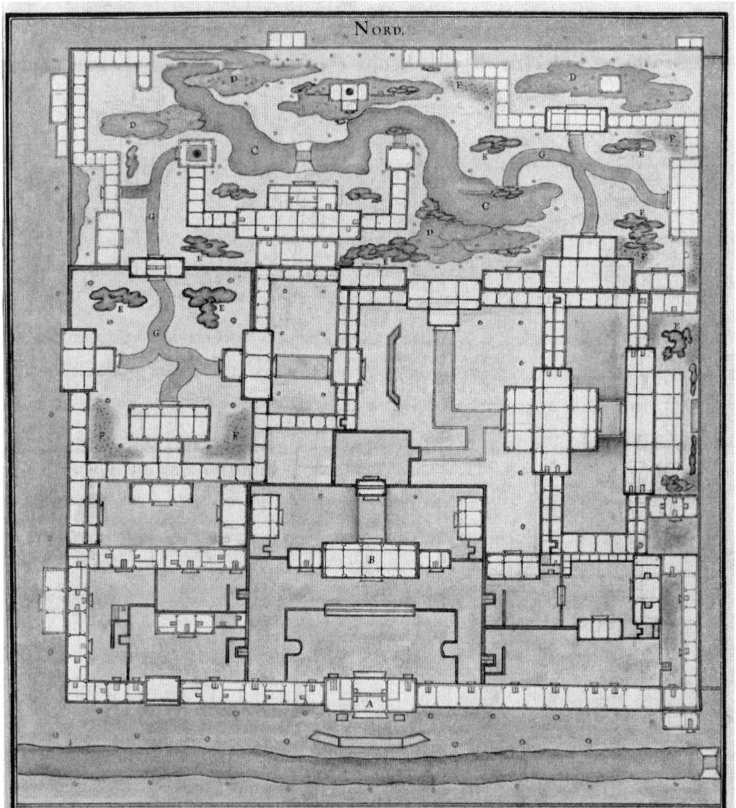

图 3.10 佚名（中国），纸本水墨设色《一位高官（帝国显贵）的府第平面图》，画幅 63 厘米 × 52 厘米;《〈论中国建筑〉附图》第 2 号（约 1773 年）。现藏法国国家图书馆。

图例标明了宅院正门内设一道影壁，形制与《论中国建筑》前文所述及图示（见图3.3）相同，并标注了接待宾客的厅堂（平面图中标记为B）。家族居住区的各建筑虽未标注名称，但图例特别标出了平面图中的几处景观特征：后花园中的池塘、假山、石景、花丛、灌木，以及蜿蜒起伏的园路。这幅平面图充分展现了上层社会宅第与园林环境的紧密关联，实际上，该图对花园的呈现比建筑更细致——后者仅按建筑平面图惯例以简略轮廓线表示，通过标注柱位来划分内部空间。

法国建筑与中国建筑

除了亨利·贝尔坦对中国知识永不满足的渴求，我们还需考量人们对《论中国建筑》这两册图文并茂的著作产生兴趣与成书的其他原因。为何建筑学在这一时期成为研究焦点？自17世纪末至18世纪，直至19世纪初，法国建筑学领域涌现了大量出版物，其中多附有精细的插图，这些出版物传播了建筑理论与实务知识。然而，当时的“理论”概念与当代建筑批评理论家所理解的含义大相径庭——对于早期学者而言，该术语指向数学及其在建造中的实际应用，同时包含对历史范式的适用性及其与当时建筑设计关联的普遍讨论。[68]

要理解出版物在18世纪中叶法国建筑理论与实践中发挥的关键作用，著名建筑学教授雅克–弗朗索瓦·布隆代尔（1705—

1774）于1754年发表的长篇演讲提供了重要线索。该演讲以《论建筑研习之必要性》为题出版，[69]其中列出了一份建筑师教育推荐书目。该书目既包含奠定建筑理论基础的古籍，也收录了当代著作，并附有对“建筑师及其他从事［高雅］品位创作的艺术家”[70]有益的版画图录。书目首推维特鲁威《建筑十书》——几乎所有传统建筑论著都会引用的终极经典，此处特指1684年克劳德·佩罗注释的法译本。[71]佩罗身兼建筑师与学者的双重身份，他不仅是17世纪法国建筑实践转型的推动者，而且为其《建筑十书》版本精心设计了插图。[72]维特鲁威确立了建筑论著的基本范式，涵盖了基本原理、建筑材料、设计中的对称与比例、形式起源、气候与选址、建造工具，甚至“房间如何与主人身份相称”等论述。[73]值得注意的是，18世纪北京耶稣会图书馆藏有1684年插图版佩罗译本以及至少两种拉丁文版维特鲁威著作。这些藏书与大量其他建筑典籍（多为插图本），无疑为传教士寄给贝尔坦的《论中国建筑》提供了范本。[74]耶稣会所藏维特鲁威版本包含古代砌墙工艺图解以及希腊神庙平立面结合图示，与《论中国建筑》的插图形式相似。[75]尽管《建筑十书》本质上是文字论著（后世版本才增补插图），而《论中国建筑》则以图为主，辅以简练的文字，但两者在“何为建筑”的定义层面产生了共鸣。《论中国建筑》虽未涉及武器、机械等内容，但其对中国皇家建筑的着重呈现——无论有意与否——恰与维特鲁威描述希腊、罗马精英建筑（神庙、别墅）的笔法遥相呼应。

欧洲悠久的建筑著述传统孕育了丰富的建筑理论体系，而中国相关文献则展现出截然不同的本土化关切与传统范式。刘怡玮在研究清代皇家园林圆明园建造的论文中指出，中国“皇家建筑师”的职业形态直到18世纪中叶才初步形成，并且其专业内涵与欧洲历史上集设计、规划与营造于一身的建筑师实践模式存在本质差异。具体而言，中国传统建筑工程（尤其是皇家项目）的实施主体包含三个专业层级——承担实际建造的工匠群体、负责工程管理与工匠协调的督造官员，以及清代中后期出现的专职设计的样式房匠师：

> 此外，朝廷还设有通晓典章的“规划大臣”，虽然他们不同于现代意义上的“建筑师”，但肩负重要使命：将皇权正统的象征意义，通过建筑规制、空间布局和数字寓意等手法予以呈现，其理念多源自上古礼制传统。这正是中国建筑体系的独特之处。[76]

中国建筑典籍中有若干部经典文献最常被学界征引。[77]首推北宋末年（11世纪末至12世纪初）奉敕编纂的《营造法式》，[78]其编修者李诫（约1060—1110）时任将作监（主管宫室营建的机构）正监，[79]既是实践经验丰富的营造专家，又深谙皇家建筑工程要义。此书堪称中国古代最负盛名、体系最完备的建筑专著。另一部广为流传的《鲁班经》，实为15世纪成书的匠作手册，其内容可追溯至宋元时期。[80]该书托名春秋时期（公元前5世纪）传奇匠人鲁班，虽部分章节涉及堪舆术数，但主体内容详述房屋营造、家具制作等实用技艺。清代，工部奉敕编修的《工程做法》（1734年成书）由果亲王允礼主持，系统整理了皇家营造则例。[81]与《营造法式》图文并茂的特点不同，《工程做法》仅附27幅简略的建筑剖面图，其编纂重点在于控制工程开支。《工程做法》正是《论中国建筑》第二册所指的官方出版物。[82]值得注意的是，这些典籍均不同于维特鲁威《建筑十书》的体例，它们体现的建筑理念独具东方特色。正如刘氏所言：

> 西式维特鲁威建筑理论讲求形式、功能、结构三要素，虽可借鉴，但难尽中式营造之妙。盖中国建筑精髓，尤在其象征体系：装饰、题名、数理、风水、书法、礼制、法式，皆需细察。此实为理解之关键。[83]

中国建筑特有的象征体系和礼制规范，在欧洲建筑传统中并无真正对应的概念。这种象征体系对中国建筑的形制、风格和装饰具有决定性影响。欧洲既没有堪舆学（风水）这样的建筑选址理论，也缺乏规范建筑等级的礼制。不过，维特鲁威在《建筑十书》中确实讨论过一些相关议题。例如，第1卷谈到城址选择要考虑气候（第1书第4章）和街道风向（第1书第6章）；第6卷提到住宅样式要适应当地气候（第6书第1章），以及房间规格要符合主人身份（第6书第5章）。值得注意的是，在《论中国建筑》中，耶稣会编纂者特别关注那些规范建筑装饰、尺度和布局的官方制度，但似乎未能充分理解中国传统建筑的象征体系和礼制要求——这些才是真正决定中国建筑形态的关键因素。

《中式天花板》

在贝尔坦收藏的与中国建筑相关的画册中，有一部作品以其非凡的尺寸、精湛的质量与独特的主题而格外引人注目。这部名为《中式天花板》的画册堪称巨制，页面高度近一米，装帧采用贝尔坦藏品特有的蓝色纸张。封面题有“Plafonds Chinois”（中式天花板）字样，内页另附标题“Recueil Relatif à l’architecture chinoise”（中国建筑图集）。[84] 该画册仅包含四幅绘画：两幅整页的皇家建筑插图以及两幅看似极为精细的建筑顶部装饰透视图，另附两页关于中国建筑顶饰的说明文字。这些文字与《论中国建筑》中的文章和说明一样，刻意模仿印刷字体。画中描绘的顶饰与所有北京画师为贝尔坦绘制的中国建筑图一样，采用了中西融合的风格——既运用了西洋线性透视法，又使用了中国传统明暗渲染笔法。虽然这些天花板绘画看似精确地展现了中国豪华建筑内部的细节，但文字说明却表明它们实际上是“错视画”的图样，而非真实天花板的写照。实质上，这种欧洲装饰技法——在平面绘画中营造立体空间的错觉——被引入中国文化语境后，这种中西融合的风格以图像形式被传回欧洲。传教士在文中提出的问题，凸显了这种前所未有的文化交流的复杂性。

欧洲线性透视技法传入中国的历程颇具深意，这一主题已有诸多研究。最著名的案例当数清代宫廷画师向供职于皇家作坊的耶稣会传教士画家学习透视法数学原理与绘画技巧。这些中西画家合作创作了大量用于装饰皇宫建筑的“错视画”壁画，通过运用精妙技法营造逼真的视觉效果。[85]《中式天花板》画册中的作品引发了诸多思考：欧洲透视技法如何传入18世纪的中国？哪些群体掌握了这门技艺？更重要的是，透视法蕴含的数学原理、艺术理念乃至神学隐喻，在当时中国文化语境下产生了怎样的回响？[86]

《中式天花板》开篇指出，欧洲普遍存在一种观点：中国建筑的天花板仅由白纸或纸面彩绘构成。这种认知容易让人误以为图集中的装饰图案纯粹是画师的主观想象。为了澄清这一问题，作者作出了5点分析：第一，除了皇室宗亲和少数大族，中国官员的职位变动频繁，没有人会为子孙后代大兴土木，这导致中国社会形成了一种“普遍均等”的现象。第二，达官显贵的宅第多由国家分配，并且受到礼制严格规范，因此，即便有奢华装饰的想法也无法实现。第三，中国建筑均为单层结构，虽然高耸的天花板可以彰显主人的财富，但由于窗户采用纸糊，室内光线昏暗，不仅不适合展示透视效果，反而更适宜彩绘和贴金装饰板的呈现。第四，中国人在此类审美问题上或存在偏见，或缺乏认知，若遇到专为单一视点设计的错视天花板，其多角度呈现的效果反而会违背中国人的审美习惯。第五，中国绘画虽在四五世纪达到鼎盛，但当欧洲人到来时，相关技艺已经失传。当时的画家既不具备创作此类天花板的技术，而且即便绘制，水彩颜料也会很快褪色。最后，耶稣会作者写道：

> 基于上述原因，中国的彩绘天花板确实罕见，但并非完全绝迹。正因其稀少，我们特地仿制了两处范例：一来可观察国人如何融会贯通西方技法，二来供艺术家参考应制之法。这两处天花板现存于某位宰相府第，与建筑空间浑然一体——一处衔接二楼空间，另一处连通三层结构。所有元素相得益彰，层次分明，设色精妙，将透视的幻觉效果展现得淋漓尽致。[87]

因此，这些中国画师与耶稣会传教士合作，为贝尔坦绘制的并非真实建筑中的中式天花板，而是两幅错视画——它们被粘贴在单层房间的天花板上，营造出宏伟的中式多层室内空间的幻觉（见彩图 10）。这些作品虽属罕见，但足以证明中国人已成功掌握了欧洲的幻觉绘画技法：通过彩绘装饰延伸视觉空间，使房间在观感上超越了实际尺度。

《中式天花板》继续指出，耶稣会传教士虽听闻王公贵族的宏伟殿堂中确有多层结构的彩绘藻井（《中式天花板》所载之雕绘装饰），但从未见其上饰有人物图像。文中特别强调，唯有皇帝敕建的西洋楼（European Palaces），方有可能出现此类人物或场景装饰。西洋楼建筑群采用中西合璧风格，位于乾隆皇帝自 1747 年起在圆明园东侧增建的长春园一隅。其建造缘起于皇帝观赏欧式喷泉图样后，诏令宫廷耶稣会士设计营造。此工程由郎世宁与负责喷泉技术的蒋友仁神父共同督造。[88] 首批建筑于 1751 年开工建设，第二批主体工程于 1759 年告竣，至 1768 年又增建一处。[89]1860 年第二次鸦片战争期间，西洋楼与圆明园其余宫苑同遭英法联军焚毁。

17 世纪末至 18 世纪初，欧洲错视画技法在中国被接受与转化，始终是学界关注的焦点课题。[90] 尽管我们无法在此详述这一跨文化对话的全部过程，但必须指出，北京至少有三座耶稣会教堂的装饰包含错视壁画。[91] 然而，《中式天花板》所载的两幅天花板绘画，则与耶稣会传教士画家赴京前接受的特殊训练紧密相关——其中包括被称为“quadratura”（意大利语，指运用数学网格将错视画稿转移至墙面或顶棚的技法）的系统培训。[92] 该技法的代表人物安德烈 · 波佐虽未亲赴中国，但其于 1693 年在罗马出版的《绘画与建筑透视学》影响深远。这部被译为多国文字并反复再版的权威手册，通过详尽的示意图与建筑透视图解，系统阐释了各类透视构图法则。[93] 值得注意的是，所有版本均收录了波佐精心绘制的图版，这些图版不仅成为耶稣会士的培训教材，而且成为连接欧洲巴洛克艺术与中国宫廷绘画的技术纽带。

正如维特鲁威的插图本著作一样，波佐的透视学教科书亦收藏于18世纪初北京的耶稣会图书馆，并成为《视学》——这部中文透视学论著——的重要参考来源（尽管并非唯一来源）。《视学》由清廷官员年希尧（1671—1738）编撰，[94]初刊于1729年，1735年增订再版。[95]在两次刊行的序言中，年氏均明确感谢耶稣会画家郎世宁就欧洲线性透视法对其进行的持续指导。[96]值得注意的是，波佐的《绘画与建筑透视学》中的图版88（见图3.11），展示了在平顶天花板上绘制错视栏杆投影的步骤——尽管这一具体图例未被《视学》摹刻。[97]该图版与《中式天花板》所载的两幅错视天花板绘画存在直接的技术关联：二者皆通过明暗渲染与色彩幻象，在二维平面上营造出令人信服的三维空间效果。

《中式天花板》的附文《论天花板》指出，中国人若见到那些必须站在固定视点（正对消失点的位置）才能观其全貌的错视天花板，或许会感到不适甚至困惑。然而，文中也承认，此类精雕细琢的多层天花板确实存在于某些大型皇家建筑中，紫禁城内至今仍存有实例。透视学大师安德烈·波佐在其教科书开篇曾告诫学生："读者当欣然执笔，坚定地将所有线条引向那真正的终点——上帝的荣光。"[98]对于传教士而言，观者与透视幻象的正确关系，恰如信徒与天主教信仰的关系。[99]这种将透视法与传道相结合的理念，正是耶稣会画家带到中国的核心要义。这种宗教隐喻看似与图集中某高官府第的两幅错视天花板无直接关联，但细观其中多层天花板绘画的细节：房间梁枋悬挂着题有"信望爱"（天主教核心教义）的匾额，两侧楹

彩图 1　佚名（中国），纸本水墨设色《孔子》，画幅 21 厘米 ×14.5 厘米，约 1771 年。现藏法国国家图书馆。

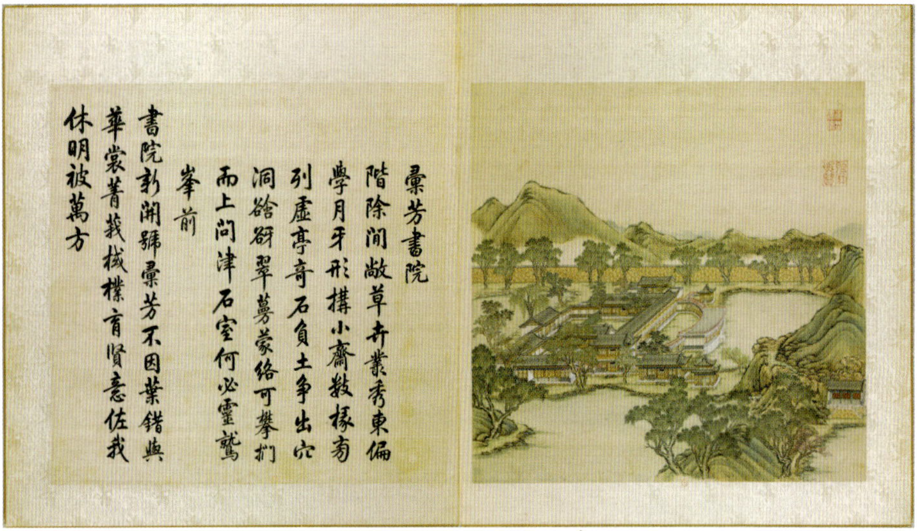

彩图2　唐岱、沈源合绘，王由敦代书，纸本水墨设色《圆明园四十景图》第十八景图《汇芳书院》，画幅 82.7 厘米 ×148.8 厘米，1738—1741 年。现藏法国国家图书馆。

彩图3　唐岱、沈源合绘，纸本水墨设色《圆明园四十景图》第二十二景图《水木明瑟》，画幅61.7厘米×64.1厘米，1738—1741年。现藏法国国家图书馆。

彩图4　佚名（中国），纸本水墨设色《水木明瑟》，画幅 23.7 厘米 × 39 厘米;《中国皇帝海淀离宫图》(约 1750 年)，图版 38。现藏法国国家图书馆。

彩图 5　佚名（中国），纸本托裱织物设色《中国山水画集》，画幅 63 厘米 × 67 厘米，基于《水木明瑟》创作。现藏法国国家图书馆。

彩图 6　佚名（中国），纸本水墨设色《中国温室》第二幅画，画幅 40 厘米 × 48 厘米，约 1777 年。现藏法国国家图书馆。

彩图 7　佚名（中国），纸本设色《假山上的亭子》，画幅 36 厘米 ×27 厘米；《论中国建筑》第一册（约 1773 年），图版 94。现藏法国国家图书馆。

彩图 8　佚名（中国），纸本水墨设色《佛塔》，画幅 36 厘米 × 27 厘米;《论中国建筑》第一册（约 1773 年），图版。现藏法国国家图书馆。

彩图 9　佚名（中国），纸本水墨设色《亲王府第礼仪厅与会客厅》，画幅 35 厘米 ×45 厘米;《论中国建筑稿》第二册（约 1773 年），图版。现藏法国国家图书馆。

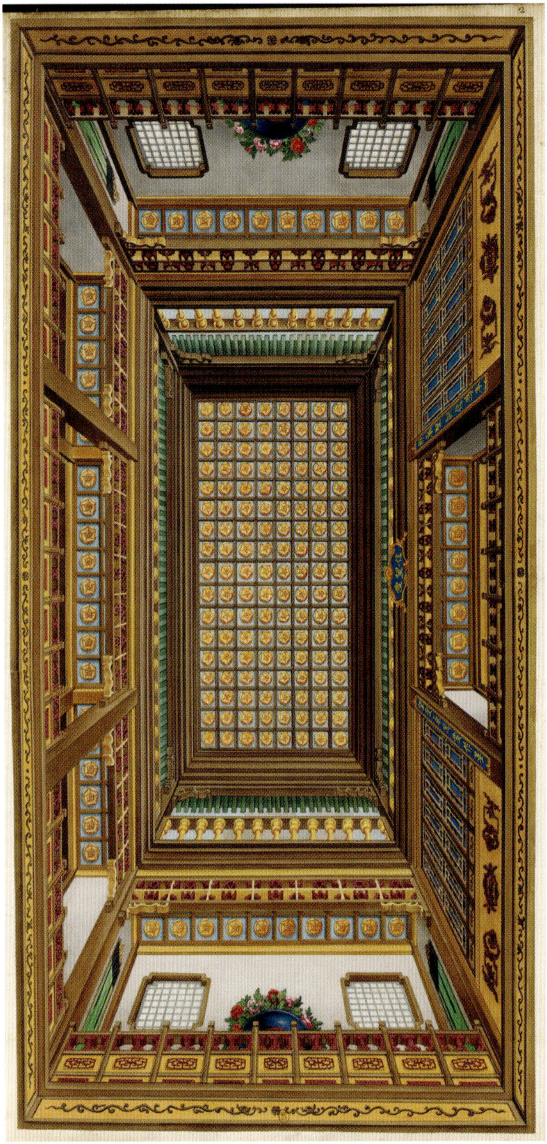

彩图10　佚名（中国），纸本水墨设色《多层室内空间错视画》，画幅96厘米×62厘米;《中式天花板》（约1773年）。现藏法国国家图书馆。

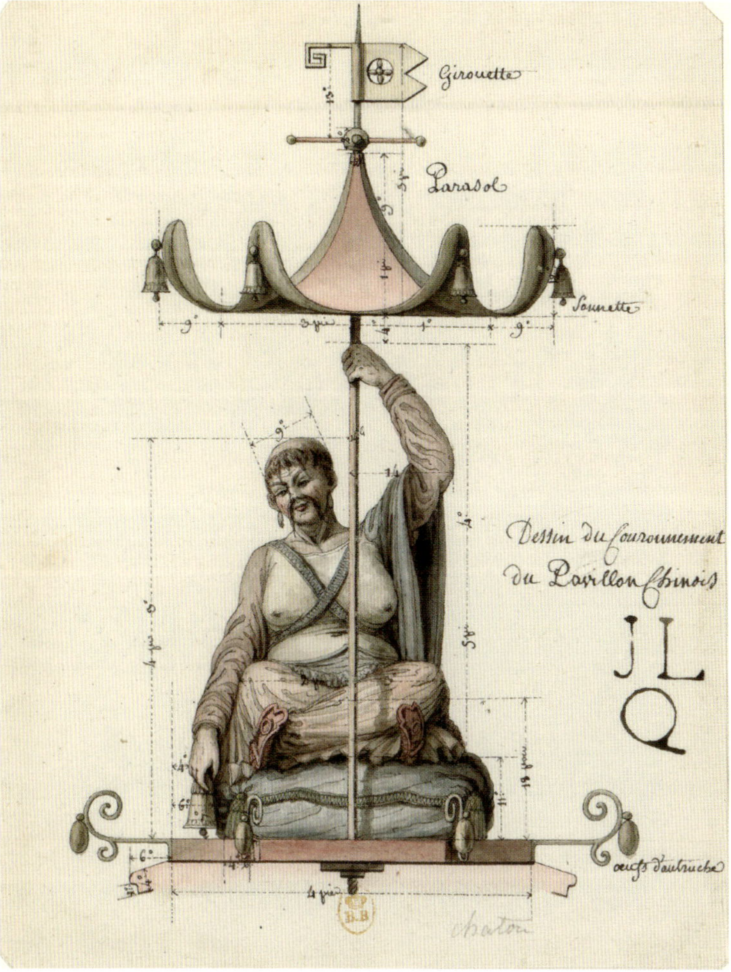

彩图 11　让-雅克 · 勒奎，纸本水墨设色《中国转环游戏亭顶部装饰画稿》，
画幅 21.2 厘米 ×16.6 厘米，约 1780 年。现藏法国国家图书馆。

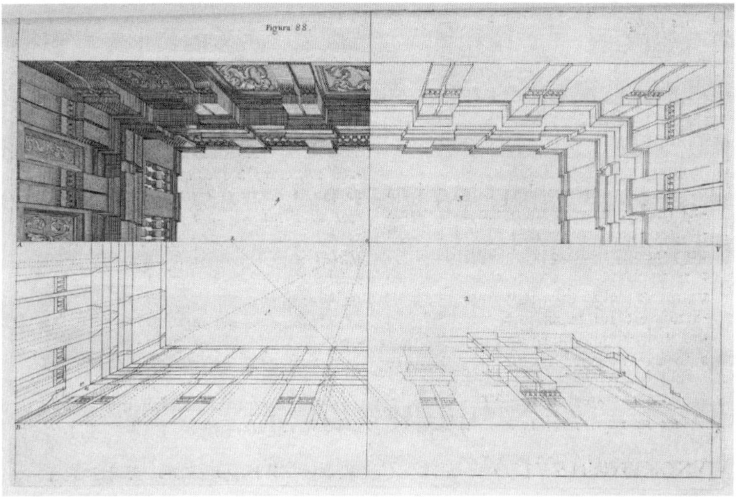

图 3.11　安德烈 · 波佐、文森佐 · 马里奥蒂，版画《栏杆投影错视画绘制步骤》；《绘画与建筑透视学》(1693 年)，图 88，罗马：约翰内斯 · 雅各布 · 科马雷克出版社。现藏洛杉矶盖蒂研究所（编号 317925）。

联写有“仰承圣训信为本，望受永恩爱作基”（“To revere holy teaching［or, holy scripture］, faith is the source / To hope for receiving eternal grace, love provides the foundation.”）。[100] 这两句话未见于现存天主教文献，但措辞明显采用了来华传教士的惯用译语。更耐人寻味的是，文中称此天花板绘于某“Prime Minister”府第——清代并无完全对应的官职，使考证具体受赠者变得困难。[101] 乾隆朝重臣宣称皈依天主教的情形难以想象，这些面向欧洲观众的天花板图像中的天主教文辞，或许更多地体现了耶稣会士的传教愿景。但无论如何，这些细节确凿地证明了传教士与中国画师在创作《中式天花板》时的密切合作，该画册成为跨文化对话的珍贵见证。

中国建筑的启示

《论中国建筑》第一册开篇提出了两个核心问题：中国建筑是否值得欧洲了解？此类知识对欧洲可有益处？该论著的图文所呈现的中国建筑形象，在很大程度上是一种理想化的礼赞。作者多次强调中国人对建筑规制的高度遵从——包括建筑体量与装饰细节皆需严格对应使用者品级。但耶稣会作者亦坦言，这些繁复的规则在实践中并非始终如一。中国建筑规范的真实情况其实更为复杂，关于这一点，钱德明神父在 1777 年 9 月 28 日致贝尔坦的长信中曾有详细说明（同年寄出的还有中国温室专题报告）。信中论及的内容，显然指的正是这部《论中国建筑》：

> 此前呈递给阁下的关于中国建筑艺术、工匠工具以及那些精妙的营造规制的种种赞美之词——据说四千余年来，这些规制始终通过建筑形制与规模来维系社会各阶层的身份秩序——恕我未能苟同。以北京现状观之，此类规制如今几成虚文。我既出入宫禁，亦探访民宅，遍观各阶层居所后，不得不惭愧地承认：所谓“庶民宅第不得饰楹柱，生员廊庑仅限双柱，三品官员可立四柱，以此递进直至王公”的神奇秩序，实难觅其踪。[102]

钱德明神父继而指出，此类营造规制或许在外省尚得恪守，但在北京却难以维系——尤其当北方少数民族聚居于此地之后。

社会地位与建筑表征之间的直接关联，乃是18世纪欧洲精英阶层——尤其是法国知识界——密切关注的议题。著名建筑家雅克-弗朗索瓦·布隆代尔即为此中代表，他不仅撰有前文讨论的《论建筑研习之必要性》，而且负责编纂于1751年出版的狄德罗与达朗贝尔编纂的《百科全书》首卷中的“建筑师”“建筑”词条。[103]随着《百科全书·图录卷》于1762年陆续问世，布隆代尔很可能继续撰写了“建筑”章节。[104]《百科全书·图录卷》第五部分标题为《皇家宫苑通论——以某显贵府第为例的专项研究》，[105] 该部分开篇虽强调皇家宫殿作为至要建筑，其崇高属性需以恢宏庄严的风格呈现，但所附图版却仅仅展示次一等显贵的都市宅第。不过，文中确实详尽阐述了社会等级与建筑风格之间的对应关系：

> 在都城之中兴建的显贵宅第乃是王公大臣的日常居所。这些建筑的装饰必须与其主人的出身与地位相称，但又绝不能逾越唯有皇家宫殿才配享有的恢宏气派。从君主到亲王，再从亲王到臣属，这种等级差异必然导致建筑规格的差别——这种微妙的尺度把握，唯有通过艺术修养和人情练达才能掌握。特别是对世道人情的理解至关重要：我们应当明白，只有通晓人情世故，才能掌握得体的分寸，领会合度的要义，培养准确的判断力，建立有序的思维，陶冶高雅的品位，最终领悟每座建筑应有的独特气质。建造者的身份、地位，正是决定建筑表现形式的根本依据。若不谙世事，又如何判断什么样的宅第该采用何种形制？什么样的主人该享有何等规格？[……] 既然社会地位各有等差，那么不同阶层的宅第规制，难道不应该明确体现这种尊卑次序吗？[106]

布隆代尔详细界定了适用于皇家宫苑及其他类型建筑的风格，强调必须通过不同程度的宏伟气派与风格特征来区分它们。在接下来的论述中，他指出，这种区分应当源于对社会各阶层适宜表现的共同认知。令当时欧洲人印象深刻的是——正如耶稣会传教士多次指出的那样——在中国，这些展示习俗被明确编纂进一套复杂的官方规条。而在法国，这种认知应当源自对现行社会秩序的微妙且深刻的理解。

《论中国建筑》对皇家建筑与园林的着重呈现，首先反映了法国耶稣会士在清廷的特殊地位——他们曾担任诸多要职，深得皇帝信任。这些传教士的长期策略是通过归化中国君主来实现全民皈依天主教的目标。因此，他们对皇家建筑的了解与关注也就不难理解了。事实上，直到18世纪中后期，关于紫禁城——这座北京城核心的皇家宫殿——的真实信息与图像仍极为有限。早期旅行者的记述虽描绘过这座宏伟的宫苑，但相关图像多是根据记忆、二手资料以及有限的观察所创作的示意图（由于宫廷礼制的限制，欧洲人仅能进入少数区域）。18世纪末，圆明园图景在欧洲的一定范围内流传，包括清宫刊刻的《圆明园四十景图》木版画及其摹本。[107]其他中国建筑图像则多见于外销画之中，这些描绘港口、沿河城镇及风景的画作在欧洲民间流传甚广，反而比真正的皇家建筑图像更有助于形塑欧洲人对“中国建筑”的普遍认知。不过，贝尔坦对这些画作的质量嗤之以鼻。在1776年出版的《中国杂纂》首卷序言中，他直言，欧洲所见多是最劣等的中国画——那些产自广州口岸的粗劣之作。但他特别指出，自己收藏的来自北京的画作则精良得多，其中或许就包括这部《论中国建筑》中的部分作品：

我们眼前这些来自北京的水粉画，有一些描绘了皇帝宫殿的华美内景与官员宅第，以及各类珍奇陈列之室；另一些则展现了迷人的山水景致，乡野细节中的人物描绘得如此精准，令人惊叹。这些画作的透视技法严谨，而且色彩之明艳更是我们至今难以企及的。[108]

《论中国建筑》中那些精工细绘的建筑图样，连同《中国温室》《中式天花板》收录的画作，以其对各种建筑类型乃至王公内室的独特呈现而堪称独步。然而，这些贝尔坦珍藏的画作究竟流传范围多广、经何人品鉴，至今仍是疑问。

《论中国建筑》的耶稣会作者提出了一个核心命题：欧洲究竟能从中国建筑中汲取何种智慧？他们又能为此提供哪些更深层的知识？在该论著第一部分的“序言”中，作者给出了明确回应：

中国建筑艺术是否值得为欧洲所知？我们所能提供的相关知识究竟有何裨益？对于这些问题，我们认为最佳的回应方式，便是寄呈这批汇集了各类建筑的画作集——其中诸多未尽之意，容后再禀。遗憾的是，我们未及对所寄画册中的各个细节详加阐释，仅能附以简要说明。若您需要进一步解惑，烦请就疑问之处附上简图示意，因我们未能留存所寄画作的副本。鉴于您对中国工艺的浓厚兴趣，本辑特以木匠、瓦匠（此处瓦匠与木匠不作区分）的工具图谱为开篇。图中细节已不言自明，故我们仅标注那些较难辨识之物。[109]

作者特别提及贝尔坦对中国文化诸多方面的兴趣，尤其是中国的“工艺技术”，因此收录了木匠、石匠与瓦匠的工具图谱——值得注意的是，在中国，瓦匠并不作为独立工种存在。耐人寻味的是，前文论及的《百科全书·图录卷》同样在建筑立面与平面图之外，收录了石材切割、砌筑、瓦作等工艺的工具与技术图解。尽管《论中国建筑》未必直接受到《百科全书》的影响，但二者无疑都体现了18世纪那种兼容并蓄的探索精神。然而，耶稣会士的核心关切始终在于，中国建筑是否值得欧洲了解？此类知识又有何实用价值？值得关注的是，作为《论中国建筑》图文来源的原始文稿（1773年自中国寄出的那份报告，前文已有简述），在编纂成册时经历了重大删改。在手稿原版“中国建筑是否应为欧洲所知?”的提问后，还载有这样一句话:“卑微如传教士，实难应对如此宏问。”[110]而被正式图录删去的后续文字，详细地阐述了全面呈现中国建筑体系的困难——包括记录欧洲人眼中那些陌生建筑现象所要耗费的惊人的时间与财力。这些问题的答案，或者至少是可能的解答线索，其实散见于《论中国建筑》的不同章节，以及同期从中国寄给贝尔坦的其他文件之中。

《论中国建筑》第二册末篇的短文虽题为《若干值得关注的观察》，终究并未直接回应“中国建筑是否值得欧洲了解”[111]

之间，转而聚焦于建筑承载的道德意涵。耶稣会士首先注意到：即便在北京，普通民众的居所也多显简陋，而国家的财力、物力则倾注于某些宏伟的公共建筑。那些需坚固耐久的建筑——如桥梁、码头、城楼等——往往建造精良，不少前朝遗构至今完好，但更多的建筑只是金玉其外的短暂存在。究其原因，大抵有二：其一，受制于年度预算；其二，维护此类建筑耗资甚巨。加之中央常征调地方资材，致使其余建筑更显凋敝。个中深意或许唯有“智者”能参透——传教士越是研究中国政制，越是觉得其行事稍显随意。末段笔锋转向宗教建筑：佛寺浮屠虽极尽壮丽（第一册已斥其为偶像崇拜之产物），但无一能与天坛媲美。这座位于北京城南的坛庙建筑群，其规制之崇隆，甚至皇帝亦不得在其他建筑中效仿。这篇短文虽触及耶稣会士关切的若干道德议题，但始终未就“中国建筑价值”之诘问给出更宏阔的解答。

在与北京法国耶稣会士的长期通信以及获得的图文资料中，亨利·贝尔坦始终致力推动中国知识向法国的系统性传播。无论是《中国温室》中的画作，还是《中国杂纂》所载温室专论，都完美地契合了他所渴求的那种兼具图像细节与技术说明的中国资料。而《中式天花板》所录画作天花板错视画作，则见证了一种特殊的欧洲视觉实践——该技艺东传中国后经本土化改造，最终西返欧洲，成为18世纪跨文化交流中一个精彩且复杂的案例。贝尔坦对中国知识的追求，既体现了其作为国务大臣的职责，又折射出个人对中国事物的热忱。他精心规划的沙图“中国阁”建筑方案（下章将详述），尤其彰显出其对中国建筑的执着兴趣。与他交往的学者、艺术家一样，贝尔坦善于从实物、文本与图像中汲取新知。在建筑领域，这些知识对于欧洲受众而言多为陌生之物，北京的法籍耶稣会士显然深谙此点。他们寄给贝尔坦的文件（包括未刊手稿与《中国杂纂》中的翔实论述），始终强调中西建筑传统之间的本质差异。

《中国杂纂》中有关中国建筑的论述虽然零散，[112]但涵盖了诸多要旨：从建筑源流考、宫苑规制、砖瓦工艺，到楼阁营造、台基构造。这些议题恰与《论中国建筑》两册图文相互印证。执笔的耶稣会士特别强调了中国建筑中前所未见的“礼制约束”，即通过禁奢令对营建活动进行全方位管控。图像始终是理解中国建筑精髓的关键。即便《论中国建筑》中那些看似奇巧的建构，仍包含着真实的中国营造技艺的核心要素。无论亨利·贝尔坦最终是否在沙图建成纯正的中国建筑，他始终未背离根本追求：获取这个遥远帝国的精准建筑知识。

第四章

启蒙运动时期的法国儒家学者

无论是否出于自觉，贝尔坦在整个仕途中，始终以多种方式体现着中国传统士大夫的理想形象。他通过北京耶稣会传教士寄送的文件与图像资料，寻求对中国的准确认知，并将其中大部分材料编纂刊行于《中国杂纂》。贝尔坦始终坚信，法国需要向中国学习，并认为两个国家通过积极、有目的性的交流可以实现互利共赢。即便在卸任国务大臣后，他仍与法国传教士保持着“文学通信”，并持续出版《中国杂纂》，直至法国大革命迫使其流亡海外。这部巨著与伊西多尔–斯坦尼斯拉斯·赫尔曼的通俗读物，共同推动了孔子思想及其道德体系在欧洲的传播。欧洲知识界对孔子的关注始于17世纪晚期《中国哲学家孔子》的出版（该书辑录的儒家经典于1687年首次出版），伴随着相关出版物的陆续出版，这一热潮持续至18世纪末。[1]相关著作既包括戈特弗里德·威廉·莱布尼茨（1646—1716）的《中国近事》（1697年初版），[2]也涵盖了伏尔泰反复论及中国与孔子的诸多作品。尽管贝尔坦为沙图庄园筹划的文化项目最终未能完成，但意义重大。他成功塑造的孔子形象，恰好契合了

18世纪末的时代精神与思想追求。

1762年3月11日，贝尔坦正式获得蒙泰松与沙图两处领地及其附属的贵族头衔。[3]在筹建沙图新庄园的过程中，他决意将自身积累的中国知识、收藏的绘画与文献资料，以及北京耶稣会士的合作资源付诸实践，以期打造一座置于纯正中式园林中的中国建筑。其规划中的沙图庄园拟设“中国阁”陈设东方珍藏，此举与当时欧洲盛行的“中国风”园林奇趣——以奇幻“东方”风格为特征的装饰性建筑——形成了鲜明对照。贝尔坦的建筑理念根植于对孔子这一历史人物及重要儒家典籍的深入认知，沙图营建计划在诸多层面彰显了他将自己塑造为启蒙时代法国儒家学者的追求。

沙图中国建筑考

贝尔坦为沙图规划的中国建筑，原拟包含一座被称为“中国阁”的建筑物，并置于中式园林之中。这些建筑构想体现了传统中国文人园林或山居的诸多特征。自1781年4月起，贝尔坦虽仍保留凡尔赛的寓所以及巴黎嘉布遣会街24号的宅第，但正式以沙图为主要居所。[4]在此，他潜心经营个人收藏，继续与仍留在中国的耶稣会士保持“文学通信”往来，并主持编纂《中国杂纂》——该丛书末卷于其逝世后方得问世。[5]贝尔坦早期在沙图筹建中国建筑的初步计划，可从钱德明神父的一封信中窥见一斑。这封日期为1778年9月15日的长信末尾提道：曾受贝尔坦资助得以返华的中国教士杨德望，自广州致函表示无法提供“装饰六层八角楼阁之成套铜铃”。[6]钱德明遂建议于巴黎铸造此类风铃，并详细说明了铃铛应随层高递减的尺寸规格及其形制、纹饰。这种檐角悬铃的多层宝塔（楼阁）形象，自17世纪中叶南京琉璃塔图绘西传后，即成为中国建筑的标志性意象。[7]贝尔坦旧藏《论中国建筑》第一册，即载有檐角悬铃之多层佛塔图像，图注还特别描述了这些铃铛的声响效果。[8]

后期贝尔坦精心设计的纯正中国建筑营建方案，载于两份独立文件。虽未标注具体年份，但根据其与传教士的往来信函所述（后文将论及），可推定约撰于18世纪80年代中后期。其一为《致晁俊秀先生问询录》（以下简称《问询录》），内载诸多关于中国建筑细部的系统的、专业的质询；[9]另一份文献则以《致晁俊秀神父备忘录》为题（以下简称《备忘录》），现存两份基本雷同的文本。[10]

《备忘录》（推定作者即贝尔坦本人）详述了配有设计图纸的缜密方案。其开篇写道：

> 谨附方案草图：屋宇位于法式园林平台尽头，并形成围合之势，坐拥清流之畔与辽阔胜景。沿建筑临河立面设方形小平台，辅以两级下沉式露台……[11]

贝尔坦随文附呈建筑选址平面图，并详述场地环境，以便晁俊秀理解规划建筑的整体布局。此图也许就是1786年1月寄往中国的文件所载图纸（详见后文）。据《中国杂纂》所述，这座中国建筑选址东临塞纳河畔纤道及阶梯平台，北接贝尔坦所谓的法式花园——一座18世纪规整式庭园，西侧毗邻沙图庄园附属花园，南界则紧邻沙图村舍及园圃，与拟建场地直接接壤。该地块作为园林终端景观虽不尽如人意，然而，经过改造，未尝不是贝尔坦园林中一处别具韵味的景致：

> 我们拟将此地块与主体建筑相协调，构建中式栖居之所（原文重点标注）。此举将以独具匠心的布局，成就园林东、西两翼之空间终景；至于南、北两侧，因处于园景视域之外，故无须刻意营构。[12]

贝尔坦在《备忘录》中详述选址后，进而以精微之笔勾勒其“中国阁”及周边园林的营造愿景。主立面东向塞纳河，屋顶拟作中式形制，檐角饰以鸱吻；沿着河边的平台有一条游廊，其屋檐制式与主建筑相呼应。为强化中国意趣，两层轩窗皆饰广州舶来之螺钿窗棂（mother-of-pearl）。[13]通篇记述中，贝尔坦始终萦怀于“中国意趣”与“欧洲趣味”之矛盾。如果悉数采用中式游廊与屋顶形制，在欧洲观者看来是否过于繁复？何况此玲珑屋宇既为园林体系的空间终景，又需与整体环境相和谐。对此疑难问题，贝尔坦嘱托晁俊秀延请中国建筑师（假定其职能类似于欧洲建筑师）参详设计图稿，[14] 并询问：

> 另一方面，鉴于中国审美传统，我们将全部保留这四座游廊。因为这里的关键在于既要遵循中国审美传统，又不能完全忽视欧洲审美传统。但越是能体现欧洲审美特质的设计方案被否决，反而能彰显其价值。因此，我想请我的通信人务必让中国建筑师确认：如果这四座游廊构成的四合院符合他们的喜好与风格，请在平面图上标注；反之，则需说明具体的修改方案。[15]

贝尔坦还嘱托晁俊秀延请中国建筑师绘制中式花坛图样，以便沙图园林营造使用。他询问中国造园常用的灌木品类，特别提到了黄杨、紫杉、蜀葵、洋甘菊以及草坪诸项，这些都是法兰西园艺惯用植物。[16] 设计图稿显示，这些栽培植物布局环绕“中国阁”西、北两侧，面向规整的法式花园的阶梯平台。其间小径蜿蜒，穿行于各种树木、灌木错落之处，造景手法仍待中国建筑师或晁俊秀建言决定。西向延伸处，贝尔坦构造单层游廊，衔接面向河景的相同立面的“中国阁”，欲呈双阁联袂之势。另于河畔园林尽头平台之上，拟建独立中式亭阁，此处恰为宅第各径交会之处。凡此种种，晁俊秀皆受托咨询“中国雅士或建筑名家”，并附呈经贝尔坦“仿作”中式宅第的设计图与屋宇方案（致函共含一图二式）以助参详。[17] 除了为晁俊秀准备的图纸，贝尔坦还掌握了其他营造资源：

> 除现有各类中式亭阁设计图外，若北京的建筑师能提供新方案，我们自然更愿意采用后者。在此种情况下，正如其他许多事务一样，我们需要仰仗潘廷章先生的协助，烦请他根据您提供的设计概念与方案绘制图稿。[18]

另一份重要文献——《问询录》——开宗明义："现有中国建筑、园林图籍虽然丰富，但是未能阐明诸多细节，恳请解惑。"[19]这里提到的图纸应该与《备忘录》中提及的属于同一批，都是贝尔坦收藏的建筑图稿，包括《论中国建筑》两卷本的插图以及其他图像资料。这份《问询录》分为两个部分，核心问题都围绕着如何建造地道的中式长廊：第一部分讨论与主体建筑相连的廊道，第二部分则专门探讨园林中的独立廊道。每个部分的问题都进行了编号以便查考。建筑廊道的技术细节包括屋顶曲线设计、砖石地面铺设、合适的立柱选材、墙面装饰收边工艺，以及门窗和壁画的位置安排。贝尔坦接下来又询问了瓦片样式、宫廷建筑的色彩规范、天花板和吊灯的规格、各类家具的布置，甚至柱础、瓦当和檐角风铃等细节。特别值得注意的是，在关于建筑廊道的部分，《问询录》中写道："中国是否有悬挂孔子语录的传统？是挂在门楣还是其他位置？窗户之间是否也会题刻这类文字？"[20]《问询录》进一步询问："这类匾额是用大理石雕刻还是铜板铸造？是否需要加装饰边框？"贝尔坦建议可以由耶稣会画家潘廷章（当时在北京法国传教团担任画师）执笔。这个特殊的问题在钱德明神父写给贝尔坦的重要信件中得到了回应。信中随附了一套御题匾额实物，并详细说明了“中国阁”应有的布置规范。这封重要信件具有的学术价值，我们将在后续章节中专门讨论。

关于建筑廊道，《问询录》结尾处附有一段简要说明，要求来自中国的回复需按照问题清单编号作答。随后开启的新章节——关于园林独立式回廊的探讨——则对文字答复及附图资料的整理标注提出了更详尽的要求。就园林回廊而言，文中指出，其既可架设于水上桩基之上，又可呈曲折蜿蜒形态；既可与主体建筑相连，又可完全独立存在。针对园林中独立建造的回廊，文本特别援引了“北京凡尔赛宫版画”中的实例。此处所谓的“北京凡尔赛宫”，实为圆明园的惯常指称，所引版画无疑是御制木刻版《圆明园四十景图》。[21] 关于这类独立建筑的询问与花架修剪、盆景摆放等造园技艺也密切相关。与欧洲园林惯例相似，这些回廊往往用来遮蔽围墙与台基。贝尔坦在沙图建造园林时，河岸台基与围墙的设计就曾面临类似的问题。文本最后关于楼梯构造的询问更贴近欧洲而非中国的建筑传统，而末尾的补充说明则请求提供园林尺度与比例的具体数据——这些指导性信息将有助于更准确地解读现有的图纸与绘画资料。

让-雅克·勒奎：建筑师与绘图师的双重角色

这份《问询录》的原始文件上并未标明作者姓名，而北京传教士的后续回复（下文将详述）也仅仅注明贝尔坦收。但文中对中国建筑乃至整体建筑学的专业认知表明，执笔者当另有其人。建筑史学者菲利普·杜布瓦指出，作者可能是建筑师让-雅克·勒奎（1757—1826），他被确认为贝尔坦沙图庄园设计者之一。[22] 关于勒奎的史料甚少，现存主要证据仅是法国国家图书馆收藏的他的手稿与绘图。[23] 勒奎早年于鲁昂接受建筑绘图训练，1779 年携推荐信赴巴黎，拜谒当时最具影响力的建筑大师雅克-日尔曼·苏夫洛（1713—1780）。经苏夫洛举荐，他得以进入皇家建筑学院深造。[24] 勒奎曾在苏夫洛工作室担任绘图员，但苏夫洛于 1780 年 8 月 29 日逝世，之后勒奎失去了继续在皇家建筑学院进修的资助，其名字于 1781 年从学院名录中消失，他也失去了工作室职位。[25] 贝尔坦早年在里昂便与苏夫洛相识，曾委托其设计沙图庄园的宅第——勒奎疑似参与了该项目。[26] 沙图工程可能早在 1774 年就已启动（尽管具体日期无明确记载），当时贝尔坦正积极寻找修建塞纳河宁芙圣所（苏夫洛为其花园设计的景观）所需的石材。[27]1780 年苏夫洛去世时工程未竣工，多数记载表明勒奎接替了其建筑师的职责。[28] 贝尔坦最终于 1781 年 4 月 23 日正式入住这座由苏夫洛设计的沙图庄园。[29]

1825 年，勒奎将约 770 幅建筑主题及其他题材的绘图捐赠给了国王图书馆，次年他就去世了。[30] 在内容与艺术价值方面最引人注目的捐赠品当数两卷本《民用建筑》收录的 104 幅画作。两卷皆仿照建筑图集范式，旨在展示全球各类建筑形制。[31] 这些画作中的建筑或多或少具有奇幻色彩。第一卷中有两幅据称表现中国建筑的画作：其一被标注为“亭阁”，形制类似中国宝塔，然而除了屋顶曲线与窗棂纹样，几乎没有显著的中国特征；[32] 另一幅题名《中国屋舍/园丁居所》的画作，实为糅合中式屋顶线条与两处汉字题款的“中国风”设计（见图 4.1）。[33] 这两幅画作中的建筑设计虽未体现贝尔坦收藏中可供勒奎参考的中国绘画的真实细节，但与威廉·钱伯斯的《中国建筑设计》直接相关。该著作于 1757 年以英法双语首次出版，1776 年法文再版时更名为《中国建筑、家具、服饰、机械与器具设计》，[34] 并被收入乔治–路易·勒鲁日的畅销丛书《时尚的英中混合园林》第 5 卷。[35] 勒奎不仅调整了钱伯斯原文，而且对原版图版进行了重组——勒奎本人藏有 1776 年版，并于 1825 年将其与其他画作一并捐赠给了国王图书馆。[36] 勒奎的“亭阁”设计与钱伯斯图版 4 之楼阁“园丁居所”，而“中国屋舍”则临摹自图版 10，沿袭了双层结构、透空上层亭台、中央门洞及檐口反曲的侧翼造型（见图 4.2）。勒奎还临摹了钱伯斯图版 4、6、10 中的汉字作为装饰。[37]

然而，勒奎的四幅设计手稿与贝尔坦的沙图项目直接相关。第一幅是题为《中国转环游戏亭细部设计》的精密图纸，原为 1773—1778 年，路易·卡罗吉（1717—1806，笔名卡蒙

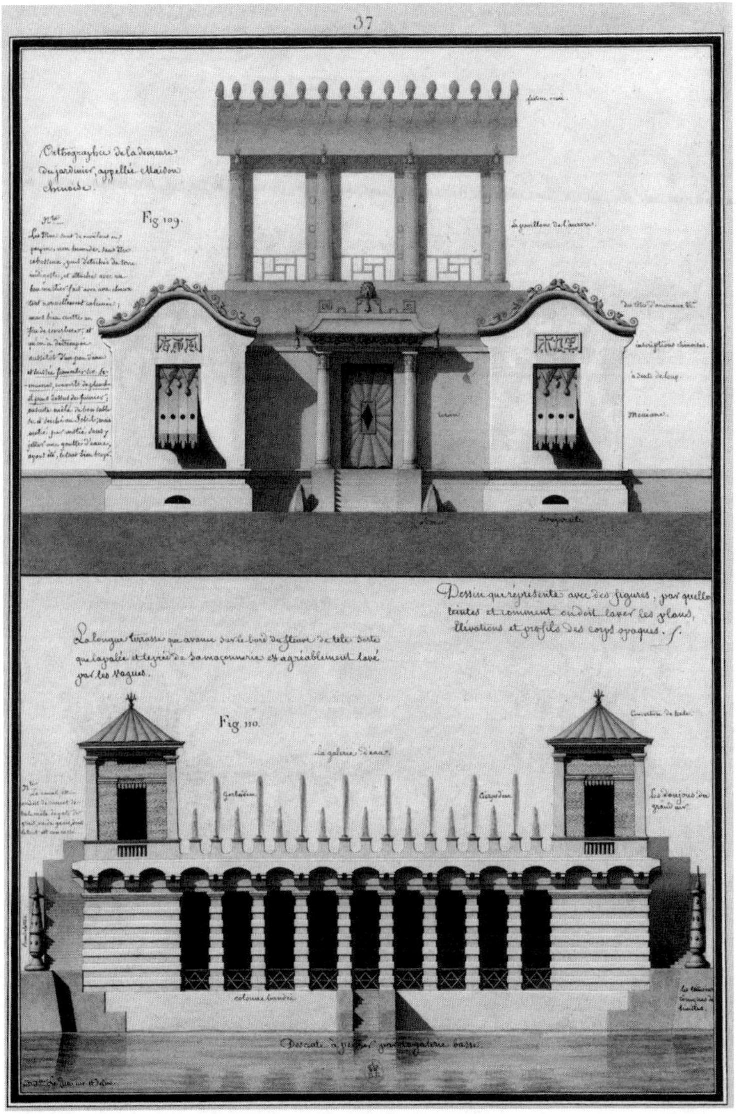

图 4.1　让−雅克 · 勒奎，纸本水墨设色《园丁居所（名为中式房屋）正视图》，画幅 51.7 厘米 × 34.7 厘米;《民用建筑》(约 1777—1825 年)，图版第 37 号第 109 图。现藏法国国家图书馆。

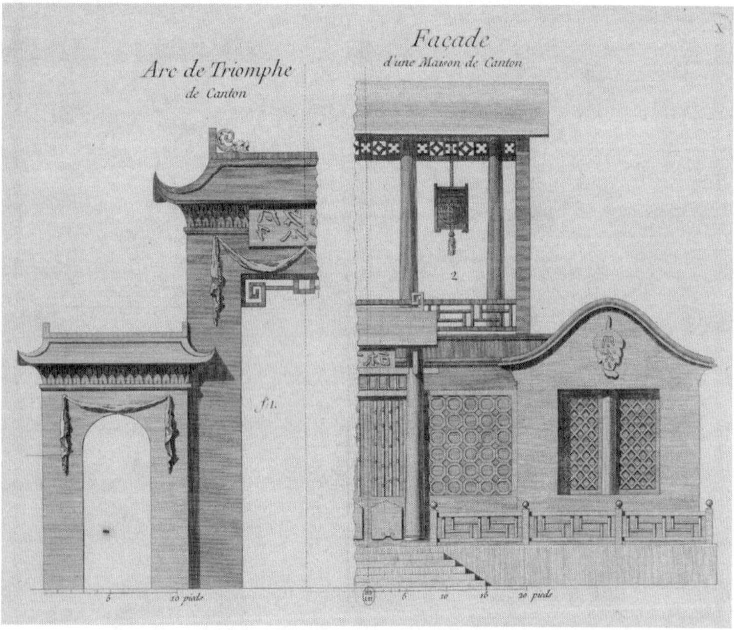

图 4.2　铜版画《广州牌楼及民居立面图》，出自威廉·钱伯斯所著《中国建筑设计》，画幅 29 厘米 × 23.1 厘米；乔治－路易·勒鲁日所著《时尚的英中混合园林》(1776 年)，第 5 卷图 10。现藏法国国家图书馆。

泰勒）为巴黎近郊蒙梭公园“中国风”园林设计的装置，其方案与图录曾于1779年刊行。[38]勒奎在原稿上注明，“此设计经修改后用于沙图转环游戏”，画面呈现了三位身着中式服饰的人物，立于一柄缀满细铃的华盖之下（见图4.3）。[39]另外两幅设计图亦为转环游戏而作。这是一种雅致的娱乐项目，游戏设施为小型旋转平台，常见于中式或仿中式风格的园林布景中。其中一幅草图勾勒出两位女性形象，画作仅题注“为沙图转环游戏而作”[40]。另一幅则更为精细，描绘了一位身着18世纪欧式服饰的非洲青年，手持看似装满箭矢的箭囊——此物于转环游戏中供骑乘者伸手取环。[41]画作署名“勒奎，受苏夫洛授权任命”，以彰显其作为苏夫洛继任设计师的身份。最后一幅设计图为一座“中国亭”（见彩图11）的顶部雕塑。[42]图纸绘制精细，标注了最终尺寸：只见一尊人像盘坐于软垫之上，手执翘角悬铃华盖。这尊人像体态丰腴，精美袍服下双乳若隐若现，却又蓄着下垂长髯——纯粹的“中国风”艺术风格，将朦胧奇幻的佛教形象与充满性感色彩的东方“他者”想象糅合为一体。[43]

尽管贝尔坦已向在华传教士发函，请求提供详尽准确的中国建筑资料，但勒奎为沙图庄园设计的装饰元素，终难摆脱异域想象之窠臼，“中国风”情调流于浮华。这种差异或许可以用各类文件的日期所反映的中法两国之间确实存在的通信延迟解释。作为苏夫洛的继任者，勒奎最早可能于1779年——他刚刚进入苏夫洛工作室——便开始为沙图项目做后续设计，但更可能的时间是不早于1780年，即苏夫洛去世后他正式接手该

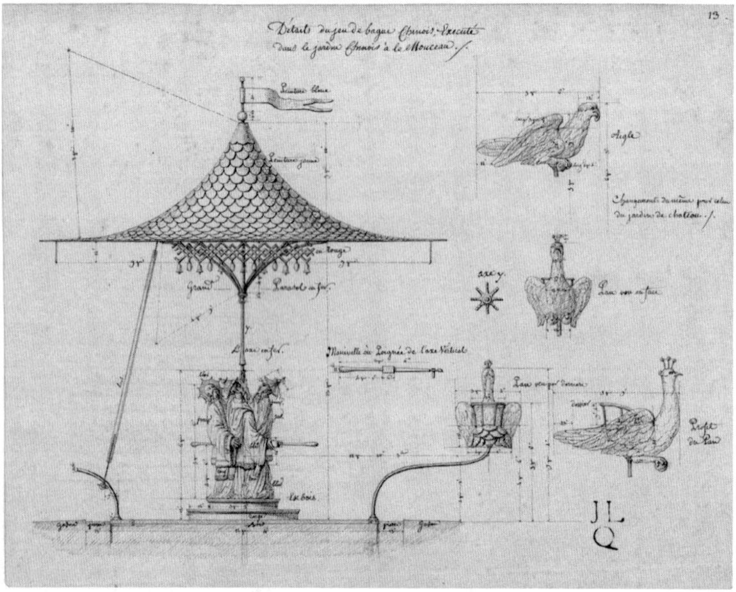

图 4.3　让－雅克 · 勒奎，纸本水墨设色《中国转环游戏亭细部设计图》，画幅 34.9 厘米 × 44.8 厘米，约 1780 年。现藏法国国家图书馆。

项目之时。然而，前文讨论过的两份详细记载沙图中国建筑方案的文件均未标注日期。另一份标注为1786年寄往中国的独立文件（附有具有中国元素的建筑平面图与立面图）提供了拟建场地的概况，其中所载图纸很可能就是《备忘录》第44条提及的设计方案。[44]尽管该文件描述的建筑与场地的诸多关系尚未明晰，但其内容与前文讨论的文件相呼应：记载了附属于主体建筑的游廊（该建筑被描述为一侧庭院设入口、另一侧露台逐级延伸至河岸的宅第），同时提及连接花园围墙与河畔平台的游廊、一座独立的中式亭阁，以及现存构筑物与相邻建筑的细节。虽未明确标注，但这段文字显然描绘了位于塞纳河畔沙图庄园的布局。

为贝尔坦的建筑工程索取详细信息的两份信函均寄给了晁俊秀神父。现存三份相关文件记载了这位神父的奔走过程，其中至少包含一封直接回信——这些文件所载日期，为追溯原始信函的寄出时间提供了依据。晁俊秀本人在1788年10月10日的信函中，遗憾地表示自己未能完成最珍视的夙愿：为贝尔坦的项目延请中国建筑师提供协助。[45]他解释道，中国建筑师有其独特的营造法式，建议贝尔坦将中国建筑或园林的设计委托于欧洲建筑师，因后者比中国建筑师更懂得如何实现其构想。1789年10月10日，钱德明神父在一封长信中确认收到了1787—1788年从法国寄来的信函，并解释，因耶稣会传教士所受限制，这些信件曾被滞留广州，以致他迟至1789年方能回复。[46]钱德明神父在信中提及晁俊秀神父，“……已着手筹备用于装点沙图园林的中式设计图样”，并确认收到了购置相关图纸的资金。[47] 但他补充道，尚不清楚晁俊秀目前进展如何。在后文中，钱德明再次论及贝尔坦拟建于沙图园林的中式屋宇：

> 我曾提议为您寄送一副匾额及其对子——题有吉祥词句的横匾，将其悬于您的中式书斋后方，两侧配以楹联，左右各一，以阐明其意蕴。然而，晁俊秀先生迄今尚未从其画师处获得装点园林所需的居室布局图样，故思忖应暂缓寄送，待诸物齐备时一并奉上。[48]

钱德明最终将承诺的匾额、楹联寄送至贝尔坦位于沙图的“中国阁”，并附上详细的布置说明及图示，以确保这些题字能够在完全遵循儒家礼制的环境中恰当地陈列。

孔子生平记述

自 1776 年首卷出版以来，在《中国杂纂》中不断可见孔子的身影——他被称为“哲学家”，并多次被誉为“中国的苏格拉底”。[49]《中国杂纂》先后刊载过两则孔子传记：一则是简略生平；另一则翔实地记载了其生平与学说，这在欧洲是第一次。贝尔坦在首卷序言中宣称，他拥有由钱德明神父编纂的历代中国名人“画像或简传”。《中国杂纂》第 3 卷于 1778 年面世，其中收录了52篇传记（含孔子简传），本书第一章已作探讨。然而，孔子的简略生平仅两页篇幅，勾勒了其生平与事业的轮廓，文末钱德明承诺将另行呈献更详尽的圣人传记。[50]在1780年7月26日的信中，钱德明重申将寄送孔子全传，但坦言因史料散见于众多文献，爬梳需较久的时间。[51]他强调，此传记将突破欧洲人的固有认知，呈现中国人视域及孔子著作里的真实形象——这一主张在其终稿中反复出现。钱德明汇集了百余幅“图版”，由北京技艺最精湛的画师根据最权威的史料摹绘而成。[52]他深信，此图册必在贝尔坦藏品中占据重要位置，并随函附赠所有孔子真容版画，列于传记卷首。[53]这些图像将呈现这位哲人的重要生平节点。1786年，《中国杂纂》第12卷终于刊载了钱德明《孔子传》，卷首插图即孔子画像（见图4.4）。除传记正文外，该卷还包含孔子年表、18幅版画插图的详细说明，以及1784年修纂的孔子家族七十一代世系表。

传记卷首的孔子肖像画，虽以纯正的欧洲版画风格镌刻，但其构图、衣冠与座椅纹样皆精准地复刻了一幅可追溯至16世纪初的木刻画像——此画当为钱德明寄送图册中的摹本。[54]钱德明在画像说明中指出，该画像呈现的是中国士人顶礼膜拜的孔子形象。据孔子第四十七代后裔所述，山东曲阜孔庙藏有一帧传世小像，被认为最接近圣人真容。[55]钱德明考证称，公元前2世纪的西汉时期，孔子画像始悬于学宫，继而详述了历代供奉圣人及其弟子画像与塑像的沿革。这段肖像画简史以1530年明嘉靖帝（1521—1567年在位）诏令撤除官学中全部孔子

图4.4 伊西多尔－斯坦尼斯拉斯·赫尔曼，版画《孔子像》，画幅25厘米×20厘米，对页为第1页，图注提及“孔夫子的生平，俗称孔子……”;《中国杂纂》第12卷（1786年），图1。现藏洛杉矶盖蒂研究所（编号41－499）。

塑像与画像为终篇，其时，诸弟子像早已易为木主。[56] 尽管钱德明再次申明秉持“述而不作”的原则，仅呈现中国人眼中的孔子生平，供世人自行评判，然而，其着重记载了“以木主代塑像”的史事，实际上折射出中国的耶稣会传教士对偶像崇拜根深蒂固的偏见。

然而，传记文本中的其他插图均将中国原型彻底转化为欧洲风格，对山水布局与画面空间进行了重构。以图版 15 为例（见图 4.5），该图描绘了孔子因编纂六经而接受天赐之福的场景。[57] 钱德明的传记叙述了这一事件，卷末的图版说明则简单描述了画面：孔子跪于陈列六经的祭坛前，向至高神“上帝”致谢，感激其使自己在有生之年完成经典。[58] 天界降下一道辉光直射经书，以示嘉许，六位弟子见证了这一圣迹。[59] 在《中国杂纂》第 12 卷导言中，贝尔坦特别指出，孔子生平插图由一位深谙中国艺术特质的名匠镌版，该匠师多年从事中国图稿刻印工作，已成功出版多个系列。[60] 这些插图实出自伊西多尔–斯坦尼斯拉斯·赫尔曼之手，此君确系技艺精湛的版画家与出版家。[61] 日后赫尔曼重刊孔子传记时，不仅再次使用了为贝尔坦制作的版画，而且增补了新作。他将孔子肖像画收入独立出版的《中国大哲孔子生平要事纪略》，此书在《中国杂纂》发表钱德明的孔子传记不久后面世。[62] 赫尔曼特地在肖像画下方添加了伏尔泰诗摘——这位法国文豪在论述孔子的短章中，曾盛赞圣人的高洁品格：[63]

> 我曾结识一位哲人，在他的书斋素壁之上，唯悬孔子

图 4.5　伊西多尔–斯坦尼斯拉斯 · 赫尔曼，版画《孔子因编纂六经而接受上天的赐福》，画幅 25 厘米 ×20 厘米，对页为第 379 页；《中国杂纂》第 12 卷（1786 年），图 15。现藏洛杉矶盖蒂研究所（编号 41－499）。

肖像一帧，像下题有四行诗句：

永恒智慧之诠解者，

启人心智而不炫于世，

言必称圣，未以先知自居，

然举世信之，纵故国亦然。

我曾细读圣人之书，撷其英华，但见至纯伦理，未睹丝毫虚妄。[64]

伏尔泰的引述无疑为赫尔曼的出版物增添了对大众的吸引力——该书收录了24幅版画的说明文字，这些文字实则摘录自1782年首版的一册孔子小传。[65]赫尔曼基于中国素材创作的版画，实为一种文化转译（确切地说是文化改造），即用欧洲视觉语言重构中国图像，以教化欧洲观众。[66]无论是《中国杂纂》收录的贝尔坦编纂的孔子传记，还是赫尔曼的《中国大哲孔子生平要事纪略》，都堪称18世纪末欧洲流传最广、影响最大的孔子图文资料。当贝尔坦致力向欧洲知识界传播东方智慧之时，他也在转向一项更为私人的事业：在巴黎西郊的沙图营建新府第与园林。

“君子不器”

贝尔坦对沙图中国建筑的“真实性”所作的书面声明，与勒奎设计图中完全幻想式的中国人物形象之间存在巨大的落差，使我们难以断言他最终实现了何种程度的中国性建构。然而，直至暮年，贝尔坦仍在持续创造——或者说想象——某种真正意义上的中国意象。1790年10月16日，钱德明致信贝尔坦，言及虽曾许诺协助规划“中国阁”，然而遗憾不能身临其境，唯神游而已。[67] 他将贝尔坦构想为儒家圣人形象：或展阅六经，或披览《孔子传》，[68] 冥思万物之理。钱德明深谙中国士大夫的人格——清朝士大夫身体力行的儒家理想。显然，他也期望贝尔坦能真正地成为“中国风雅的化身”。

钱德明为贝尔坦构想了一座精雅的书斋建筑群：主楼坐北朝南，两侧配以对称的厢房——皆为“纯正中式”。此处可筑一亭，设私室（书房），并建作坊，以供亲手操持雅玩。[69] 随信抵达的数箱陈设品中，最能体现钱德明对贝尔坦“儒士形象”期待的，当数匾额、楹联及三幅形制各异的“福”字。为呈现正宗中式书斋陈设，钱德明附有详图及长篇注疏，呈现“福”字、匾额、楹联与香案的布局。[70] 这种典型的文人书斋元素组合，显然与《论中国建筑》所载室内图像遥相呼应。钱德明详释了所有题词的含义：匾额所题“君子不器”，他译为“圣人非器”。[71] 此语出自《论语》，喻示真学者并非为单一工具，而应通晓万物。[72] 楹联释义尤为精心：右联谓“以德为纲”，则圣人之荣光自当“立四海之口碑”；[73] 左联云“以仁为本”，必得“心安寿永，天下景仰”之报。[74] 钱德明透露，他曾向乾隆皇帝提及贝尔坦对中国之敬意，龙颜甚悦。盖因乾隆皇帝亦在宫苑专设法式书斋，甚至略习法语。[75]通过精选这些中国文本，钱德明试图将贝尔坦塑造成如同儒家圣贤一般的存在。而贝尔坦想必将其沙图庄园——连同那些正宗的中国建筑——视为某种中国园林的复刻，或许是圆明园的投影。钱德明神父为贝尔坦准备了中国文人的全套雅物，那些颂扬儒家美德的吉谶文字，正待贝尔坦将其化为己有。

1780年，遵照贝尔坦之命编纂的《沙图领主地籍图册》问世。[76]这部被称为《税赋图志》的文献收录了精细的彩绘地图，详细记载了每位土地所有者根据持有面积应向沙图领主贝尔坦缴纳的税赋。[77]其中一幅地图标注了贝尔坦在沙图的私人属地——虽未直接显示苏夫洛设计的宅第，但其位置确与沙图村毗邻。[78]这幅地图揭示了向西北延伸的矩形花园布局：规整的小径、植物与水系形成的几何式构图。其中，面向塞纳河的宁芙圣所作为园林核心要素被清晰地标注。[79]河岸梯田上方的一片非规则区域尤为值得注意——这里极可能是英中混合式园林的所在：几何步道与蜿蜒小径在林木掩映间交错穿行，连接着各类园景建筑。[80]该区域毗邻六边形场地之处，可见一处精妙的叠石（洞穴）构造，此为18世纪末园林的典型特征。更远处，规整种植区中央矗立着圆环方基的特殊构筑物，其形制与卡蒙泰勒《蒙梭公园图集》所载“转环游戏亭”完全一致——这正是勒奎为蒙梭公园设计的构件，据传后迁移至沙图庄园。[81]然而，这幅地图上丝毫未见北京晁俊秀神父收集的文件中精心描述的中国建筑痕迹。

1790年，贝尔坦将沙图庄园售予费基埃尔侯爵夫人后离开法国，先至亚琛，后辗转比利时斯帕，最终于1792年9月16日客死异乡。[82]侯爵夫人于1794年命丧断头台，庄园几经转手，直至1810年被后来出任沙图市市长的夏尔-亚历克西·特拉沃购得。[83]1824年之前的某个时期，特拉沃为庄园增建了新翼楼，其新古典主义风格的入口成为后世明信片上最常见的景致——这张照片记录了庄园在1910年被彻底拆除前的最后容颜。在照片中，苏夫洛的原始设计仅残存局部，且已显倾颓之态。一张邮戳为1910年、题为“庄园圣所”的明信片，呈现了从塞纳河对岸岛屿拍摄的宁芙圣所。[84]紧闭或半开的百叶窗在树影间若隐若现，而宁芙圣所成为庄园唯一的建筑遗存。根据《税赋图志》所示，贝尔坦当年精心规划的园林应位于照片中的城堡右侧。

现存一份贝尔坦生前的文献，似乎记载了某处中式园林景致——很可能就是《税赋图志》地图上标注的叠石景观。1778年5月26日，后来成为美国第二任总统（1797—1801年在任）的约翰·亚当斯，与本杰明·富兰克林及其孙子威廉·坦普尔·富兰克林一同造访了贝尔坦的沙图庄园。亚当斯当天的日记，虽以愉悦的笔调记载了从巴黎到沙图的乡间马车之旅，但对园林的评价却直言不讳地流露出轻蔑：

贝尔坦先生的园林、步道与水景工程，与此间所有绅士宅第一样，极尽奢华之能事。这位独居的贵族将其宅园建于塞纳河畔。他向我展示了所谓的“奇观”——实则是花园尽头那堆从远方运来、耗资数千几尼的嶙峋怪石。我当即直言：若是这等货色，半块几尼便能给他运来十倍之数。[85]

关于贝尔坦在沙图建造“中国阁”的晚期记录——主要集中在苏夫洛去世后的十年间——引发了对其实际建成内容的重大争议。但可以确定的是，贝尔坦巴黎收藏中的部分珍品曾存置于此。1909年，乔治·比西埃尔曾断言，贝尔坦将其中国藏品陈设于沙图。然而，1810年的财产清单虽然详细地记载了留存于沙图的艺术品，但未见任何中国器物，仅提及贝尔坦的私人藏书及“自然历史陈列室”已迁至此地。[86]比西埃尔却将这座新庄园进行了双重定位：既是家族团聚之所，更是“收藏中国奇珍的微缩版宝塔”。[87]现有证据表明，在勒奎的设计方案中，可能仅有“转环游戏亭”建成，其余中国建筑图稿不过是法式幻想的产物。当年寄往中国的设计草图已佚失，无法与1780年《税赋图志》所载比对——尽管图志中某些细节强烈暗示了英中混合式园林构件的存在。值得注意的是，这部图志编纂于苏夫洛逝世同一年，当时沙图庄园尚在初期规划阶段。钱德明的书信及其所附“中式书房陈设图”，揭示了儒家理想对贝尔坦建筑理念的启发，这种影响与《中国杂纂》所载诸多文本产生了共鸣。但如今我们只能推测：这些建筑计划或许仅存在于贝尔坦——如同钱德明一般——的想象之中。

结　语

1774年5月10日路易十五驾崩后，贝尔坦仍以国务大臣的身份，继续在路易十六治下任职。然而，因宫廷局势变动及秘书处被撤销，贝尔坦遂于1780年5月26日提交辞呈。[1] 直至1792年逝世，贝尔坦始终与北京法国传教团保持“学术通信”，其目的显然是系统收集文献、器物，以供后世研究借鉴。他在巴黎宅第内辟设“中国奇珍室”，所藏书籍、器物及绘画之精，堪称欧洲之最。此馆向慕名而来者开放，任人观览。1787年刊行的一部面向“巴黎游历之爱好者与异邦人士”的指南如是记载：

> 贝尔坦先生的书房……尤以东印度群岛及中华珍奇为富。先生与驻京法籍［耶稣会士］持续二十余载之通信，使其获得中国艺术与自然领域之最奇绝者……然而，此室尤令人瞩目者，乃大批得自中国之绘画，使我们得以目睹迄今鲜为人知的伟大帝国之风俗、物产与技艺。贝尔坦先生非但乐于示人，更将各类藏品供学者、艺匠研习，以期从中获得实用价值。[2]

贝尔坦自与高类思、杨德望建立联系并开启“学术通信”之初，便希望这些文本与器物能为学界所用。在 1774 年 1 月 18 日致高、杨二人的信中，贝尔坦详细叙述了已获得的文献及图绘，并殷切地盼望法国耶稣会士继续回应自己的委托：

> 其一，我决意将诸君所寄文献逐年刊印，使公众能够及时享用这一学术资源——科学与艺术之发展刻不容缓；其二，我已开辟专室，妥善保藏诸君自华寄来之物，以便获得刊本者得以观摩、核验乃至分析原件。[3]

此信附有已收文献清单（部分标注为“札记”），包括《大学》《中庸》等译著、图像乃至画册。贝尔坦原计划于当年刊行这些资料。[4] 但是，《中国杂纂》首卷迟至 1776 年才问世，并且未囊括全部已获得的文献。诸多文献始终未刊印，余者散见于后续各卷。所幸，这些文献与来自中国的绘画、器物，皆存于贝尔坦巴黎宅第的“中国奇珍室”中，供有兴趣者研读。

构成贝尔坦“学术通信”的基础的文献与图像，既包含与北京耶稣会士往来的信札文档，又涵盖《中国杂纂》早期各卷所刊内容，这些构成了贝尔坦呈现真实中国形象这一目标中最具公共性的部分。《中国杂纂》首卷序言阐明了贝尔坦期望法国向中国借鉴之处，将中国描绘为理想国度：其君主集天下硕学于朝，惠泽万民。作为乾隆皇帝备受贝尔坦尊崇的明证，卷首插页特载御容并辅以颂诗（见图 5.1）。此肖像画原作已佚，其

图 5.1　弗朗索瓦 · 尼古拉 · 马蒂内（1731—1804），雕版画《乾隆皇帝肖像画》，画幅 20 厘米 ×12 厘米；底稿为潘廷章所作《中国杂纂》第一卷（1776 年）扉页插图。现藏洛杉矶盖蒂研究所（编号 41-499）。

底稿出自耶稣会修士潘廷章（1773 年抵京）之手。[5] 潘氏系耶稣会特派接替郎世宁与王致诚的画家——前者乃第一章所述最重要的传教士画家，卒于 1766 年；后者亦为杰出艺术家，殁于 1768 年。1773 年 10 月 7 日，钱德明神父致贝尔坦的书札中详述了潘氏绘乾隆肖像画始末。[6] 皇帝欲观潘廷章的画艺，特许其从容地绘制御容。潘氏遂作缩摹本，由钱德明连同一首四行颂诗寄赠贝尔坦，以备刊于画下。[7]1776 年《中国杂纂》首卷所载御容题诗即为此作：

> 万机无懈总躬亲，
> 仁政常怀抚育勤。
> 宇宙幅员第一主，
> 文明天下圣朝君。[8]

如第一章所论，视觉图像在《中国杂纂》传播中国知识的过程中至关重要。首卷载有汉字与埃及象形文字关联图示的雕版图录；第 2 卷则包含了 36 幅图版，包括图表、地图及临摹自中文资料的插图。《中国杂纂》第 9 卷（1783 年）重点收录了严州府水患后皇帝赈灾场景的插图，这些被视为艺术品的中国绘画实属罕见——后文将对此判断展开讨论，这意味着它们与欧洲艺术品具有同等地位。[9] 后续各卷插图愈趋精妙，视觉语言日益欧化，至 1786 年第 12 卷所刊孔子生平插图达到顶峰。

图像之转译

《中国杂纂》所载严州府水患图版与孔子生平插图（详见第四章）之间的显著差异，恰恰体现了插图风格的嬗变轨迹——从相对忠实地摹写中国原稿，逐步转化为欧洲视觉语汇的“转译”过程（学者谓之“图像翻译”）。[10]18幅孔子生平图版由伊西多尔–斯坦尼斯拉斯·赫尔曼雕版。此人在1783年至1788年之间的短短数年间，竟以中国题材创作了72幅版画，堪称丰产。[11]赫尔曼在《中国杂纂》第12卷所载18幅之外另增6幅图，于1786年自刊《孔子圣迹图考》单行本（第四章已论及）。第12卷“编者按”特别强调了赫尔曼具备复制中国原稿的能力：

> 二、[钱德明]神父寄来了关于孔子生平事迹的绘图逾百幅，我们仅选择其中的精美画作，并委托一位艺术家进行雕版。这位艺术家研习中国画作经年，已成功刊行多种系列，因此能够把握原作神髓而传写之。[12]

赫尔曼不仅是高产的版画家，而且是精明的出版商。除孔子事迹画像外，他还复制过贝尔坦收藏的其他中国图像。赫尔曼创作的中国主题版画获得的商业成功，既促进了图文书《中国杂纂》的传播，又影响了遴选艺术家的标准——必须具备将中国图像转化为欧洲观众可读视觉语言的能力。的确，选择赫尔曼作为插图画家——尤其是数量可观的版画以及精益求精的雕刻工艺——迫使出版社不得不提高本卷《中国杂纂》的定价，这一情况已在扉页背面的出版说明中予以明示。[13]

塞夫勒皇家瓷厂属于贝尔坦职权所辖，故其向高类思、杨德望提出的诸多问题皆涉及中国制瓷秘技。颇具象征意义的是，法国在探索中国瓷艺的同时，正因为在本土发现高岭土而成功烧制出硬质瓷。贝尔坦对中国范本的效仿，最鲜明地体现于所谓“日本花瓶”（Vase Japon）的创制——此非凡器形直接仿自清宫青铜器图录《西清古鉴》木刻版画。北京耶稣会士曾将此御制精刊本寄赠贝尔坦（18 世纪巴黎获得的中国图籍数量之巨令人惊叹），下文将详述此瓶。

贝尔坦收藏中至少有 5 部画册以“中国花瓶”为题，或者描绘了所谓的“中国花瓶”。[14] 其中一部被贝尔坦命名为《中国古瓷杂器图录》[15] 的画册附有说明，记载了这些绘画于 1777 年收讫，另附批注“参见画作”。[16] 耶稣会作者在 1777 年论述“古瓷”时，特别提到贝尔坦已命法国工匠仿照中国古器形制烧造的瓷器，而这些仿制品深得法国宫廷的青睐。作者指出，延续此法将有益于法国瓷业，并提及，乾隆皇帝亦曾命人仿照古器型烧造大量瓷器。

传教士在此处提到了一件特殊的事情。1774 年 1 月，贝尔坦致信北京传教士时曾困惑地提道：钱德明神父先前寄来的典籍中有“四卷精美图册，载有最古老中国瓶器的版画”[17]——这些很可能是在 1767 年收到的。[18] 这些正是《钦定西清古鉴》的图卷，即清宫青铜器藏品的御制图录。[19] 乾隆皇帝于 1749 年下诏编纂《西清古鉴》，于 1755 年成书，该书以木刻版画记录宫藏青铜器，每图后附考释文字。其中一幅图版题为《周环梁卣六》(见图 5.2)。[20] 贝尔坦在信中惋惜无人能解读此类器物的用途，他推测答案就在图后释文中：

> 今年我已命皇家瓷厂仿制其中两件瓶器，颇得宫廷赏识，国王还将一件赐予了孙子。[21]

贝尔坦所述的这两件瓷器，正是依据《西清古鉴》木刻版画制作的“日本花瓶”。1774 年，贝尔坦刚被任命为塞夫勒皇家瓷厂的“国王特派员”，实际掌管瓷厂事务直至 1780 年。“日本花瓶”的特殊性在于，它完全不同于当时欧洲流行的充满异域幻想的“中国风”作品；相反，它是塞夫勒瓷厂首次尝试制作的真正符合中国原型的器物，其忠实程度之高，甚至连版画中的链式提梁都得到了精确再现。这种对古器的直接模仿，在 19 世纪之前实属罕见。[22] 贝尔坦定制“日本花瓶”的案例，堪称中国图像转化为欧洲器物的非凡典范。

传教士视野中的中国绘画

耶稣会士在知识传播过程中对视觉图像（绘画、版画与

图 5.2　木刻版画《周环梁卣六》，画幅 28.7 厘米 × 43.6 厘米;《钦定西清古鉴》卷十七（1755 年），第 19 页。现藏法国国家图书馆。

素描）的依赖，引发了一个根本问题：这些传教士如何理解中国绘画的悠久传统及其在中国文化中的地位？这个主题在贝尔坦收到的多篇文献以及《中国杂纂》收录的几篇文章里都有讨论，尽管没有专门针对中国绘画的文章。这些讨论往往伴随着传教士对画作的道德内涵——或道德缺失——的评注。

为欧洲市场制作的广州外销画（无疑是18世纪欧洲最熟悉，甚至是唯一接触到的中国绘画样本），在寄往贝尔坦的文献中多次被提及。这些文献将广州外销画与中国绘画史相关联，其中尤以《中式天花板》的内容最为详尽（该图集在第三章已论及，涉及中国建筑、欧洲错视画及线性透视法在中国的传播）。尽管具体时间难以考证，但该图集很可能是贝尔坦收到的关于中国绘画的早期文献之一。该图集是四卷本中国建筑图录的一部分。[23]1777年9月28日钱德明神父的信件曾提及装订为两册的《论中国建筑》。1773年10月3日的档案文件显示，《论中国建筑》图册中的文字内容当时已誊录完成，由此可推知，《中式天花板》相关文本的撰写时间当介于二者之间。[24]然而，《中式天花板》中所录两页文字，实际上节选自寄法之原始手稿。该手稿开篇即明确引述《论中国建筑》的内容："您一定已经从去年海运的文献中，了解了中国建筑内外形制。"[25]据此可考，《中式天花板》与《论中国建筑》二者之撰述时间，当在1772年至1773年之间。

《中式天花板》仅节选了原始手稿的部分内容（供访客在贝尔坦的"中国阁"阅览），但仍系统地阐述了中国重要建筑内部（尤其是天花板）的装饰性巨幅绘画的创作背景，（传教士）随后论述了中国绘画史，并断言，当时中国画家既缺乏创作此类巨幅天花板画作的技艺与媒材，也无力绘制堪比欧洲贸易输入广州、进献宫廷以及被藏家收藏的那些重要作品。但传教士笔锋一转指出，欧洲人关于“中国人缺乏创作伟大绘画的天赋与品位”的论断，与中国绘画历史相悖。从汉朝、东晋、唐朝至南宋的正史中，都有关于画家与画作的记载。为反驳此类偏见，传教士特别援引新近获得的 12 卷画论，其记载足以令欧洲读者震惊：虽然这些画论的主要内容是 9 世纪的绘画名录与史论，但不少作品可追溯至三四世纪，其蕴含的细节与洞见极具价值。尽管传教士未明确指出这部画论的名称，但很可能是张彦远（815—907）所撰《历代名画记》（847 年成书）——这部中国最重要的早期绘画史著作。[26] 传教士的这段记述揭示了 18 世纪中西艺术认知的深刻错位：当欧洲以当时的外销画评判中国绘画时，传教士却通过古代画论，隐约触摸到了千年丹青传统的厚重底蕴。这部 10 卷本著作可能因附有补编而被耶稣会士误记为“12 卷”。本书前三卷涵盖了绘画领域的诸多主题，不仅收录了从远古时期至唐朝的 370 余位著名画家名录，而且系统梳理了绘画题材、鉴赏之道、收藏实践以及艺术鉴赏等内容。作者特别编纂了 7 卷专著，详细记载了 370 余位画家的生平事迹，并按时间顺序排列了从晋代到六朝以及唐朝的各类艺术作品目录。《历代名画记》的内容架构与《中式天花板》的耶稣会作者所述查阅的文献特征高度吻合。

然而，《中式天花板》辑录的评论文本，其原始手稿实则包含更多未刊内容。手稿作者除了批评清朝政府政策失当之处，还援引了两部今已难考的中国典籍，强调家庭伦理与社会秩序之重要性。[27] 值得注意的是，文中将部分社会问题归咎于中外画师（“外邦”无疑指欧洲画家）所绘“不良图像”的负面影响——这些作品或涉淫靡题材，或助长奢靡之风，以致败坏爱国之心、夫妇之义、孝道之行，尤其有害于社会公德与宗教信仰。作者痛陈：

> 唉！多少灵魂已被绘画或版画的不良影响腐蚀。若是出于天生的谦逊，人们本会将这些画作或版画付之一炬，若非因其创作者的笔墨与刻刀之名，它们本不会成为猎奇之物或商品。[28]

此类道德批判虽未如图集正文那样广泛传播，但预示了后来寄给贝尔坦并被收录于《中国杂纂》的诸多中国绘画评述的基调。在手稿结尾处，作者自省偏离了主题：

> 但是我们如何偏离了那两幅中式天花板小画的主题呢？请原谅我们因热爱国家与宗教而流露的这份热忱。中国历史让我们为法国的未来感到担忧，倘若我们贤明先祖的智慧与典范无法使公众舆论重拾对真实、坚实与实用之追求——唯此方能带来保障太平的繁荣与淳朴——

我们国家的前途堪忧。唉！我们既然能远赴天涯为异族人舍身传道，又怎能不为同胞倾尽所有呢？[29]

此乃耶稣会士道德论述中最激昂之笔，鲜明地体现了其天主教布道者的立场，然而，此类言论实非孤例。

在寄给贝尔坦的文献中，中国绘画鲜少被冠以欧洲意义上的“艺术”之名。然而，1742 年严州府水患图册（第一章已详述）堪称此种评判的重要例外。该图册包含 16 幅绢本设色绘画，记录了洪灾及乾隆皇帝赈济灾民之事，特别突出了中国百姓对皇帝的感恩之情。钱德明以其中的 12 幅作为模板创作版画，连同中文注释的译文，共同选刊于《中国杂纂》第 9 卷（1783 年）。[30] 这套画册被认定为独一无二的珍品，中国人对其珍视的程度，堪比欧洲人收藏名家真迹，二者皆将收藏视为家族最重要的文化遗产：

那位将这本珍贵的画册寄往法国的传教士告诉我们：“这是一部原作，不存在任何复制品。而且在中国，想要了解这类事物的人会购买这样的杰作，就像在欧洲我们购买大师原作一样，并且会将其留给子女，作为其重要的财产之一，家人宁愿卖掉土地和房屋，也不愿放弃它。”[31]

翰林院学士宋楠于 1744 年 6 月所作题跋（第一章曾略论），进一步揭示了这些画作的艺术价值与政治意涵：

然绘画能将值得永世铭记之事迹呈现于世人眼前，使其传颂九州、细节永存后世。虽此崇高艺术纵竭尽所能，亦难呈现与真实完全等同之镜像。唯愿这些画作至少能成为请愿者感恩之永恒丰碑，并唤起所有观者对那位最伟大君主的敬爱之情——此情充盈画作的每一寸笔墨！[32]

画作虽无法完全再现历史现场，但成为仁政的视觉证言——这种对中国君主的赞颂，与耶稣会自身文献中的表述遥相呼应。

1777年《中国杂纂》第2卷“按语”（第二章论中国园林时已涉及）批驳了科尼利厄斯·迪·鲍于1773年发表的诸多谬论。可将此“按语”视作关于中国绘画最系统的论述。[33]第一则涉及绘画的按语，缘起迪·鲍所谓的“饮茶致中国女子面色苍白”的奇谈。[34]传教士反诘：若非通过绘画，何以得见中国女子形貌？由此引申出在华传教士画家对欧洲绘画传统的批判——那些裸体表现令他们“羞愧难当”，因其触犯了中国道德禁忌。即便是宗教题材，也必须避免赤足露臂，乃至微袒胸襟之像。一位传教士画家直言：

西洋画师脑中那些根深蒂固的奇思异想，若非因御用绘画之需而被迫摒弃，恐怕至今仍会主宰我的笔端。[35]

这并非耶稣会士唯一一次谴责欧洲艺术传统中的裸体有伤风化，其间折射出他们作为艺术家的专业训练与传教使命之间的深刻张力。

针对“中国画师仅能子承父业，沦为涂鸦匠人（barbouilleurs）”的谬论，另一则“按语”犀利地指出，持此论的批评者恐怕只见过广州外销瓷上的装饰画。[36]若要进行公允的评判，必须研习那些比欧洲著作更古老的画论典籍，观摩名家真迹，并倾听鉴藏家的专业见解。中国宫廷、贵族与文士阶层皆藏有大师杰作，翰林院学士更撰有画品专著。中国画家虽在人物画方面或有所短，然而，花鸟走兽与山水题材实乃其专擅。对于宫廷画师而言，写生逼真乃最高准则。四色或五色套印的画谱源远流长，远比欧洲同类手册先进（虽未指明具体题名），耶稣会图书馆便藏有多种此类图籍。[37]

后续的“按语”驳斥了迪·鲍所谓的“中国画师酬劳微薄”之说，由此引出广州“玻璃反画”的话题。[38]这种工艺实为中欧绘画贸易的重要组成部分（下文将详述《中国杂纂》中的相关文论）。尽管耶稣会作者同样贬斥为外商牟利而作的玻璃画为“匠气之作”，但他们笔锋一转，着重论述了元、明大家画作昔日的天价行情（虽在清朝稍显式微）。通过对比中欧绘画发展境遇——欧洲自三百年前，由意大利开端，继而法国、佛兰德斯、德意志相继复兴，以至王公的画廊难以容纳浩繁的收藏——作者最终回归道德评判：当画家因激烈竞争而难以凭“风景如画”或有价值的主题画作脱颖而出时，便会转向浪漫、讥讽乃至放荡的题材以谋利。钱德明与高类思[39]忧心忡忡地问道：在没有天主教道德屏障的中国，此类画作会诱发何种危害？他们以10—12世纪宋朝的衰败为例，暗示艺术堕落与道德沦丧的关联。在这些传教士眼中，中国画家未能以天下公义、民生福祉与道德纯真作为创作宗旨——这种评判实则将天主教传教士的价值标准强加于中国绘画实践的整体认知之上。

针对迪·鲍所谓的“中国人不懂真正的湿壁画技法”的论断（此技法本应用于佛寺、道观装饰），传教士展开了关于中国壁画传统的讨论——这一传统可追溯至秦始皇与东汉时期。[40]古代文献记载，当时壁画精妙绝伦，所绘鸟兽、楼阁几可乱真。由此引申到乾隆皇帝圆明园西洋楼中的错视画景观[41]：西洋楼建筑群始建于1747年，主体于1751年竣工，后于1753年扩建，至1759年完成，1768年又增建一馆。[42]扩建部分最终以宏大的“湖东线法画”作为结束——这件巨幅透视壁画通过精妙的空间营造，在二维墙面上呈现了欧洲街景的三维幻象：[43]

> 若论值得研究的绘画技艺，我们本可向西方提供更多细节，以证明中国画家绝非仅能摹古。在当今的皇帝御苑中，便有一处以湿壁画技法绘制的欧式村落景观，其远山近景的透视处理精妙绝伦，堪称此类作品之冠。这幅杰作虽由中国画工执笔，实乃依循某位“可怜的调色匠”的图稿与指导完成。[44]

文中将负责“湖东线法画”的耶稣会画家戏称为“调色匠”，实为反讽迪·鲍对中国绘画的贬低——这般看似戏谑的表述，实则暗含对其著作的尖锐批判。尽管在公开出版物中出现如此评论令人讶异，但迪·鲍的原著确实曾遭到耶稣会士的严厉批判。“线法画”的相关记载在中欧知识传播史上具有特殊意义：值得注意的是，关于西洋楼建筑群的20幅铜版画（1783年奉敕制作，1787年正式完成）完成后不久，其副本便传入欧洲——彼时距该建筑的详细描述被寄给贝尔坦已过去了10年。[45]这部《西洋楼二十景》铜版画作为中欧文明互鉴的重要见证，后文将详述其文化意义。

中国绘画的历史与实践在其余“按语”中另有重要论述，包括对古代中国缺乏雕塑传统的探讨——传教士将此现象与中国人的偶像崇拜关联起来。[46]他们已知唯一堪与欧洲雕塑规模比肩的，便是北京西北明十三陵神道上的文武官俑，但这些雕塑对于普通民众而言是不可见的。针对迪·鲍所谓的“中国人只喜艳色”的断言，“按语”反驳道：最杰出的中国画家其实善用淡彩，重在笔墨气韵、比例之妙与构图之雅。[47]这类被比作欧洲水彩或水墨素描的作品，实为中国文士以水墨于纸上所作，恰似欧洲大师绘制草图的方式。传教士对文人水墨画表现力的认知——包括其笔墨技巧与纸上抒怀的特质——显然得益于他们与清廷官员的直接交往。该则“按语”结尾再次强调了迪·鲍的无知：

若逐条批驳作者（迪·鲍）关于中国绘画的谬见与臆测，未免冗长。此人见识大抵仅限于广州外销的扇面、屏风而已。[48]

在1783年《中国杂纂》第9卷所载《汉字源流》下篇中，韩国英另辟蹊径地将汉字起源与绘画勾连。他指出，绘画仅能表现目之所见，而文字可传达心之所悟。[49]该文实质上论证了中国绘画的古老传统，并再次以道德标准进行评判：中国绘画保持着欧洲艺术应当效法的端庄与含蓄，因后者总难克制对裸体的迷恋——而裸体绝不应出现于送往中国的画作中。欧洲绘画那些浮艳、有伤风化且淫秽的内容，若要呈献皇帝御览，必须加以遮掩。不过，清代宫廷耶稣会画家或许能阻止中国绘画重蹈欧洲艺术覆辙。文中继而提出一个耐人寻味的假设：

> 若天才与雅趣能够唤醒中国绘画之沉寂，那么郎世宁与王致诚兄弟早已通过为皇上创作的各种题材的杰作达成此愿。他们的作品与生平本应载入画史。[50]

这种认为传教士画家能够挽救中国绘画免于道德堕落的论调，显然夸大了郎世宁等人在清宫画院的影响力，尽管他们确实在传授欧洲技法方面功不可没。关于"玻璃反画"的讨论，则进一步揭示了郎世宁、王致诚等欧洲画家在清宫画院的独特地位。

前文提及的"按语"曾论及18世纪后期风靡欧洲的"镜

画”。作为外销贸易的典型产物，它们甚至成为传教士评判中国绘画优劣的关键样本。这项源自威尼斯的技术，或于明清之际传入广州外销作坊。[51]其工艺殊为独特：画家需以油彩在玻璃背面作画，创作顺序与常规相反——先勾勒细节再敷色，最后处理建筑、山水等背景；或先在纸上作画，再倒贴于玻璃内侧。天空、水面等留白处则采用欧洲制镜工艺镀银处理。在制作玻璃画时，通常采用两种工艺：其一是在绘制完成的画作背面镀银；其二是预先制备镜面，精心勾勒出绘画区域后，刮除该处银层，留出作画空间。1786 年《中国杂纂》第 11 卷收录的韩国英神父遗稿，详细记载了中国铁艺、滑石画（用于装饰屏风等物）及玻璃画等“实用工艺”。[52]

韩国英在文中明确指出，在玻璃上作画的技艺源自欧洲，并详述了传教士画家所知的工艺细节。这些欧洲画家初抵北京时，常被皇帝召至画院呈递画稿，并为宫廷画师答疑，由此得以近距离观察御用作坊的运作。作坊分为三大间中式画室及一间专供欧洲画师使用的画室，其中一间中式画室内便为专为皇帝制作玻璃反画的广州匠人所用。虽然耶稣会画家并未深入探究这些匠人的技法，但匠人的精湛技艺令耶稣会画家印象深刻，仅以“传教士”身份偶尔与之交谈。值得注意的是，乾隆皇帝曾命郎世宁与王致诚在多块大玻璃（镜子——该术语尚未明确）[53]上作画。这促使他们开始系统地观察广州匠人反向作画的绝技。韩国英随后详述了工艺流程：广州画师先去除镜面镀银层，他们以油彩在特制纸张（或是被称为“缣”的绘画用绢）上作画，或以蛋彩、水彩绘制后倒贴于处理过的镜面。同样的技术也适用于先贴画后镀银的玻璃板——这些工序虽未必亲见，但都经由匠人口述得以记录。

然而，韩国英笔锋陡转，开始痛陈外销欧洲市场的玻璃画乱象——那些被欧洲商人高价收购后转售的小幅画作，以及中国画师纯粹为牟利而绘制的淫秽题材作品：

> 中国匠人已过于娴熟地在大小镜面上绘制各种污秽不堪的画面——只因欧洲商人以金银为诱，不仅激发其“才华”，而且唆使他们僭越帝国律法，藏身暗室秘密制作，以免祸及家人。而这一切不过是为蝇头小利。[54]

确实，现存出版的中国外销玻璃背画图录中，常见部分袒露胸部的中国女性形象或私密场景的描绘，并且不少中国画作实乃基于欧洲裸体版画的摹本。[55]

贝尔坦对中国玻璃工艺的独特认知，体现在高类思、杨德望携带的赠华礼品中（第一章所述外交事件）。[56]这批礼品包含 12 块待镀银的大玻璃板（“glace”，这一法语单词在 18 世纪既可指镜子又可指待镀银的玻璃）[57]。贝尔坦特地要求在中国完成镀银工序，因为他深知中国匠人此技更胜一筹。[58]虽无从考证其消息来源，但此举显然旨在开拓欧洲商品的中国市场。在 1765 年致高、杨二人文书的批注中，贝尔坦再次强调，若能使中国皇帝、贵族乃至全民培养对法国工艺品的兴趣，将令两国获益匪浅。未来还将寄送法国产品的详细说明书与玻璃板等物的价目表。[59]

《中国概观》

尽管耶稣会传教士对中国绘画的评价颇为零散，但他们在其他主题上却呈现出更系统的论述。这些刊行的文本旨在提供关于中国的全景式认知——有的论述集中精要，有的则从特定主题的简短札记，延伸至传记、工艺及历史研究的长篇专论，其终极旨趣皆在于文明比较。

《中国杂纂》第5卷（1780年）的卷首导言开宗明义地指出，本卷首篇题为《中国概观及其与欧洲的早期交往》（以下简称《中国概观》），实为一部浓缩的中国史纲，涵盖政权更迭、宗教信仰、律法制度、生活方式及风俗习惯等内容。编者申明："此文既富教益又具趣味，可使广大读者获得更充分的比较视野，从而以中国观欧洲，以欧洲鉴中国。"[60] 该文作者（仅标注为"M.**"）并非北京耶稣会传教士，其身份至今未明。就标题所暗示的宏大范畴而言，此文篇幅堪称精简，仅择取若干主题分为三部分论述。第一部分聚焦早期赴华航行纪事，[61] 通过详述马可·波罗（约1254—1324）传入欧洲的中国认知，并回应其游记引发的争议，作者勾勒出中国作为"哲君治国之帝国"的经典形象雏形。在描述元世祖忽必烈（1260—1294年在位）

的统治时，撰文者强调：“直至今日，当我们论及中国及其皇室治国之道时，仍誉之为睿智的统治。”[62] 该部分自然着重记述了耶稣会传教士来华始末，详述他们如何以科学仪器等欧洲珍品为礼，试图通过广州官员叩开紫禁城大门的外交策略。[63]《中国概观》特别提及范礼安（1539—1606）于 1594 年携往中国的贡礼——这位澳门圣保禄学院的创立者带去了自鸣钟、星盘、天球仪以及数理仪器等。[64] 这种“以器开路”的交往模式已成为对清代中国外交的定例。本书第一章所述 1765 年贝尔坦委托高类思、杨德望返华时精心筹备礼单之事，正是这一传统的延续。

文章第二部分论及中国的教育体系、经史之学、道德风俗、以孝治国的政治哲学、科学技术以及天文历法。[65] 文中多次盛赞中国体制的优越性，诸如“自古流传的政体典范中，未有能及中华帝国之尽善尽美者”[66] 的论断屡见不鲜。

文章第三部分作为终章，探讨了中国纪年体系、历史沿革与宗教状况。[67] 作者通过罗列翔实的历代王朝官方编年史料，俨然将中国塑造为可与欧洲比肩的文明古国。然而，论及宗教时，笔锋顿显天主教传教士的固有偏见——撰文作者对佛教的贬抑性描述，与其他耶稣会文本如出一辙。该章节亦简述了天主教在华传播史，详细分析了各修会之间的教义之争，末篇则突兀地以中国伊斯兰教概况草草结束。

文明可比性：中西对等论

如第一章所述，贝尔坦曾委托中国天主教徒高类思与杨德望将若干幅规划舆图呈献乾隆皇帝，这些图纸旨在标示中法两国之间的距离。在《致高、杨二人训令》中（以下简称《训令》)，贝尔坦特别提及巴黎城市布局、卢浮宫、凡尔赛宫以及其他皇家建筑的平面图，明确指示，此举欲使中国皇帝领略路易十五时期法国的恢宏气象：

> 高、杨二人随行携带的舆图，既可以明示中华帝国与法兰西之间遥远的距离——虽然距离遥远，但是我国商船终可跨越以通贸易——又能展示中国与法国及欧陆诸强疆域的对比。至于巴黎城坊、卢浮禁苑、凡尔赛离宫诸图，则足以彰显法国国王之威仪。[68]

下文更是直接将法国君主对科学、艺术的庇护，与想象中的中国皇帝的同类举措相提并论：

> 高类思与杨德望赴华所携带的皇家科学院刊布的天文、几何论著，既可显示我国国王扶持学术、科技的殊恩，又可显示中国皇帝对此类学问之广纳——二者诚有异曲同工之妙。[69]

如第一章所论，《训令》终篇叮嘱高、杨二人务必把握住一切契机，印证其所观察到的中法民族性之相通，因为这两大民族堪称当世最富秩序、最得文明真髓之民族。

贝尔坦的中国研究的核心关切是在两大世界文明的框架之下，对中法两国进行比较。[70] 这种对等比较——“comparer”（比较）一词在18世纪语境中专指对等实体间的比照的思维——从《中国杂纂》首卷（1776年）序言便可一见端倪：

> 自中国不断向欧洲寄送各类说明与细节以来，倘若这些材料始终被悉心收集，并大致按原样公之于众，那么在艺术、工业、传统及政体等方面，我们一定能更从容地将中国人与我们自己进行比较。我们早就应该发现，这个在诸多方面与我们相去甚远的民族，既不比我们贫瘠，也不比我们匮乏；或许，它在这些方面还要更胜一筹。我们本可从中得出一个有益的结论：在全然的蒙昧与科学、知识的精妙之间，存在某种中间地带，或许这是最适合人类的状态。我们还能得出一个结论：中国皇帝极少偏离的家长式统治——中华民族的习俗与准则的总体基调也不断地提醒着他们这一点——正是最能确保民众幸福与统治者真正荣耀的统治方式。[71]

此论涵盖领域之广，足见其文明比较的宏阔视野，并且昭示了《中国杂纂》的刊行宗旨：向知识阶层传递可资法国借鉴的中国经验。

此类思想早在10年前贝尔坦为高、杨制定的《训令》中已见端倪。前文论及《训令》第9节时，贝尔坦即寄望二人所学能够成为中法互利之桥梁。[72]关于知识应用，文中特别强调：

> 由于他们并不知道如何掌握完成这些目标所需了解的一切，他们必须仔细寻求建立各种关联。这些关联类似于一种存在差异但具有可比性的知识形式——这种知识形式是他们在中国必须习得的，以便与其在法国所学的内容进行比较。[73]

此处正文后附有贝尔坦亲笔长注，特别叮嘱高类思与杨德望留心采集那些在法国闻所未闻的器物与技艺。贝尔坦以个人口吻申明：无论二人提供何种新知，自己都将珍视感念，并承诺“必将随时告知这些领域在欧洲的发展境况”。[74]

葛雷格·M.托马斯曾撰写了发人深省的论文，探讨18世纪中叶中欧精英阶层彼此投射的“跨文化好奇”。[75]凡尔赛宫与圆明园作为两大帝国的象征性建筑，常被互相比照——后者更屡屡被称为“北京凡尔赛宫”。凡尔赛宫苑图册与《圆明园四十景图》均成为皇权物化表征。圆明园原貌最早通过1743年王致诚的那封著名的园林书信为欧洲所知（本书第二章详述了这一园林史的关键文献）。除了18世纪传入欧洲的《圆明园四十景图》版本，还有一套乾隆朝《西洋楼二十景》铜版画西传欧洲。[76]

1786年，北京法国耶稣会负责人晁俊秀向路易–弗朗索瓦·德拉图尔（1727—1807）寄赠了大量中国器物图像，其中包括整套《西洋楼二十景》铜版画及西洋楼区域平面图。[77]该图实为欧式建筑群与园林的布局示意图（本书第三章略有述及），图上标注的20处景名与《西洋楼二十景》铜版画题铭完全对应。德拉图尔在黏附的便笺中亲笔注明“1787年10月获赠此图”。[78]这套表现圆明园西洋楼的铜版画由乾隆皇帝敕令制作，德拉图尔获得的很可能是自1781年启动、1787年2月制成的初印样张。该项目由满族宫廷画家伊兰泰（约1749—1793年在世）督造，他是郎世宁最后在世的弟子之一。[79]作为贝尔坦的同僚，德拉图尔同样深谙中国趣味。史料显示，他与北京耶稣会士保持直接通信，不仅汇款委托采购器物、典籍，而且定制画作充实私藏。[80]与贝尔坦相似，德拉图尔将传教士寄赠的资料汇编为《中国建筑、园林、医学原则及风俗习惯论集》（以下简称《风俗习惯论集》）[81]出版。然而，此书于1803年匿名刊行时，仅印刷了36部，[82]影响远不及《中国杂纂》。不过，德拉图尔在书中详述了获赠《西洋楼二十景》铜版画的经过，据其描述可确证，现存曼彻斯特约翰·瑞兰兹图书馆的画册即为当年原物。[83]

在《风俗习惯论集》关于中国园林的章节中，德拉图尔专辟段落探讨了“中国温室”——本书第三章已对这一主题进行了详细的叙述。[84]他在开篇即声明，该章节的内容援引自韩国英神父的温室专论，这部专论极有可能正是1777年晁俊秀神父寄赠贝尔坦的手稿，后刊于1778年《中国杂纂》第3卷。[85] 在章节结尾处，德拉图尔描述了他亲睹《中国温室》的情形（该图册同样在第三章有所论述并附插图）：

> 1776年，我们曾在皇家科学院院士、《中国杂纂》前7卷出版人［夏尔］巴特神父（1713—1780）处，得见4幅精美的皇帝御用温室彩绘图。这些作品技艺超绝，堪称绘画而非图稿。这些作品乃传教士赠予贝尔坦先生之礼物，为其琳琅满目的中国奇珍收藏增色不少。[86]

如本章开篇所述，贝尔坦的书斋正以其中国收藏闻名。德拉图尔虽准确地指出巴特作为《中国杂纂》编者之一的身份，但关于观赏《中国温室》时间的记载显然有疏误：图册附笺明确标注接收于1777年。[87] 他继而详述这些出自宫廷画师之手的作品，对温室结构及其内部陈设极尽描摹，并援引了当时期刊对《中国杂纂》第3卷相关文章的评论，强调中国温室体现了“中华民族化繁为简、崇尚实用的智慧”。不过笔锋一转，他又指出，鉴于欧洲人审美趣味殊异，法式园林中恐难觅中国温室的踪迹。[88]

贝尔坦中国藏品之流散

德拉图尔在中国园林章节结尾，以沉郁的笔调记述了贝尔坦的巴黎中国书斋及其主人的最终命运：

> 这座由在华传教士精心构筑的华美书斋——他们视贝尔坦为慷慨且忠实的庇护者，贝尔坦总是不遗余力地争取政府资助以助其传教，同时心系国家利益，与宫廷贵族乃至君主本人关系密切——必须被视作传教士与文人双重身份努力的结晶。然而，这方天地汇聚的无数精雅奇珍，早在1791年前便因易主而星散：这位被剥夺年金与财产的前朝重臣，不得不变卖珍藏。异国土地最终为他提供了避难所，不久之后，他便在那里溘然长逝。[89]

贝尔坦早已预见历史浪潮将倾覆法国君主制。他变卖了位于沙图的庄园与其他地产，于1791年夏避走德国亚琛。[90]1790年1月，他致信北京晁俊秀神父，将法国正在上演的“灾难”比作罗马帝国的崩塌。[91]最终贝尔坦流亡至比利时斯帕，于1792年9月16日在那里辞世。[92]

贝尔坦收藏的重要部分于1794年2月被国家图书馆接收——这些来自“流亡者”的财产，在革命政府没收行动中充公。[93]这场国有化行动的政治进程错综复杂：1792年9月法令生效后，[94]1793年12月18日成立的艺术委员会系统地将流亡者财产集中至国家仓库并编目造册。[95] 艺术委员会的会议纪要经过精心编纂，其文稿以两卷带注释的版本出版，其中详细记载了从贝尔坦收藏中收缴的绘画与器物——这些仅为该委员会处置的大批藏品中的一例。[96] 该会议纪要的翔实记录显示，贝尔坦藏品中的画作与器物在 1794 年 1 月 24 日首次被讨论——当时提及 1785 年、1789 年委托“某版画家”鉴定的中国绘画/版画，[97] 此人无疑是指曾复制贝尔坦藏画的伊西多尔–斯坦尼斯拉斯·赫尔曼。同日，艺术委员会批准将贝尔坦的中国画作移交国家图书馆。[98]1794 年 2 月 28 日的会议纪要记载：2 月 14 日入藏国家图书馆版画部的 17 幅中国画作已被正式接收。[99] 法国国家图书馆现存同日档案《流亡者贝尔坦 17 件物品状况》，正是移交艺术委员会的收据副本。[100] 在这份两页清单中，第 4、第 5 号《论中国建筑》画册（本书第三章详述）与第 10 号《中国温室》图册（同见第三章）均赫然在列，所有列目现仍存于法国国家图书馆。[101] 有一份文件的标题为《前件所述 44 项物品现状录》。[102] 然而，此处所指之“前件”具体为何，尚未可考。另外一份清单记载了 1794 年 2 月 14 日——前述 17 幅画作清单的同一日期——从流亡者贝尔坦藏品中收缴的物品。这份 5 页的文档共列有约 98 幅绘画与卷轴，每件均附估价，显然是为变卖进行的估价，然而此意图亦未明载。[103] 另有一份文件题为《贝尔坦先生书斋中国奇珍录》，该份 4 页篇幅的文件列举了 98 件物品（包括瓶卉图组、园林寺庙平面图、中式装裱画作以及书信手稿等）。[104] 但是法国国家图书馆后附批注指出，《贝尔坦先生书斋中国奇珍录》是前一份清单的副本，虽然二者皆列出了98项，但是所载内容殊异。[105]这些尘封的清单亟待深入研究，或许将揭示贝尔坦更多旧藏的下落，为这段中法文明交流史补全失落的拼图。

此外，大批被扣押的贝尔坦旧藏下落至今成谜。这些文物被记录在法国国家图书馆钱币与徽章馆档案中，作为计划建设的“古物博物馆”藏品目录。[106]1795年的这项提案极具前瞻性——将如今可归类为民族志的物件（包括贝尔坦藏品）与既有的古钱币文物并置对比展示。[107]钱币与徽章馆藏档案显示，这些曾被在巴黎内斯公馆（Hôtel de Nesle）办公的艺术委员会编目的贝尔坦旧藏，[108]极大地丰富了拟建博物馆的藏品谱系。[109]1797年9月3日编制的4页清单，[110]详细记载了中国的科学仪器、乐具、漆器匣盒等“奇珍”。在这些目前下落不明的物品中，第10件为“长寿杖”——很可能是如意，这是由乾隆皇帝赐予钱德明神父的礼器，现分为三节。如意通常以珍贵材质制成，可彰显持有者的身份、地位。[111]

然而，另一件藏品在贝尔坦收藏与可明确鉴别的文物之间建立了更为复杂的关联。钱币与徽章馆目录记载如下：“第42号：御制诗杯。此杯出自宫廷作坊，杯身镌刻皇帝狩猎时于中意树下所作诗文，已残损。”[112]学者崔基一在其开创性研究中，将一组镌刻乾隆御制诗的宫廷瓷杯与18世纪60年代寄赠贝尔坦的记载相印证。[113]她翻译的档案显示：“[第4号]带盖瓷杯一对，杯身刻有皇帝登基后第11年亲制诗篇，我已尽力译为法文。”[114] 此记载在另一份中国物品清单中两度出现。[115] 崔氏敏锐地指出，其中一件瓷杯曾出现在1815年贝尔坦藏品首场拍卖会图录上（第20号拍品），[116] 目录的描述为“杯底绘三树纹，盖身镌刻乾隆御制诗”，并附钱德明1770年所作《盛京赋》译本末页的诗注。[117] 根据钱德明的译文，此诗作于乾隆丙寅年小阳春月（1746年10月）。[118] 崔氏推论认为，这些御赐瓷杯由钱德明转赠贝尔坦，是最早流入欧洲的清代宫廷瓷器。[119] 钱币与徽章馆清单所载“残损御制诗杯”的特征，与钱德明寄送记载高度吻合。然而，迄今为止，此类乾隆御制诗杯实物在法国公立机构中仍杳无踪迹。

根据《拍卖公告》记载，1815年的拍卖图录收录了约500件贝尔坦旧藏珍品，其条目构成了一份令人惊叹的收藏清单。其中包括玉磬等乐器、漆器匣盒、笔筒、御窑瓷器、玉石雕刻品、两套十二生肖像、两柄“官杖”（无疑即前文所述如意），以及天然标本——如附有钱德明神父亲笔说明的制瓷高岭土样本。[120] 尽管仅有少数物品能与法兰西共和国政府扣押的“中国物品目录”对应（如乾隆皇帝赐给钱德明的如意和御制诗瓷杯），但其他拍品同样具有重要的历史价值。一件尤为引人注目的拍品是九扇硬木嵌石屏风——以红木（拍卖图录称其为“桃花心木”）为框，镶嵌彩绘石片，石料在拍卖图录中被鉴定为“皂石”。[121] 拍卖图录记载，屏风以多视角呈现了宝塔、人物与动物交织的山水景致，并特别注明这是“中国皇帝赠予贝尔坦的物品，为欧洲仅见的孤品”。档案文件揭示了这件屏风的流转历程：贝尔坦于1767年1月20日致信高类思、杨德望，确认收到了装有彩绘石屏风的箱子；[122]而杨德望在1765年11月14日的长信中详细描述了即将寄送的屏风——其中心图案为某位“汉皇”的离宫，暗示画面内容应为典型的《汉宫春晓图》。[123]韩国英神父在1777年的回信中补充道，虽然他对屏风记忆模糊，但高、杨二人曾特地向他提及，创作者虽是画坛新秀，但师承苏州宫廷画师，并独创了此种工艺技法。[124]与贝尔坦的多数旧藏一样，这件珍罕的屏风至今下落不明。

1815年拍卖图录的“中国书画手稿”章节记录了两组重要画作：一组是钱德明寄赠贝尔坦的《孔子生平》图册（含105幅插图），[125]其中18幅后被选入《中国杂纂》第12卷，作为钱德明撰写的《孔子传》的配图（本书第四章已有论述）。另一组则是详载严州府水灾的绢本彩绘手卷（含16幅画作与中文题跋）。[126]拍卖图录特别说明此卷附有钱德明注释，并指出，《中国杂纂》所刊微型版画“全然未能传达原作神韵”。

贝尔坦的中国书斋藏品何以在1815年被拍卖，至今仍是一个未解之谜。在1828年举行的第二次拍卖会上，贝尔坦旧藏画作和多位与清代中国有着重要联系的欧洲人士的收藏共同亮相。[127]其中最引人注目的包括1794—1795年率荷兰东印度公司使团访华的德胜（1745—1812）的收藏，[128]以及随行成员范罢览（1739—1801）在华期间创作的大量素描与航行日记手稿。[129]拍卖图录特别以“按语”强调贝尔坦藏画的卓越品质“远胜从广州通商口岸流入的普通中国画作”，但拍品真伪存疑。例如，第3号拍品《乾隆皇帝叔父北京府第图》被描述为“镶木框，顶部有贝尔坦亲题金底黑字款识”。然而，法国国家图书馆现存一幅同名同尺寸的贝尔坦旧藏画作（1794年2月14日没收档案明确记载）。[130]1828年拍卖的《乾隆皇帝叔父北京府第图》很可能是原作的摹本，但正如众多流散的贝尔坦藏品一样，其真实身份已无从考证。这些珍品的集体失踪，正应验了德拉图尔当年对贝尔坦无与伦比的收藏终遭散佚的痛惜之情。

钱德明对孔子的终极思考

第四章已详述贝尔坦“中国阁”体现的儒家价值观——这座原计划建于沙图庄园的“纯正中国建筑”，其设计理念根植于北京传教士（尤其是钱德明）寄送的典籍。在1790年10月16日的信中，钱德明不仅附上了“中国阁”的设计图纸与陈设清单，而且兑现了他在1789年10月16日长信中的承诺，详尽地阐述了其对孔子生平、道德学说的思考，以及孔子思想对中国社会根基的塑造，并预判贝尔坦的接受度。[131]钱德明相信，贝尔坦对孔子研究愈深，愈会将其视为“破除蒙昧偏见的典范”——这里虽未明言，但很可能暗指当时欧洲社会普遍存在的对华偏见。但钱德明欣慰地指出，每个时代总有智者穿越时空，领悟古代圣贤的智慧。这种情怀与1790年钱德明信中的愿景形成呼应——他多么渴望神游至贝尔坦的“中国阁”，与之促膝论道。潘廷章所绘钱德明遗像的版画周边铭文记载，“北京传教士、法王钦遣中国天子之臣、满汉双通的宫廷使徒”：

> 法兰西人，满族通，中国通，宫廷客，使徒身，
> 他总能完美扮演任一角色，
> 若论其文是否值得品评，
> 诸君自可于字里行间求证。[132]

在解析孔子的“人文主义”时，钱德明刻意将其学说与宗教信仰剥离，置于纯粹的道德语境——这些论述展现了他对儒家原则的深刻理解，完全超脱了特定宗教的评判。他认为，孔子思想的驱动力并非源于与“天”的神秘联系，而是他作为“天道”的代理人，引导世人回归“礼”的持守——这个儒家术语既指仪式规范，又含处世准则。[133]钱德明将孔子塑造为贝尔坦现世幸福的引路人：

> 凡人尘世所能企及之幸福终有边界，但赏善罚恶之天道轮回自有其公正。故孔子首选教化劝导与典范感召之路，而非律令禁约之途。其学说从不虚夸：建议、指点、教化、劝勉、躬行，皆持重有度而无狂热之态。[134]

贝尔坦收到这封信件时，正在经历法兰西的最后岁月——或许正是1791年的那个夏天，他变卖家产、避走亚琛前夕。通

过刊行《中国杂纂》与展示无与伦比的中国珍藏，贝尔坦实践了钱德明诠释的孔子理想。就此而言，他当之无愧成为18世纪中西文明对话的先驱。

注 释

导 论

1 朱尔-安托万·塔什罗编,《格里姆与狄德罗文学、哲学与评论通信集(1753—1790)》第12卷(1784—1785),(巴黎:菲尔纳出版社,1830年),第492—493页。这则逸事还有其他版本:参见亨利·伯纳德-马特尔,《"小大臣"亨利·贝尔坦与18世纪末关于中国的文学通信》(Le'petit Ministre' Henri Bertin et la correspondance littéraire de la Chine à la fin du XVIIIe siècle),载《铭文与美文学术院会议记录》(*Comptes-rendus des séances de l'Académie des Inscriptions et Belles-Lettres*),第92卷第4期(1948年),第449—451页,特别是第449页所载内容。

2 亨利·伯纳德-马特尔(耶稣会士),《18世纪法国重农学派的两位中国人》(*Deux Chinois du XVIIIème siècle à l'école des physiocrates français*),载《震旦大学学报》(1949年),第151—197页,另外参见第153页及注释7。伯纳德-马特尔此处引用的文献与前注相同。

3 参见小弗雷德里克·韦克曼,《中国之镜》(The Chinese Mirror),载《政治科学研究院会刊》(*Proceedings of the Academy of Political Science*)第31卷第1期《中国的发展经验》("China's Developmental Experience",1973年3月),第208—219页,网址www.jstor.org/stable/1173495,笔者于2016年7月30日访问。特别是第208—209页关于18世纪的内容。

4 关于"思想贸易"这一表述,参见伏尔泰所编《袖珍哲学词典》(伦敦,1765年),第224—228页"思想自由"条目,特别是第225页。

5 参见孟德卫,《中国与西方的伟大相遇(1500—1800)》(*The Great Encounter of China and the West, 1500–1800*)第四版(普利茅斯:罗曼与利特菲尔德出版社,2013年)。另参见孟德卫,《关于中西思想史交汇的若干近期研究》(Some Recent Studies on the Confluence of Chinese and Western Intellectual History),载《思想史杂志》(*Journal of the History of Ideas*)第40卷第4期(1979年10—12月),第649—661页。本书提出的一些更宏观的问题即源于此文。

6 亨利·伯纳德-马特尔(耶稣会士)所编《1765年至1786年传教士从中国寄回物品目录》(*Catalogue des objets envoyés de Chine par les missionnaires de 1765 à 1786*),载《震旦大学学报》第3辑第9卷(1948

年 1—4 月），第 33—34 期，第 119—206 页；特别是第 201—202 页“收件人、收藏家等姓名……欧洲人名”部分。

第一章　高类思、杨德望及北京法国耶稣会传教团

1　巴黎法国国家图书馆手稿部藏（Ms1520），第 50—55 页。《奉国王之命赴法旅居之两华人高先生与杨先生纪行》（*Voyage et Séjour en France par Ordre du Roi de deux particuliers Chinois, les Sieurs Kô & Yang*）。该文本为一份不完整的 12 页印刷校样，附有询问校样是否可用的批注，若可用，印刷商将制作 20 份副本。此文被描述为一部“著作”（ouvrage），可能为小册子或书籍。

2　“Ko and Yang”是提及这两个人的一种方式，但在现当代文献中，其姓名存在多种变体。两个人的出生日期记载也不一致。“Ko”相当于“Kao”或拼音“Gao”，其中文名为高仁（生于 1732 年）或高类思。他在不同文献中被称为Louis 、Aloys 或Aloïs Kô 。Étienne Yang 的中文名为杨执德（1733—1798?）或杨德望。参见荣振华，《1552 年至 1800 年在华耶稣会士名录》（*Répertoire des Jésuites de Chine de1552à1800*, Roma: Institutum Historicum; Paris: Letouzey & Ané,1973），编号 425 、911。在《旅居纪行》第 1 页的注释中，他们的名字被写作“Ko Gin”（高仁）和“Yang Tche Te”（杨执德），注释还提供了其汉字含义的解释。

3　关于 1684—1685 年路易十四时期在北京成立的耶稣会传教团，参见蒙曦，《年轻的曼恩公爵，法国在华早期传教团的保护者》（*Le Jeune duc du Maine, Protecteur des premières missions françaises en Chine*），载玛丽-洛尔·德·罗什布吕纳编，《凡尔赛的中国：18 世纪的艺术与外交》（*La Chine à Versailles: Art et diplomatie au XVIIIe siècle*, Paris: Somogy Éditions d’Art,2014），第 36–43 页。另见蓝莉，《路易十四于 1685 年派往中国的数学家》（Les Mathématiciens envoyés en Chine par Louis XIV en1685），载《精确科学史档案》（*Archive for History of Exact Sciences*）55, no.5（2001 年 4 月），第 423–463 页；特别是“引言”，第 423—424 页。管理法国耶稣会传教团是贝尔坦所在部门的职责之一 。1773 年耶稣会被解散后，路易十六仍保证对留京法国传教士给予经济支持。参见卡米耶·德·罗什蒙特，《钱德明与北京法国传教团的最后幸存者（1750—1795）》[*Joseph Amiot et les derniers survivants de la mission française à Pékin (1750—1795)*, Paris: Librairie Alphonse Picard et fils,1915]，　第 216 页及之后的内容。关于“国王的数学家”的官方称谓，参见卡特琳娜·马兰，《1773 年耶稣会解散后的北京法国传教团》（La mission française de Pékin après la suppression de la compagnie de Jésus en1773），载《跨学科研究》（*Transversalités*）107(2008/3),9–28；特别是第 14—15 页注释 10，其中引用了裴化行，《根据未刊信件看洪若翰神父 1685–1687 年的暹罗与中国之行》（*Le voyage du père de Fontaney au Siam et à la Chine,1685—1687, d,après des lettres inédite*），载《震旦大学学报》，1942 年，第 227—280 页。

4 蓝莉，《路易十四于 1685 年派往中国的数学家》，第 424 页。

5 参见马兰，《1773 年耶稣会解散后的北京法国传教团》。另见考狄，《耶稣会的解散与北京传教团》（La Suppression de la Compagnie de Jésus et la mission de Peking），载《通报》（*T'oung Pao*）17，no.3(1916 年 7 月)，第 271–347 页，以及 17, no.4/5(1916 年 10 月—12 月)，第 561—623 页。

6 参见法国科学院官方网站，www.academie-sciences.fr/fr/Histoire- de-l-Academie-des-sciences/histoire-de-l-academie-des-sciences.html，笔者于 2017 年 2 月 10 日访问。柯尔贝尔时任法国建筑、艺术、挂毯与制造业总监（Surintendant et ordonnateur général des bâtiments, arts, tapisseries et manufactures de France）等多项官方职务。

7 蓝莉，《"为了科学与艺术的完美"：法国耶稣会传教团在皇家科学院支持下的中国使命》（"Pour la perfection des sciences et des arts": La Mission Jésuite française en Chine sous le patronage de l' Académie royale），载皮埃尔–西尔万·佛辽若等人编，《传教士在亚洲的科学工作》（*L,œuvre scientifique des missionnaires en Asie*, Paris: Académie des Inscriptions et Belles- Lettres,2011），第 77—96 页；特别是第 77 页及注释 1。洪若翰从中国寄回的信件发表于《耶稣会士中国书简集》第 7 卷（巴黎，1707 年），第 65—66 页；参见注释 10 中关于《耶稣会士中国书简集》的引用。除非另有说明，所有翻译均为笔者本人所作。

8 参见《利特雷词典》（*Dictionnaire Littré*)在线版，http://littre.reverso. net/dictionnaire-francais/：arts［1］。该词有多重含义，其中包括"机械艺术，主要需要手工劳动的艺术"。此处的解释基于从法国发出的请求以及耶稣会传教士寄回的材料。

9 关于法国耶稣会传教团与中国及其与法国皇家科学院的联系，详见蓝莉所撰《"为了科学与艺术的完美"》。

10 《耶稣会士中国书简集》由多位耶稣会士编辑；其他版本与选集分别于 1780—1783 年、1810—1811 年、1819 年、1829—1832 年等时期出版，部分内容被翻译为英语、德语、意大利语等语言。参见法国国家图书馆网站的基本书目信息，http://catalogue.bnf.fr/ark:/12148/cb328061927，笔者于 2016 年 8 月 28 日访问。

11 杜赫德，*Description géographique, historique, chronologique, politique et physique de l,Empire de la Chine et de la Tartarie chinoise...*，第 4 卷（巴黎：P.-G. Le Mercier，1735 年）；关于杜赫德成就的杰出研究，参见蓝莉，《中国的证明：耶稣会士杜赫德的〈中华帝国全志〉，1735 年》（*La preuve par la Chine: la "Description" de J.–B. Du Halde, jésuite,1735*, Paris: Éd. de l' École des hautes études en sciences sociales,2002 年）。亨利·贝尔坦于 1776 年出版《中国杂纂》第 1 卷时提及了杜赫德的著作，见下文讨论。

12 关于带回中国的问题清单，参见《向柏应理神父提出的关于中国的问题》（Questions à proposer au R.P. Couplet sur le royaume de la Chine），载维吉尔·毕诺，《1685 年至 1740 年法国对中国认知的未刊文献》

（*Documents inédits relatifs à la connaissance de la Chine en France de1685à1740*, Paris: P. Geuthner,1932 年；再版于日内瓦：Slatkine,1971 年），第 7—9 页。毕诺在同书注释 1 中提供了其档案来源的相关信息。另见蓝莉，《中国的证明》第五章附录 V ，第 176—179 页，《1684 年科学院问卷与〈中华帝国全志〉中提供答案的段落对照》。蓝莉在此指出了杜赫德《中华帝国全志》中回答科学院问题的段落。

13　蓝莉，《派往中国的数学家》，特别是第 444—450 页；另见蓝莉，《"为了科学与艺术的完美"》，第 95—96 页。

14　蓝莉，《中国的证明》，第三章第三节"中华帝国的渗透"（La pénétration de l' Empire chinois），第 4—77 页。另见维吉尔·毕诺，《中国与法国哲学精神的形成：1640—1740》（*La Chine et la formation de l'esprit philosophique en France:1640—1740*, Paris: P. Geuthner,1932 年；再版于日内瓦：Slatkine,1971 年），第 24—25 页，第 40—41 页，第 48—49 页，等等。

15　关于清代中国最重要的意大利画家的培训与职业生涯的最新研究，参见马可·穆西洛，《光辉的遗产：清代宫廷的意大利画家，1699—1812》（*The Shining Inheritance: Italian Painters at the Qing Court,1699—1812*, 洛杉矶：盖蒂研究所，2016 年），其中引用了大量档案文献。

16　关于耶稣会传教士画家的文献非常丰富。经典研究可参见米歇尔·伯尔德莱，《18 世纪在中国的耶稣会画家》（*Peintres jésuites en Chine au XVIIIe siècle*, Arcueil: Anthèse,1997）。关于欧洲画家在运用透视法以及为乾隆皇帝创作错视画过程中发挥的作用，参见李启乐，《帝国幻象：清代宫廷绘画中的跨界实践》（*Imperial Illusions: Crossing Pictorial Boundaries in the Qing Palaces*, 西雅图与伦敦：华盛顿大学出版社，2015 年）。

17　关于北京早期教堂的研究范围广泛，但历史细节与具体教堂建筑的图像识别仍存疑问。对 18 世纪北京三座主要天主教教堂的概述，参见高文·亚历山大·贝利，《耶稣会在亚洲和拉丁美洲的传教艺术，1542—1773》（*Art on the Jesuit Missions in Asia and Latin America,1542—1773*, 多伦多：多伦多大学出版社，1999 年），第 109—111 页。每座教堂内部均装饰精美。北堂（建于 1703 年）属于法国传教团，由聂云龙装饰，他于 1699—1704 年在华短暂活动，绘制了假穹顶和高坛。南堂建于 1650 年，1703 年重建，同样用错视画装饰穹顶。东堂（建于 1729 年）内设耶稣会图书馆，拱顶和错视画穹顶由郎世宁绘制。

18　马可·穆西洛，《连接欧洲与中国：郎世宁（1688—1766）的职业生活》（*Bridging Europe and China: The Professional Life of Giuseppe Castiglione (1688—1766)*），博士论文，世界艺术与博物馆学院，英国东安格利亚大学，2006 年 4 月；特别是第 90 页及其之后的内容。感谢穆西洛提供论文副本。另见穆西洛，《光辉的遗产》。

19　参见本书第三章关于《视学》的引用。另见穆西洛，《光辉的遗产》，第 118—120 页。

20　安德烈·波佐，《绘画与建筑之透视 》（*Perspectiva Pictorum et Architectorum*,

首版于罗马，1693年），英文版《画家与建筑师透视法规则与范例》（*Rules and Examples of Perspective Proper for Painters and Architects*, 伦敦，1707年；再版《绘画与建筑之透视》，纽约：多佛出版社，1989年），第12页，此处将“durst”改为“dare”，以更清晰，并作其他微小调整。

21 穆西洛，《连接欧洲与中国》，第136—137页，将错视画的单一灭点解释为波佐论著主题的特定透视渲染技术，并非直接类比，而是暗示上帝是所有几何学背后的主宰，因此也是所有现实背后的主宰。

22 绘画风格在宫廷画院以外传播是一个鲜有人研究的现象。关于清初形成的所谓“北方”人物画派（其风格源自宫廷绘画），参见高居翰，《乾隆时期一组佚名北方人物画》（*A Group of Anonymous Northern Figure Paintings from the Qianlong Period*），http://jamescahill.info/the-writings-of-james-cahill/ a-group-of-anonymous-northern-figure-paintings-from-the-qianlong，笔者于2015年10月31日访问。另见高居翰，《为用而作、为娱而绘：清代中国的民间绘画》（*Pictures for Use and Pleasure: Vernacular Painting in High Qing China*, 伯克利：加州大学出版社，2010年）；特别是第二章“城市与宫廷中的画室艺术家”，第31—65页。

23 高类思与杨德望的父母均有法文名字，这表明了他们的宗教信仰；对他们的简短描述也反映了他们的社会阶层与教育背景；参见《旅居纪行》，第2页。关于高、杨二人及其家庭背景的详细描述，参见伯纳德-马特尔，《18世纪法国重农学派的两位中国人》，特别是第154页及其之后的内容，注释10—13。伯纳德-马特尔描述高类思是出身普通的前天主教徒之子，而杨德望则来自北京郊外。1766年，传教士蒋友仁致信贝尔坦，描述了高、杨二人初次接触法国耶稣会传教团时还很年轻，涉世未深。

24 荣振华，《18世纪帆船时代来巴黎的中国旅行者及中国对法国文学的影响》（Voyageurs chinois venus à Paris au temps de la marine à voiles et l' influence de la Chine sur la littérature française du XVIIIe siècle），载《华裔学志》（*Monumenta Serica*）23(1964年)，第372—397页，特别是381—382页。

25 东印度公司仅在1763—1764年短暂地隶属贝尔坦所在的部门，参见法国国家图书馆，http://catalogue.bnf.fr/ark:/12148/cb124915923.public，笔者于2016年10月28日访问。雅克·西尔维斯特·德·萨西，《亨利·贝尔坦与中国的影响：1720—1792》（*Henri Bertin dans le sillage de la Chine:1720—1792*, 巴黎：Cathasia 出版社；les Belles lettres，1970年），第48—49页。该书中指出贝尔坦的管辖权仅仅在1764年短暂有效。

26 高类思与杨德望这一阶段的学习情况在伯纳德-马特尔的《18世纪法国重农学派的两位中国人》中有所描述，第157—160页。

27 高、杨二人在《旅居纪行》中表达了对贝尔坦和法国国王的感激之情，但印刷校样仅包含作品的前12页，并以一句未完成的话结束。

28 关于马图兰-雅克·布里松，参见伯纳德-马特尔，《18世纪法国重农学派的两位中国人》，第165页及其之后的内容；关于卡代·德·加西古，参见同书，第 181 页。

29 皮埃尔·普瓦尔一生充满冒险经历，包括 1741 年开始的中国之行，其间他对农业问题产生了浓厚兴趣。参见皮埃尔·普瓦尔个人网站，www.pierre-poivre.fr/，笔者于 2016 年 10 月 31 日访问。另见《皮埃尔·普瓦尔全集》（*Oeuvres complètes de P. Poivre, . . . Précédées de sa vie, et accompagnées de notes*, 巴黎：Fuchs,1797 年）。

30 "训示"（Instructions）一词与"备忘录"（mémoire）一样，指的是为高类思与杨德望准备的文件，包括指导他们如何与贝尔坦保持通信，后文将详述。此文件仅标注为 1764 年，见 Bib. Inst. Ms1520, fols.23–33，标题为《关于中国人返回中国前应在法国考察的内容备忘录》（*Mémoire sur ce que les chinois doivent voir en France avant retournée*［*sic*］*en Chine*）；伯纳德–马特尔在《18 世纪法国重农学派的两位中国人》中转录了此文件，见第 167—174 页，并修改了原文中的语法错误。

31 该文件由梅尔基奥尔–弗朗索瓦·帕朗（1716—1782）指导起草，他曾任贝尔坦的首席书记官，负责财务事务，并担任贝尔坦与耶稣会传教士通信的秘书。参见西尔维斯特·德·萨西，《亨利·贝尔坦与中国的影响》，第 51—52 页。

32 法兰西科学院图书馆，手稿 1520 号，第 29—30 页，标注为"非常重要的事项！"（"Article très important!"）。

33 阿诺奈至今仍是法国优质手工纸制造中心。

34 纸张问题也是杜尔哥向高类思与杨德望提出的著名的"问题清单"中的一项，见下文讨论。

35 Bib. Inst. Ms1520, fol.32.

36 参见伯纳德–马特尔，《18 世纪法国重农学派的两位中国人》，第 160 页。皇家印刷厂（Imprimerie royale）的运作时间为 1640—1797 年，参见奥古斯特·贝尔纳，《卢浮宫皇家印刷厂史》（*Histoire de l'imprimerie royale du Louvre*, 巴黎：皇家印刷厂，1867 年）。

37 《关于不同制造业的评论》（*Remarques sur différentes manufactures*）见 Bib. Inst. Ms1520, fols.40–47；伯纳德–马特尔在《18 世纪法国重农学派的两位中国人》中转录了完整手稿，见第 161—165 页。每项制造业的描述后附有"反思"。然而，关于贝尔坦要求他们应考察哪些皇家制造业的文件似乎并未留存。

38 第一件硬质瓷器制造于 1765 年或稍晚时间，这是一件小型的巴克斯（Bacchus）儿童雕像；1942 年因盟军轰炸受损，仅存头部，现藏于塞夫勒陶瓷博物馆，藏品编号MNC1830。参见西尔维斯特·德·萨西，《亨利·贝尔坦与中国的影响》，第 9 章"塞夫勒瓷器厂"，第 113 页。

39 他们回复贝尔坦的第二份手稿见Bib. Inst. Ms1520, fols.34–39；完整文本转录于伯纳德–马特尔所撰《18 世纪法国重农学派的两位中国人》，第 176—180 页。

40 序言的大部分内容围绕高类思与杨德望的故事展开。参见李超英，《18 世纪法国对中华帝国的想象:〈中国杂纂〉插图（1776—1791）》（*Visions*

de l,Empire du Milieu au18e siècle en France: Illustrations des Mémoires concernant les Chinois (1776—1791), 巴黎：L' Harmattan，2016 年），第 32 页注释 77 。作者讨论了高类思与杨德望的学习情况并引用了同一段文字。

41 由于版画上无签名，并且Bib. Inst. Ms1520, fols.8–13 中的版画与素描仅有少量标注，无法确定具体作者是谁。三幅基于荷兰来源的铅笔素描（如展示风车的素描）粘贴在一起，标注为fol.9，分别标注为“Mr. Kao”“Yang fecit”和“Mr. Yang”。两幅细致的植物插图铅笔淡彩画为 fol.8，均标注为“Mr. Yang”。fols.10–13 的蚀刻画未署名。

42 《耕织图》系列也被称为“Illustrations of Tilling and Weaving”。关于该系列的起源和早期历史，可参考韩若兰的《耕织图：宋元中国的艺术、劳动与技术》（*Pictures of Tilling and Weaving: Art, Labor and Technology in Song and Yuan China*, 香港：香港大学出版社，2011 年）。关于康熙时期木刻版画的简要描述，参见菲利普·K.胡主编的《可见的痕迹：中国国家图书馆珍本与特藏》（*Visible Traces: Rare Book and Special Collections from the National Library of China*, 纽约：皇后区公共图书馆；北京：中国国家图书馆，2000 年），目录 17。另见蒙曦所撰《耕织图：稻与丝之书》（*Le Gengzhitu: Le livre du riz et de la soie*, 巴黎：J.C. Lattès，2003 年）以及《中国：线条的帝国——五至十九世纪的书法与绘画》（*Chine: l'Empire du trait: calligraphies et dessins du Ve au XIXe siècle*, 巴黎：法国国家图书馆，2004 年），目录 115，“御制耕织图”，第 181—184 页。

43 关于《耕织图》在宗教与农业文化中的地位，参见劳格文与马颂仁主编，《现代中国宗教 I：宋—辽—金—元（960—1368 年）》[*Modern Chinese Religion I: Song–Liao–Jin–Yuan (960—1368AD)*, 莱顿：布里尔出版社，2015 年]，引言，第 33 页。

44 Bib. Inst. Ms1520, fol.130，标注为“[livre] de labourage et vers à soie ”（《耕作与养蚕之书》）。

45 两本画册列于 1796 年 4 月 16 日贝尔坦的“版画与雕版”清单中，现藏法国国家图书馆版画与摄影部，档案编号 397，正面。第 12 项为“水稻种植图，对开本，素描”，第 14 项为“水稻与蚕丝，对开本”。这两本画册目前编目分别为“ Reserve Oe-89–4 ”“ Reserve Oe-90-Pet Fo”。

46 关于欧洲线性透视法在技术图像及《耕织图》中的具体应用，参见韩若兰，《清初耕织图与棉花图中的透视法》（Perspectives in Early Qing Dynasty Pictures of Tilling and Weaving and Pictures of Cotton），载《科学史》（*Historia Scientiarum*）21, no.1(2011 年)，第 3—19 页。

47 关于《耕织图》创作的政治背景及其影响的深入分析与呈现，参见白馥兰，《农业插图：蓝图还是符号?》（Agricultural Illustrations: Blueprint or Icon?），载白馥兰等人主编，《中国技术知识生产中的图文：经与纬》（*Graphics and Text in the Production of Technical Knowledge in China: The Warp and the Weft*, 莱顿与波士顿：布里尔出版社，2007 年），第 521—567 页。白馥兰还探讨了通过文本与图像传播知识的问题。

48 杜尔哥曾任里摩日财政区督办，负责中央政府的税收事务。关于杜尔哥与贝尔坦的关系，参见西尔维斯特·德·萨西所撰《亨利·贝尔坦与中国的影响》，第58页。

49 杜尔哥的"问题清单"通常被写作"Questions sur la Chine, addressées à MM. Ko et Yang"（"关于中国的问题，致高先生与杨先生"）。《关于财富的形成和分配的考察》（Réflexions）及其"问题清单"多次出版，参见《杜尔哥先生文集》（*Oeuvres de M. Turgot, Ministre d,État, . . . Précédées et accompagnées de Mémoires et de Notes sur sa Vie, son Administration, et ses Ouvrages*），皮埃尔·萨缪尔·杜邦·德·奈穆尔主编，9卷（巴黎：Delance 印刷厂，1808—1811年）；特别是第5卷所载"问题清单"，第140—165页。

50 关于亚当·斯密与杜尔哥的《关于财富的形成和分配的考察》的关系，参见《杜尔哥先生文集》第5卷（1808年）中的《关于斯密与杜尔哥理论异同的观察》（*Observations sur les points dans lequels Smith est d,accord avec la théorie de M. Turgot, et sur ceux dans lesquels il s,en est écarté*），第130—139页。

51 关于杜尔哥向高类思与杨德望提出的"问题清单"的简要讨论，参见蓝莉，《杜尔哥对中国的好奇：评其向高类思与杨德望提出的五十二个问题》（La curiosité de Turgot à l' égard de la Chine: Regard sur ses cinquante- deux questions à Ko et Yang），载2003年5月14–16日卡昂大学举办的国际研讨会同名论文集《杜尔哥（1727—1780）：与我们同时代的人？启蒙时代的经济、行政与政府》（*Colloque International Turgot (1727—1780), Notre Contemporain? Économie, Administration et Gouvernement au Siècle des Lumières*）。感谢蓝莉教授提供论文副本，此处的讨论参考了她的研究。

52 关于中国的纸张、墨水、毛笔、印刷与装订的详细描述，参见杜赫德编纂的《中华帝国全志》第2卷，第286—301页。

53 关于中国造纸术的讨论，参见杰罗姆·德·拉朗德的《造纸工艺》（巴黎：Saillant et Nyon，1761年）；特别是"中国纸张"（Du Papier de la Chine）部分，第115—120页。

54 《工艺百科全书》（*Descriptions des arts et métiers, faites ou approuvées par messieurs de l,Académie royale des sciences, avec figures en taille douce*）共113卷，于1761—1788年陆续在巴黎出版。该系列由法国皇家科学院成员撰写或批准，并配有精美的铜版画插图。达朗贝尔与狄德罗主编的《百科全书》与该系列形成了直接竞争的关系，两人从《工艺百科全书》中复制了许多插图并编辑了文本。关于造纸术的文章发表于《百科全书》第11卷（1765年），相应的插图则出现在第22卷（1767年）。

55 殷弘绪的信件实际上首次发表于让–弗雷德里克·贝尔纳主编的《北方旅行集》（*Recueil de voyages au nord: contenant divers mémoires très utiles au commerce & à la navigation*），第10卷，即该系列的最后一卷（阿姆斯特丹：让·弗雷德里克·贝尔纳，1738年），第305—376页。然而，该

信件发表于《耶稣会士中国书简集》第 12 卷（巴黎，1741 年）第 253—365 页，被广泛认为是首次面世，并且这一版本显然是后来多次重印与翻译的来源。

56 满族身份的一个鲜明表述见于钱德明翻译的乾隆皇帝的《盛京赋》(*Éloge de la ville de Moukden et de ses environs . . .*，巴黎：N.M. Tilliard ，1770 年)。这首赞美盛京的抒情诗被认为是满族民族的核心象征，于 1748 年以满文和汉文出版。钱德明撰写的序言以及皇帝所写的序言均提到了满族人民的独特品质。

57 Bib. Inst. Ms1521, fols.60–71；该文本在伯纳德-马特尔的《18 世纪法国重农学派的两位中国人》中被简要提及，见第 158—159 页注释 33 以及第 185 页注释 119。手稿的第一页与最后一页均标有“1765 年 1 月 16 日”，但这两处的笔迹与手稿其他内容不同，尚不清楚是谁添加了日期。标题为“致高先生与杨先生之指示”（Instruction pour M. Ko et pour M. Yang）。

58 11 个部分以罗马数字编号，添加在原始文件的边缘，尚不清楚编号是何时添加。

59 此处文本附有贝尔坦手写的批注，提供了关于选择通信人的更多细节，包括法国传教团的上司或与法国东印度公司有关的人员。

60 手稿中第Ⅶ节和第Ⅷ节的编号被调换。

61 Bib. Inst. Ms1521, fols.66verso–69verso。考狄的《杜尔哥笔下的中国人》（*Les Chinois de Turgot*），转录了高类思与杨德望接收的“指示”中的重要部分，载考狄编纂的《东方历史与地理杂集》（*Mélanges d'histoire et de géographie orientales*）第 2 卷（巴黎：J. Maisonneuve ，1920 年），第 31—39 页；特别是第 35—39 页，转录部分未注明来源。

62 两份文件完全符合这一描述，特别是关于世界起源、早期世代、大洪水等内容。参见 Bib. Inst. Ms1521, fols.29–46 以及 fols.47–56。

63 同上，fol.67 正反面。

64 Bib. Inst. Ms1521, fol.71verso.

65 部分礼物的简要提及见 Bib. Inst. Ms1521, fol.62 正反面。伯纳德-马特尔所撰《18 世纪法国重农学派的两位中国人》第 184 页，包含了完整的礼物清单，并在注释 101 中注明其见于法国国家图书馆手稿部的布雷基尼档案第 1 卷，fols.6–7 。这些卷宗包含了路易-乔治·乌达尔·费德里克斯·德·布雷基尼（1715—1795）的文件，他是《中国杂纂》的第二位编辑。伯纳德-马特尔还提到了《旅居纪行》第 11 页所载清单版本。然而，伯纳德- 马特尔所撰《18 世纪法国重农学派的两位中国人》注释 102 中关于挂毯的内容，引用了一组与大多数学术研究相悖的挂毯来源。西尔维斯特·德·萨西的《亨利·贝尔坦与中国的影响》第 164 页也记录了礼物清单，显然是引用了《18 世纪法国重农学派的两位中国人》第 184 页的内容。

66 伯纳德-马特尔所撰《18 世纪法国重农学派的两位中国人》，第 184 页注释 103，引用了 Bib. Inst. Ms1526, fol.118 反面，记录了支付给画家的

262 里弗，这位画家无疑是路易·维杰（1715—1767），即伊丽莎白·路易丝·维杰-勒布伦（1755—1842）的父亲。

67 传统 1 法寸约等于 2.7 厘米，因此这些大镜子的尺寸约为 81 厘米 ×64.8 厘米，或 31-7/8×25-1/2 英寸。

68 荣振华在《18 世纪来巴黎的中国旅行者》（*Voyageurs chinois venus à Paris*）中特别提到第 384 页注释 46，将其描述为“配备其工具及四个法文字母活字盒”，并引用了 1765 年 1 月 16 日贝尔坦为高类思与杨德望撰写的“指示”，Bib. Inst. MS1521: fols.60–71。

69 关于瓷器的选择，参见玛丽-洛尔·德·罗什布吕纳，《18 世纪下半叶作为外交礼物法国君主赠予中国皇帝的塞夫尔瓷器》（Les porcelaines de Sèvres envoyées en guise de cadeaux diplomatiques à l' empereur de Chine par les souverains français dans la seconde moitié du XVIIIe siècle），载赵冰、蓝莉、法比安·西蒙主编，《远东与远西》（*Extrême–Orient Extrême–Occident*）第 43 卷（2019 年），第 81—92 页。

70 伯纳德-马特尔在《18 世纪法国重农学派的两位中国人》第 184 页注释 107 中提到第 166 页注释 52，Bib. Inst. Ms1520, fols.17–18，布里松于 1764 年 9 月 7 日致信贝尔坦，称这台小型发电机及其电学实验设备已准备就绪。布里松可能指的是一种被称为莱顿瓶（Leyden Jar）的静电装置。

71 这是一种光学绘图设备，盒子装有透镜，将图像投射到盒内的一张纸上，通过描摹图像生成精确的绘图。

72 这种显微镜通过反光镜反射的太阳光照射标本。

73 这种简单的显微镜由两部分组成，通过螺丝机制连接，一部分带有透镜，另一部分带有光圈，第二个水滴状透镜位于标本夹上方。

74 书商查尔斯·萨扬（1716—1786）是《工艺百科全书》插图版的出版商之一，该系列共 113 卷，由法国皇家科学院撰写或赞助，于 1761—1789 年由萨扬及其侄子让-吕克三世·尼永出版。

75 目前无法找到更多关于印刷商、书商皮埃尔·瓦拉-拉沙佩尔（卒于 1772 年）所著书目的信息。

76 1765 年 1 月 16 日贝尔坦的“指示”中提到了这些内容，Bib. Inst. MS1521, fol.71 反面。

77 伯纳德-马特尔在《18 世纪法国重农学派的两位中国人》第 183 页中提到“两枚巴黎巴尔塔扎（Balthazar）金表，每枚价值 300 里弗”；参见同书注释 100，Bib. Inst. Ms1526, fol.118；在 Bib. Inst. Ms1521 中的 1765 年 1 月贝尔坦“指示”的礼物简表中，fol.62recto-verso 左侧边缘有一条批注：“每人一枚巴黎钟表匠巴尔塔扎的金表。”关于送往中国的礼物，参见约翰·芬利，《亨利·贝尔坦与路易十五赠予乾隆皇帝的礼物》（Henri Bertin and the Louis XV' s Gifts to the Qianlong Emperor），载赵冰、蓝莉、法比安·西蒙主编，《远东与远西》第 43 卷（2019 年），《外交艺术：17—18 世纪中国与欧洲的礼物交换》，第 93—111 页。

78 布歇的油画草图首次于 1742 年在卢浮宫的沙龙展览中展出，其中 6 幅被制作为挂毯系列的全尺寸底图，布歇为该系列创作的所有画作（共 10 幅）

现藏贝桑松美术与考古博物馆（Musée des Beaux-arts et d' Archéologie de Besançon）。关于首次展览，参见让-巴蒂斯特·雷德莱编撰的《皇家学院绘画、雕塑及其他作品解说》（*Explication des peintures, sculptures, et autres ouvrages de Messieurs de l'Académie royale . . .*，巴黎：雅克·科隆巴，1742年），第8—9页，编号21。

79 关于这些挂毯的最新讨论，参见史曼泰克，《献给清廷的“中国风”器物：法国赠予乾隆皇帝的挂毯》（Chinoiseries for the Qing: A French Gift of Tapestries to the Qianlong Emperor），载《现代早期历史杂志》（*Journal of Early Modern History*）20（2016年），第87—109页。史曼泰克还引用了本章讨论的许多档案文献。参见伯纳德-马特尔，《布歇为北京圆明园创作的“中国风”挂毯》（Les Tapisseries chinoises de Boucher au Palais Yuen-Min-Yuan de Pékin），载《东方学丛刊》（*Variétés d'orientalisme*）第1卷（巴黎与里尔：Cathasia出版社，1950年）。另见梅梅·拉多，《清宫与欧洲挂毯的相遇：“中国风”挂毯及其他》（Qing Court' s Encounters with European Tapestries: The Tenture Chinoise and Beyond），载帕斯卡尔-弗朗索瓦·伯特兰、奥黛丽·N.莫帕斯主编，《阿拉克涅：挂毯史的批判性视角》（*Arachné: un regard critique sur l'histoire de la tapisserie*，雷恩：雷恩大学出版社，2017年）。感谢梅梅·拉多提供论文草稿。

80 Bib. Inst. Ms1521, fols.69verso–70verso。

81 《旅居纪行》第12页：[N] ous nous conformerons, pour ces présents, aux Instructions que le Roi nous a données par son Ministre.

82 西尔维斯特·德·萨西，《亨利·贝尔坦与中国的影响》，第164页。高类思与杨德望于1765年1月25日从洛里昂分别致信贝尔坦，汇报他们的最终准备情况；参见Bib. Inst. Ms1520, fols.122–124。

83 考狄，《贝尔坦的通信者：18世纪的国务秘书》（Les Correspondants de Bertin, Secrétaire d' État au XVIIIe siècle），载《通报》（*T'oung Pao*）第二系列，第18卷，no.4/5(1917年10月—12月)，第295—379页；参见第七部分蒋友仁的信件（他的名字在某些文献中也被写作“Benoît”），第295—349页。考狄的资料来源为Bib. Inst. Ms1515。此处涉及三封信；第一封日期为1766年10月12日，参见考狄，《贝尔坦的通信者：18世纪的国务秘书》第七部分，第295—318页。

84 邓类思的名字在文献中也有Lefevre、Lefèvre、Le Febure等写法。

85 蒋友仁为高类思与杨德望安排了在中国北方各传教团的短暂旅行，但始终有人陪同，以避免他们二人与地方官员发生麻烦。考狄，《贝尔坦的通信者》，1917年，第302—303页。

86 Bib. Inst. Ms1521, fol.10recto–verso，贝尔坦致高类思与杨德望的信，1766年12月31日：“Dans cet état, Messieurs, l' intention du Roy est que vous mettiés tout en œuvre pour que les tapisseries de la manufacture de sa Majesté et dont elle vous a rendu porteurs, et qui sont restées dans les magazins de Canton, soient présentées à l' Empereur de la Chine, non comme un présent du Roy, mais seulement pour tacher de connoitre par cet

essay quel seroit le goût de l' Empereur pour les objets de nos manufactures et les productions de nos arts"。

87 关于"总督"(tsung-tu),参见贺凯,《中国古代官名辞典》(*A Dictionary of Official Titles in Imperial China*,斯坦福:斯坦福大学出版社,1985年),编号7158。

88 蓝莉所撰《杜尔哥对中国的好奇》第8—9页,简要提及蒋友仁的信件,引用了考狄及原始资料Bib. Inst. Ms1515。

89 参见考狄,《贝尔坦的通信者》,1917年,第318—331页,特别是第319—325页。伯纳德-马特尔,《布歇为北京圆明园创作的"中国风"挂毯》,第6—7页,详细叙述了挂毯的历史,引用了蒋友仁1767年11月10日的信件,发表于考狄所撰《贝尔坦的通信者》,1917年,第319—320页。

90 关于圆明园欧式建筑的可靠介绍,这些中西合璧的巴洛克式建筑及花园由耶稣会传教士艺术家为乾隆皇帝建造,参见毕梅雪主编,《圆明园:18世纪中国宫廷的水景与欧洲宫殿》(*Le Yuanmingyuan: jeux d,eau et palais européens du XVIIIème siècle à la cour de Chine*,巴黎:文明研究出版社,1987年)。

91 蒋友仁1767年11月10日的信件全文引用自考狄的《贝尔坦的通信者》,1917年;参见前注。该信件的部分引用见保罗·勒鲁瓦,《17至18世纪法中艺术关系笔记》(Notes sur les relations artistiques entre la France et la Chine aux XVIIe et XVIIIe siècles),载《各省美术学会联合会议》(*Réunion des sociétés des beaux-arts des départements*),1900年, 第413—430页。同时该信件引用了其他相关信件,但未注明具体卷宗。该信件的另一版本见法国国家图书馆布雷基尼档案,第3卷,fols.8ff。

92 参见下文关于钱德明的《中国兵法》的讨论。

93 考狄,《贝尔坦的通信者》,1917年,第315页:"Nous avons les instructions qu' ils ont apportées, nous travaillerons peu à peu de concert à les remplir. Ces instructions étant arrivées tard à Pe King, le temps ne nous permet d' envoyer beaucoup cette année. Le P. Amiot depuis assez longtemps travaille à ramasser ce que les anciens et nouveaux Chinois ont écrit sur l' art de la guerre; il prend la liberté d' offrir à V. Exc. ce qu' il a de préparé . Les années suivantes nous envoyerons chaque année autant que le temps et les circonstances nous le permettent."

94 西尔维斯特·德·萨西,《亨利·贝尔坦与中国的影响》,第164页。

95 乾隆皇帝与钱德明神父,《盛京赋》;参见前文对该书的引用。文本附有钱德明翻译的乾隆皇帝关于茶的御制诗,该诗很可能题写于钱德明赠予贝尔坦的瓷杯上;参见崔基一,《钱德明神父的茶杯:赠予路易十五宫廷的清代御用瓷器》(Father Amiot' s Cup: A Qing Imperial Porcelain Sent to the Court of Louis XV),载何安娜、乔吉奥·列略主编,《书写物质文化史》(*Writing Material Culture History*,伦敦与纽约:布鲁姆斯伯里学术出版社,2014年),第3章,第33—41页。本书"结语"将讨论这些瓷杯。

96 参见弗朗索瓦·雅各布 ,《乾隆:帝国诗人》(*Kien–Long,poète d'empire*),

发布于Academia.edu，www.academia.edu/14040787/Kien-Long_po%C3%A8te_dempire，笔者于2016年11月24日访问。弗朗索瓦・雅各布是瑞士日内瓦伏尔泰博物馆馆长。

97 钱德明神父译，德经先生校订出版，《中国军事艺术或古代战争论著集》(*Art militaire des Chinois, ou Recueil d'anciens traités sur la guerre, composés avant l'ere chrétienne, par différents généraux chinois . . .*)，巴黎：Didot l' Ainé，1772年。参见，亚当・帕尔，《约翰・克拉克的〈维吉提乌斯军事制度〉与钱德明的〈中国兵法〉：七年战争后古典军事理论的翻译》(*"John Clarke's Military Institutions of Vegetius and Joseph Amiot's Art Militaire des Chinois: Translating Classical Military Theory in the Aftermath of the Seven Years, War"*)，伦敦大学学院博士论文，2016年，http://discovery.ucl.ac.uk/1485839/7/Adam%20Parr%20Translating%20Classical%20Military%20Theory%202016.pdf，笔者于2016年11月30日访问。特别参加第四章"钱德明的《中国兵法》"，第136—152页。

98 钱德明，《中国兵法》，"军事训练训示"("Instruction sur l' Exercice Militaire")，第317—387页。

99 同上，第319页，"La seule inspection des figures leur dira peut-être plus que toute mon explication"。目前尚未确定这些插图的来源。

100 全名为钱德明、晁俊秀、韩国英、高类思、贺清泰等人编撰的《中国历史、科学、艺术、风俗、习惯等杂记》(*Mémoires concernant l'histoire, les sciences, les arts, les moeurs, les usages, &c. des Chinois: Par les missionnaires de Pekin*) 15卷，巴黎：Nyon，1776—1791年。该系列通常被简称为《中国杂纂》。贝尔坦去世后，两卷均于1814年出版，其中一卷题为《中国杂纂》(巴黎与斯特拉斯堡：Treuttel et Würtz)，另一卷题为《中国年代学论》(*Traité de la chronologie chinoise*)，作者为宋君荣(巴黎与斯特拉斯堡：Treuttel et Würtz)，被视为该系列的补充。需注意，各图书馆网站上关于该系列的文献信息往往不完整或不准确，尤其是最后两卷。关于该系列的详细文献研究，参见荣振华，《一部伟大的合集：〈中国杂纂〉(1776—1814)》("Une grande collection: Mémoires concernant les Chinois (1776–1814)")，载《法国远东学院学报》(*Bulletin de l,École française d,Extrême–Orient*) 72 (1983年，第267—298页。荣振华本人对所谓的"第17卷"描述有误。

101 《中国杂纂》第7卷包含一篇"编者说明"，iii–vi页，其中注明编者为德经，铭文与美文学院(Académie des Inscriptions et Belles Lettres)成员。荣振华在《一部伟大的合集》第275页中提到，贝尔坦委托夏尔・巴特神父(1713—1780)负责《中国杂纂》的出版。巴特神父去世后，该项工作由路易–乔治・乌达尔・费德里克斯・德・布雷基尼(1714—1794)负责。荣振华确认了多篇文章的匿名作者，并指出了部分序言、说明及前言中标注的作者身份。

102 《中国杂纂》第1卷，前言，i页："deux Chinois . . . que l' envie de se

rendre utiles à leur Patrie en fit sortir. . ."（“两位中国人……出于报效祖国的愿望而离开……”）；ii页："entretenir avec nous une correspondance qui deviendroit avantageuse réciproquement aux deux Nations."（“与我们保持通信，这将使两国互惠互利”）。

103 同上，xiv–xv页，前言最后几页引用了耶稣会传教士写给贝尔坦的一段长文。

104 同上，iv–v页。

105 同上，xiii–xv页。

106《中国缩影》（*La Chine en Miniature* ）第1卷，前言，xv–xvii页。让-巴蒂斯特·约瑟夫·布雷东·德·拉马蒂尼埃（1777—1852）编辑了贝尔坦的文献，出版了六卷本《中国缩影或中华帝国服饰、艺术与工艺选》（*La Chine en miniature, ou Choix de costumes, arts et métiers de cet Empire*, . . .）。巴黎：Nepveu，4卷，1811年；2卷，1812年。这些文件由出版商、书商奥古斯特·内普弗（生卒年不详）购得，后出售给弗朗索瓦-玛丽·德莱塞尔（1780—1868），最终于1874年遗赠给法国国家图书馆，Bib. Inst. Mss.1515–1526。

107 此处文意不甚明确，原文为“on verra que les ouvrages les mieux sortis［原文强调］sur la Chine, ne sont que des songes et des rêveries”（“人们将看到，关于中国的最佳著作不过是幻想与梦呓”），《中国缩影》第1卷，前言，xvi页。另见前文关于杜赫德的《中华帝国全志》的简要讨论，该书首次出版时被视为关于中国的开创性百科全书式著作。

108《中国杂纂》第1卷，第1—271页。

109 参见荣振华所撰《一部伟大的合集》，第269页。荣振华表示，他的目标是从出版版本的档案来源中确认《中国杂纂》的实际作者。关于《论中华民族的古典性》，荣振华确认高类思、杨德望以及韩国英神父可能是作者。《一部伟大的合集》第270页注释2提供了更多的证据。

110《中国杂纂》第1卷，vii页。

111 荣振华所撰《一部伟大的合集》探讨了18世纪中国研究的重要问题，其中涉及中国与古埃及、汉字与埃及象形文字之间的假想联系；特别是第272、275、291—293页，以及对《中国杂纂》多处的引用。

112《关于都灵发现的埃及铭文及古代与中国共通的埃及字符》（*De Inscriptione quâdam Ægyptiacâ Taurini inventâ, et Characteribus Ægyptiacis, olim Sinis communibus* . . .，罗马：Nicolai，1761年）。

113《关于汉字的信，由耶稣会某位神父撰写，1764年10月20日于北京》（*Lettre sur les Caractères Chinois, par le Révérend Père ****, de la Compagnie de Jésus, à Pékin, ce20Octobre1764*），《中国杂纂》第1卷，第275—323页；目录第484页确认作者为钱德明。在早期出版的《中国杂纂》第1卷前言x页中，仅提到该信于1765年由布鲁塞尔的Boubers出版社出版，并附有插图。

114 同上，编者说明（Avis），第273—274页。

115《中国杂纂》第2卷，v页："Les Savans d' Europe pourront comparer les

faits & les preuves, & en tirer les résultats. ”

116 同上，文本及其序言位于第1—150页，插图及其说明位于第151—364页。

117 同上，序言，v、vii页，其中钱德明被简称为“P.A.”（Père Amiot）。

118 《著名中国物肖像画》（*Portraits des Chinois célèbres*），第1—386页。参见荣振华所撰《一部伟大的合集》第276页，未提及插图，但提到后续出版的《中国杂纂》第5、8、10卷中的肖像画。

119 《中国杂纂》第3卷，第42页注释1、2，提到《中庸》，发表于第1卷第436—458页，以及《大学》，发表于第1卷第459—481页。《大学》此前发表于《中国哲学家孔子》（*Confucius sinarum philosophus*），并附有中文注释；参见梅谦立教授翻译并编辑的《中国哲学家孔夫子（1687年）：儒家经典的首部翻译》[Confucius Sinarum Philosophus (1687): The First Translation of the Confucian Classics]，载《耶稣会历史文献新系列》（*Monumenta Historica Societatis Iesu Nova Series*）第6卷（罗马：耶稣会历史研究所，2011年），第331—422页。杜赫德的早期著作《中华帝国全志》中也包含对《大学》（*L,École des adultes*）、《中庸》（*Le Milieu immuable*）及《论语》（*Livre des sentences* ）的描述；参见杜赫德，《中华帝国全志》第2卷（1736年），第389—399页。《中国杂纂》中另一篇关于儒家思想的详细文本是韩国英神父的《论中国古今孝道》（*Doctrine ancienne et nouvelle des Chinois sur lapiété filiale*），《中国杂纂》第4卷，第1—298页，韩国英神父的写作基础是儒家经典、历史文献及清代文本的摘录。

120 《中国杂纂》第3卷，第43—45页。

121 仅有少数画作展示全身像。参见《某些在中国政府、文学及军事领域成名的中国人物肖像》（*Portraits de quelques uns d,entre les principaux chinois qui se sont rendus célèbres . . .*）。该标题改编自钱德明附于画册的说明，法国国家图书馆手稿部，中文1236号。钱德明翻译的中文序言提供了“1685年”及画家勃碣（“Bo Jie”或“Bojie”）的名字，其字或号为常岫（Changxiu），他也是传记的作者。笔者尚未找到关于这位画家的更多信息。另见罗什布吕纳主编的《凡尔赛的中国》，目录49。

122 参见荣振华所撰《一部伟大的合集》第276页，关于《中国杂纂》第3卷的注释，引用法国国家图书馆手稿NAF4421–4431（传记与画册，1771年），以及钱德明致贝尔坦关于肖像画的信件，日期为1771年10月5日至1773年9月。

123 钱德明于1771年10月5日撰写的关键信件收录于Bib. Inst. Ms1515, fols.7–11。从钱德明的叙述来看，他似乎同时寄送了1685年的画册和一套副本。钱德明进一步说明，他寄送了第一组“肖像画”或传记中的52幅（共110幅），这一数量与贝尔坦在《中国杂纂》第3卷中发表的数量一致。第二组传记（附有三幅插图）于1780年发表在《中国杂纂》第5卷，另一组于1782年发表在《中国杂纂》第8卷，最后一组传记（无插图）则于1784年发表在《中国杂纂》第10卷。

124 《中国杂纂》中的孔子传记实际上是第21号（XXI），但此处的编号是钱德明所获中国肖像画册中孔子传记的原始编号。

125 感谢崔基一分享关于法国国家图书馆NAF4421–4431号画册的信息。

126 参见卢文生、孟久丽，《孔子：生平与艺术遗产》（*Confucius: His Life and Legacy in Art*，纽约：中国研究院画廊，2010年），目录1，“孔子任鲁国大司寇的肖像画”，第32—35页。另见李超英，《18世纪法国对中华帝国的想象》，第77—78页。

127 《中国杂纂》第9卷（1783年）；画册的简要描述见第454页，中文文本翻译见第455—459页，每幅插图所附注释的翻译见第460—470页；从原16幅画作中选出的12幅插图附于卷末。

128 同上，第454页；关于该画册的讨论及《中国杂纂》第9卷的相关文本，参见本书“结语”。

129 第一幅插图的注释，同上，第459页，将严州府定位于新安江沿岸，新安江是钱塘江的支流，最终汇入富春江。

130 李超英讨论了严州府画册具有的道德意义；参见“政治博弈”（L’enjeu politique），第89—92页，以及《18世纪法国对中华帝国的想象》，第109—112页。

131 关于康熙皇帝南巡的历史与描绘，参见何慕文主编，《清朗辉煌的山水：王翚的艺术（1632—1717）》（*Landscapes Clear and Radiant: The Art of Wang Hui (1632—1717)*，纽约：大都会艺术博物馆；纽黑文：耶鲁大学出版社，2008年）。

132 笔者尚未能够确认此人的身份。

第二章　事实与幻想的景观

1 关于耶稣会传教士在中国的重要作用，参见比安卡·玛丽亚·里纳尔迪，《“品位高雅的中国园林”：十七、十八世纪耶稣会士与欧洲对中国植物及园林艺术的了解》（慕尼黑：马丁·迈登鲍尔出版社，2006年）；特别是第六章“耶稣会对中国园林知识的贡献”，第171—240页。

2 关于路易十四派往中国的官方使团，可参考蓝莉所撰《路易十四于1685年派往中国的数学家》等资料。

3 张诚神父，*Seconde voyage fait par ordre de l’Empereur de la Chine en Tartarie par les Pères Gerbillon et Pereira en l’année1689*，载杜赫德的《中华帝国全志》第4卷，第163— 251页。

4 关于张诚神父的文本，可参考比安卡·玛丽亚·里纳尔迪的著作《中国园林的理念：西方记述，1300—1860》（*Ideas of Chinese Gardens: Western Accounts,1300–1860*，费城：宾夕法尼亚大学出版社，2016年），第5章“张诚神父（1654—1707）”中的评论与节选翻译，第66—73页。

5 托马斯·惠特利的《现代园艺观察》（“Observations on Modern Gardening, Illustrated by Descriptions...”）于1770年在伦敦出版，由T. 佩恩印刷，地址为厩舍门（Mews-gate）。值得注意的是，惠特利的名字并未出现在第一版中。

6 《百科全书杂志》1770年第6卷第二部分第229—237页刊登了相关评论。

这篇评论在惠特利著作的法文版“导论”中被引用，见xlix页；详见下一条注释。

7 《现代园林设计艺术或英式园林艺术》（“L’Art de former les jardins modernes, ou L’art des jardins anglois...”），由弗朗索瓦·德·保罗·拉塔皮翻译，1771年在巴黎由夏尔-安托万·容贝尔印刷；关于“导论”，见i—lix页。

8 同上，viii页，引用杜赫德《中华帝国全志》第2卷第101页。

9 威廉·钱伯斯爵士，《中国建筑、家具、服饰、机械与器具设计》（伦敦：为作者出版，1757年）；相关章节参见第14—19页。同年出版的法文译本标题为《论依中国习俗营造园林之技艺》，收录于《中国建筑、家具、服饰、机械与器具设计》（伦敦：J. 哈贝科恩出版社，1757年），第15—19页。

10 《现代园林设计艺术》，lii—lix页。

11 原为明代故园，康熙四十八年（1709年），康熙皇帝将其赐予胤禛，雍正即位后大加扩建，经乾隆朝的修建，至嘉庆始建成环绕福海的圆明、万春、长春三园，总称圆明园。——译者注

12 王致诚的传记收录在钱德明1769年3月1日的一封信中。参见亨利·伯纳德-马特尔的《王致诚兄弟为乾隆服务（1739—1768）》（*Le Frère Attiret au service de K’ien-long (1739–1768)*），载《震旦大学通报》，1943年，第3辑，第4卷，第1期（2013年），第30—82页；第4卷，第2期（2014年），第435—474页。王致诚的书信以及其他一些18世纪文本被列在“东亚园林史：中国书目（按年代）”网站上，网址为http://inside.bard.edu/~louis/gardens/bibliochina.html，笔者于2017年7月1日访问。感谢弗朗索瓦·路易和巴德研究生中心（Bard Graduate Center）整理并在线提供这一书目。

13 关于王致诚描述圆明园的书信，参见《耶稣会士中国书简集》第27卷（巴黎：盖兰兄弟出版社，1749年），第1—57页。

14 休·昂纳指出，王致诚对“人工自然的山丘、湖泊和蜿蜒小径”的描述，本质上印证了英国园林中已有的特征。参见喜龙仁，《中国与18世纪欧洲园林》（*China and Gardens of Europe of the Eighteenth Century*，纽约：罗兰出版社，1949年；重印版，华盛顿特区：敦巴顿橡树园研究图书馆与收藏馆，1990年）的“引言”。

15 《耶稣会士中国书简集》第27卷，第34—35页（斜体为原文）：“But in their Pleasure-houses, they rather chuse* a beautiful Disorder, and a wandering as far a possible from all the Rules of Art. They go entirely on this Principle, “That what they are to represent there, is a natural and wild View of the Country; a rural Retirement, and not a Palace form’d according to all the Rules of Art.” 英文译本为《中国皇帝在北京附近园林的详细描述》（ *A Particular Account of the Emperor of China’s Gardens Near Pekin...*），由哈里·博蒙特爵士（笔名）从法文宾塞多兹利出版社，1752年），第38—39页。斯宾塞在法文斜体部分加上了引号。

16 里纳尔迪的《中国园林的理念》第9章“王致诚（1702—1768）”，第91—111页，完整引用了斯宾塞的译本，特别是第91—92页以及第102页的注释22—24。

17 此处的讨论参考了宣立敦的综合性文章《传播清代皇家园林：康熙的〈避暑山庄三十六景〉及其西传》，该文章以中英文双语发表于《风景园林》（*Fengjing yuanlin* [Landscape architecture]）第83期（2009年6月），第93—103页。关于脚注，参见斯宾塞的《中国皇帝在北京附近园林的详细描述》，第38页。

18 显然，马国贤并非唯一参与制作铜版画的艺术家，至少还有两位艺术家参与了这项工作，尽管其中只有一位的名字——张奎（Zhang Kui，生卒年不详）——被记录在版画的样稿上。参见米凯莱·法蒂卡、庄岳，《铜版画争议：马国贤的〈热河三十六景〉与中国礼仪之争》（“Copperplates Controversy: Matteo Ripa’s Thirty-Six Views of Jehol and the Chinese Rites Controversy”），载庄岳 、安德烈娅·M. 里门施奈特合编，《交织的景观：早期现代中国与欧洲》（*Entangled Landscapes: Early Modern China and Europe*，新加坡：新加坡国立大学出版社，2017年），第144—186页。值得注意的是，马国贤有时被误认为是耶稣会传教士；关于他作为传信部传教士的身份，参见《铜版画争议》第145页及注释14；关于中国艺术家为《三十六景》制作铜版的情况，参见同书第150页及注释41。

19 这本佚名出版物的冗长标题以“中国皇帝在北京的宫殿以及他在北京、热河及邻近地区的主要园林”（The Emperor of China’s Palace at Pekin, and His Principal Gardens, as Well in Tartary, as at Pekin, Gehol and the Adjacent Countries...）开头。1753年，由罗伯特·塞耶、亨利·奥弗顿、托马斯·鲍尔斯和约翰·鲍尔斯父子在伦敦印刷并销售 。宣立敦在玛西娅·里德、保拉·德马特合编的《纸上的中国：16世纪末至19世纪初的欧洲与中国作品》（*China on Paper: European and Chinese Works from the Late Sixteenth to the Early Nineteenth Century*，洛杉矶：盖蒂研究所，2007年）第122—123页中，将《中国皇帝在北京的宫殿》作为“战争与和平：四种跨文化景观”一章（第89—137页）的一部分进行了讨论。另见《纸上的中国》目录31，第206—207页。

20 参见庄岳，《虚空中的阴影：〈避暑山庄诗〉与马国贤〈热河三十六景〉中的仪式与秩序》（Hatchings in the Void: Ritual and Order in Bishu Shanzhuang Shi and Matteo Ripa’s Views of Jehol），载曲培醇 、丁宁合编，《清代相遇：中西艺术交流》（*Qing Encounters: Artistic Exchanges between China and the West*，洛杉矶：盖蒂研究所，2015年），第142—157页。关于中国图像被“翻译”为欧洲模式的过程，将在本书“结语”进一步讨论。

21 法蒂卡、庄岳在《铜版画争议》（“Copperplates Controversy”）第150页及其之后的篇幅中讨论了马国贤制作的版画的风格细节，包括天空中的阴影、云彩以及水中的类似细节，这些元素在中国版画家的作品中通常留白。关于“石矶观鱼”，参见第179页注释43。

22 《耶稣会士中国书简集》第27卷，第40—41页。

23 参见保罗·伯希和，《中国皇帝的征服》（*Les 'Conquêtes de l'empereur de la Chine'*），载《通报》第20卷（1921年），第183—274页；关于圆明园图像的讨论，王致诚最终寄出的《圆明园四十景图》版本见正文第206—207页及注释3。维吉耶神父在1770年1月的一封信中将这本画册与其他文件一起寄出，但他何时收到这些文件尚不清楚。关于这本画册的讨论请见下文。

24 关于《圆明园四十景图》、通常被称为“西洋楼二十景”的画册以及相关图像的详细讨论，参见约翰·芬利的《亨利·贝尔坦（1720—1792）与18世纪法国对圆明园的图像认知》（Henri Bertin (1720–1792) and Images of the Yuanmingyuan in Eighteenth-Century France），载路易丝·泰塔科特主编，《西方收藏与展示中国的“夏宫”：英国与法国的圆明园》（*Collecting and Displaying China's "Summer Palace "in the West: The Yuanmingyuan in Britain and France*），第八章，英国牛津阿宾登：劳特利奇出版社，2018年，第123—137页。

25 这套画册在1860年圆明园被劫掠时被一名法国军官带走，现藏法国国家图书馆版画与摄影部，编号 Réserve B-9-FT6。参见法国国家图书馆网站，http://catalogue.bnf.fr/ark:/12148/cb438054446.public ，Yuanming Yuan si shi jing，笔者于2017年8月5日访问，获取自《圆明园四十景图》的目录信息及数字图像。

26 关于《圆明园四十景图》的详细研究，可参阅两部重要的学术著作：
(1)何重义、曾昭奋:《圆明园园林艺术》（北京：科学出版社，1995年），第229—233页，该研究系统分析了清代皇家园林的造园技法；
(2)邱治平:《圆明园：完美明亮之园》（贝桑松：印刷厂出版社，2000年）第232页，这部法语专著从跨文化视角解读了园林意象的传播。

27 参见清代宫廷书画著录《石渠宝笈续编》（1793年）卷七十八，重印本第7册第3755—3759页（台北：故宫博物院，1971年）题跋记载了成书时间（相当于1744年10月至11月初）及两位画师姓名——唐岱（生于1673，1751年后仍在世）与沈源（约活动于1728—1748年）。

28 清代宫廷版画由紫禁城武英殿修书处刊印。参见卢秀珠，《清初宫廷印刷（1644—1805）》（台北：中文资料中心，1983年）第9—17页。关于《圆明园四十景图》武英殿刻本及1745年敕令编纂的记载，参加乾隆三十四年（1769年）纂修的《国朝宫史》（[清]鄂尔泰、张廷玉等编纂，北京：古籍出版社，2000年重印本）。王致诚寄给维吉耶神父的很可能正是此版本，参见前文注释17。

29 《中国各类宫殿庙宇图绘》（*Différents Palais & Temples de la Chine, dessinés & gravés à la Chine*），现藏法国国家图书馆版画与摄影部，编号 Réserve OE-21(C)-Pet Fol。

30 参见康斯坦斯·比安梅，《绍纳公爵收藏中的”中国器物”》（Les objets 'de la Chine' dans les collections des ducs de Chaulnes），载佛罗伦萨·布勒

里等人主编,《17至18世纪欧洲文化中的远东》(*L'Extrême- Orient dans la culture européenne des XVIIe et XVIIIe siècles*，蒂宾根：Narr 出版社，2009年)，第151—165页。

31 关于北京法国耶稣会士寄送物品、文本及图像的清单，参见伯纳德—马特尔的《中国寄送物品目录》(*Catalogue des objets envoyés de Chine*) 第33— 34号：第119—206页。相关详细清单见法国耶稣会档案馆手稿1524号。

32 关于舍费尔伯爵的研究，可参考以下两种文献：

⑴喜龙仁,《中国与18世纪欧洲园林》第18章“瑞典对华兴趣的代表人物：卡尔·弗雷德里克·舍费尔”。

⑵庄岳,《恐惧与骄傲：威廉·钱伯斯的〈东方造园论〉、伯克的崇高美学与中国》(*Fear and Pride: Sir William Chambers' Dissertation on Oriental Gardening, Burke's Sublime and China*)，该文收录于庄岳、安德烈娅·M. 里门施奈特合编,《交织的景观：早期现代中国与欧洲》，第56—114页，其中第60、69页特别论述了舍费尔与钱伯斯的交往。

33 这套清宫木刻版画集原为两册装，合贮一函，台北故宫博物院网站著录相关信息。勒鲁日《时尚的英中混合园林》系列之第15辑收录了28幅圆明园景图，排序为第20 、19 、18……1 、40 、39 、38……33景，剩余12景(第32 、31 、30……21景)则见于另一辑。值得注意的是，勒鲁日虽完整复制了两册内容，但完全颠倒了顺序。舍费尔同时被认定为17辑(1786年10月)版画的来源。参见维罗妮克·罗耶等编,《乔治–路易·勒鲁日：英中混合园林》(巴黎：法国国家图书馆，2004年)，图录编号317 、345 、375。

34 关于勒鲁日的巨著，学界已有大量研究。其中最具权威性的是罗耶等人编纂的《乔治– 路易·勒鲁日》图录，此书亦为本书的主要参考来源。不同文献对该作品收录版画数量的记载存在差异，约在488 ~ 492幅之间。勒鲁日的版画综合运用了蚀刻与雕刻技法(或二者结合)，具体技术分析参见罗耶著作第76—77页。法国国家图书馆官网现已开放”英中混合园林”数字档案，通过”图像文献”分类可查询详细目录信息。

35 罗耶在《乔治–路易·勒鲁日》(第202页)中详细注明了法国国家图书馆对所收录中国素材的编目信息，其附录二(第274—276页)更为系统地整理了勒鲁日图册与法国国家图书馆藏中国原始图像的对照表。关于中国园林图像及勒鲁日图册来源的深入研究，可参阅宣立敦在《纸上的中国》中的专题论述，特别是“跨文化引用的景观：欧洲的中国风园林”(第121—132页))一章。该研究揭示了勒鲁日如何通过版画重构东方园林的”如画”美学，其图像来源既包含真实的清代宫苑图样，也不乏欧洲人对东方的想象性诠释。

36 第一条记载见法国耶稣会档案馆手稿1524号《1765 — 1769年中国来物清单》第133页背面，这份1770年的文件登记有”北京凡尔赛宫建筑图四十一幅 [原文如此]“。页边批注显示，这批画作指定赠予厄尔托·德·拉梅维尔先生(1740—1810)，1825年2月的遗产拍卖目录《已故厄尔托先生藏画、素描及版画目录》（巴黎：莫罗印刷所）第15—16页可佐证。第二条记载出自同卷宗第136页正面，记录”纸匣内藏各类画作：上层为热河景图，下层乃北京凡尔赛宫四十景图”。此匣除圆明园四十景图外，还包含热河行宫，即康熙《避暑山庄三十六景》（1712年）所绘之承德离宫（相关讨论参见前文第42页）。伯纳德-马特尔的《中国寄送物品目录》第135、139页亦印证。

37 法国国家图书馆布雷基尼档案第123卷，第243—246页。

38 关于这份手稿的作者与成文年代问题，可参考下文对韩国英发表的《司马光园记》译著的讨论，另见前注30。

39 布雷基尼档案第123卷第243页载：“海淀，距北京二法里之遥，实乃中国之凡尔赛［原文如此］，而圆明园则为皇帝居所与游赏园林。“

40 参见前注36。

41 法国国家图书馆布雷基尼档案第123卷第244页正面记载的”arcs de triomphe”（凯旋门），实指中国皇家建筑入口处常见之牌楼，多悬有匾额题刻。

42 该画册题名为《海淀·中国皇帝夏宫》（*Haitien. Maison de Plaisance, de l'Empereur de Chine*），1792年法国国家图书馆接收被国有化的贝尔坦藏品时入藏，现保存于版画与摄影部，编号Oe-21-Pet Fol。关于贝尔坦收藏中圆明园图像的详细研究，参见约翰·芬利所撰《亨利·贝尔坦（1720—1792）与〈圆明园四十景图〉》一文。

43 约翰·芬利:《〈圆明园四十景图〉：乾隆御制诗画册中的图像与意识形态》，耶鲁大学博士论文，纽黑文，2011年。本论文考辨翔实，系统阐释了圆明园各景群建筑命名的意识形态内涵。

44 参见注释42。

45 罗耶尔收藏/珍品部（Royer Collection/Zeldzaamheden），现藏荷兰莱顿国立民族学博物馆（Rijksmuseum voor Volkenkunde，1883年入藏，编号360–364）。相关研究参见扬·范·坎彭，《荷兰的中国收藏》（A Chinese Collection in the Netherlands），载《古董杂志》（*The Magazine Antiques*），2000年9月，第360—371页。约翰·芬利所撰《亨利·贝尔坦（1720—1792）与〈圆明园四十景图〉》一文简要讨论了两套图册的关联性。

46 邱治平，《圆明园：完美之园》（*Yuanming Yuan: Le jardin de la Clarté parfaite*），第253—254页；邱氏提供了该序言及诗作的翻译。另见何重义、曾昭奋，《圆明园园林艺术》，第230页。

47 现藏法国国家图书馆版画与摄影部，编号Réserve OE-26-FT4，目录简录为《中国园林景册》（Recueil. Paysages chinois）。贝尔坦具体何时获赠此册及相关画作，目前尚未有定论。

48 参见约翰·芬利，《亨利·贝尔坦与图像贸易》（*Henri Bertin and the Commerce in Images*），载朱玉麒、丁晓雷编，《清代的中西相遇》，第79—94页，特别是第84、86页及图版5。该图像至少已有两次出版记录：见亨德里克·布德等编，《欧洲与中国皇帝（1240—1816）》（*Europa und die Kaiser von China*［*1240–1816*］，法兰克福：岛屿出版社，1985 年）第 261 页；以及钟妙芬，《界画乾坤：清代中国建筑图像》（*Drawing Boundaries: Architectural Images in Qing China*，檀香山：夏威夷大学出版社，2004 年），第 61 页彩色图版 4。

49 《中国杂纂》第 2 卷，第 365—574 页。原文标注“1775 年 7 月 27 日于北京”，见第 574 页。虽然这些”评论”被不同学者归为钱德明或韩国英所作[如里纳尔迪《中国园林的理念》第 17 章”钱德明（1718—1793）或韩国英（1727—1780）(归属存疑）"，第 149—154 页]，但荣振华在《大型收藏》第 274 页将这些回应文章确定为韩国英与高类思的合作成果，其依据包括 1777 年 9 月 30 日贝尔坦致韩国英的书信等材料。然而，《中国杂纂》第 10 卷的”总目录”明确列出钱德明的著述（第 184—185 页），其中第 2 卷第 365 页及后续内容被标注为钱德明对科尼利厄斯・迪・鲍的驳论，”评迪・鲍先生《埃及人与中国人考》一文之谬误，钱德明撰，第 365 页起”。关于科尼利厄斯・迪・鲍，参见下一条注释。另见布雷基尼档案第 12 卷，其中保存了 1775 年 7 月 27 日未署名的原始手稿，文件夹标注为”钱德明神父对迪・鲍《埃及人中国人之哲学研究》之回应“。

50 科尼利厄斯・迪・鲍所撰《埃及人与中国人之哲学研究》，他也是《关于美洲人的著作》的作者，共两卷（柏林：C.J. Decker 出版社，1773 年）。

51 该文本简述于《中国杂纂》第 2 卷，“序言”第viii页。

52 同上，第 39 条评注（编号 39），第 435—436 页。

53 里纳尔迪在《中国园林的理念》第 17 章中对下述”评注”及多篇相关文献进行了译介与探讨。作为执业景观建筑师，里纳尔迪在该部著作中既呈现了其对法文原始文献的独立解读，又融入了诸多精辟见解。笔者在参考法文原始文献的同时，亦受惠于其学术成果。

54 《中国杂纂》第 2 卷，第 104 条评注（编号CIV），第 569—570 页。

55 同前引书，第 643—650 页，含两页引言。

56 关于司马光，参见韩文彬，《11 世纪中国的绘画与私人生活：李公麟〈山庄图〉》(普林斯顿：普林斯顿大学出版社，1998 年），第三章“再造山水：北宋园林中的场所与人格”，特别是第 50—54 页“’独乐之德’：司马光与《独乐园》”。

57 理雅各译注《孟子・梁惠王下》，收入《中国经典》第 2 卷（纽约：多佛出版社，1970 年重印本），第 151 页。

58 《中国杂纂》第 2 卷，第 643 页载：“Les Jardins de Chine sont une imitation étudiée, mais naturelle, des différentes beautés de la campagne, en collines, vallées, gorges, bassins, petites plaines, nappes d’eau, ruisseaux, îles, rochers, grottes, vieux antres, plantes & fleurs. Le grand ouvrage de l’art est d’étendre une petit espace, par la multitude, la variété, la surpises des aspects; de dérober à la nature toutes ses resources, & de lui en faire honneur. ”

59 里纳尔迪，《中国园林的理念》，第 16 章“韩国英（1727—1780）”（第 146—148 页）虽译有此序言，但略去了编者所注译文出处。

60 《中国杂纂》第 2 卷，第 643 页。

61　正如后文将论及,《独乐园记》文本在刊于《中国杂纂》之前，早已在法国面世；另见里纳尔迪所撰《中国园林的理念》第16章，第147页。

62　同前注。

63　笔者对司马光《独乐园记》的分析，主要依据埃德温・T. 莫里斯所撰《中国园林：历史、艺术与意涵》(纽约：斯克里布纳之子出版社，1983年）第四章”文人园林：设计原理与元素“(第69—96页）所刊译本，其中关于”题名”的讨论详见第78页及后续内容。莫氏译文见第80—81页，其注释6(第64页）表明，该译本系基于喜龙仁《中国与欧洲园林》(第77—78页）之初版译文修订而成。经比勘，此英译本颇能忠实传达中文原意，相关原文可参看电子版《独乐园记http://ctext.org/wiki.pl?if=gb&chapter=101475(笔者于2017年8月15日访问)。

64　《中国杂纂》第2卷，第647页载:“Les environs n' offrent qu' une barrière de rochers pointus bizarrement assemblées, qui s' élèvent en amphithéâtre, d' une manière sauvage & rustique. Quand on arrive au bas, on trouve une grotte profonde qui va en s' élargissant peu-à-peu, & forme une espèce de sallon irrégulier dont la voûte s' élève en dôme. ”

65　韩文彬,《11世纪中国的绘画与私人生活：李公麟〈山庄图〉》，第50—54页。

66　克劳德–亨利・瓦特莱,《园林论》(巴黎：普罗印书馆，1774年)，第125—137页“中国园林”。部分《园林论》版本扉页误印为MDCCLXIV年(1764年)，然而该书初版面世于1774年。相关考据见盖蒂研究所文献(笔者于2017年8月15日访问)。

67　瓦特莱所撰《园林论》第136—137页载:“这幅画不过是一幅依照宜人景致所作的普通风景画，但那些喜爱这类绘画的人，有时并不会嫌弃哪怕是出自无名之手的、忠实于原貌的习作。”

68　《中国杂纂》第8卷(1782年)，第301—326页，载《中国园林考》(*Essai sur les jardins de plaisance*)一文。

69　韩国英之名虽未见于第8卷《论中国园林》，但《中国杂纂》第10卷总目录(第224—225页)明确标注了其作者身份。法国国家图书馆手稿部藏1524号文献第176页正面记载了1774—1775年从中国寄出的物品文件清单，其中提及:“编号O:《中国园林论》《蘑菇种植志》。此二文件已于1774年及1775年寄呈圣彼得堡皇家科学院。”该记载可佐证文本早期流传时间。另外，韩国英所撰《蘑菇图说》附插图，载《中国杂纂》第4卷(1779年)，第500—503页。

70　参见里纳尔迪所撰《中国园林的理念》第18章所载韩国英的《中国园林论》(第155—181页)，其中第175—181页的注释详细标明了该文所引用的诸多著作及史料来源。

71　同上，第155页。

72　西周(公元前1046—前771年)与东周(公元前770—前256年)分期之下，韩国英在《中国园林论》(第304页)中曾引周武王(约公元前1046—前1043年在位)为例，称其于公元前1222年成为天下共主，然此纪年实误。韩国英另将周穆王（公元前976—前922年在位）视为首位大规模营建装饰性皇家园林的君主。

73 参见《中国杂纂》第8卷《中国园林考》第312页，“愿欧洲摒弃其自负，放弃那种号称率先征服或弥补四季（之限）、制服或超越土地肥力的虚妄荣耀吧……”（“Que l’Europe revienne de ses présmptions, & renonce à la gloire d’avoir la première vaincu ou suplée les saisons, subjugué ou surpassé la fertilité de la terre. . . .”）

74 同上，参见316页。

75 里纳尔迪的《中国园林的理念》第169页注释52记载：柳宗元诗作深得自然之趣。参见宇文所安，《中国“中世”的终结：中唐文学文化论集》（斯坦福大学出版社，1996年），特别是“品读山水”一章（第34—54页）。柳氏以文名世，为中唐古文运动的关键人物。

76 《中国杂纂》第8卷《中国园林考》第318页记载：“L’art de les tracer consiste donc à y rassembler si naïvement la sérénité, la verdure, l’ombrage, les points de vue, la variété & la solitude des champs, que l’oeil trompé se méprenne à leur air simple & champêtre, l’oreille à leur silence, ou à ce qui le trouble, & tous les sens à l’impression de jouissance & de paix qui en rend le séjour si doux. Ainsi la variété, qui est la beauté dominante & éternelle de la campagne, doit être la première à laquelle il faille viser dans la distribution du terrein d’un jardin.” I have not been able to locate Liu Zongyuan’s text which Cibot presents here.”

77 同上，第325页记载：“les pensées de l’Europe sont si loin encore du goût chinois, que nous désespérons presque qu’on croie une partie sur la foi de nos récits. Il faudroit un ouvrage entier pour en donner une description que embrassât tous les détails.”

78 同上，第326页记载：“Plus ils suivront le goût chinois, plus cela leur deviendra facile; & il s pourroient faire adopter tel systême qui vaudroit à l’agriculture des milliers de bras si inutilement occupés à ratisser des allées où personne ne passe, et à tondre ou façonner des arbres que personne ne voit.”

79 里纳尔迪《中国园林的理念》第174页注释58，引用圣西蒙公爵《路易十四时代全录》第二版（巴黎：布松书局，1789年）第1卷，第129—130页。

80 《中国杂纂》第8卷《中国园林考》第326页记载：“que l’ingénieux Auteur d’un Essai sur l’architecture, a avancé depuis, qu’en faisant un heureux mélange des idées chinoises & des idées européennes, on réussiroit à avoir des jardins gais & rians, où la belle nature se trouveroit avec toutes ses graces.”

81 马克-安托万·洛吉耶，《建筑论》（巴黎：迪谢纳出版社，1753年）；《建筑论修订增补新版》（巴黎：迪谢纳出版社，1755年）。

82 洛吉耶的《建筑论》第6章，1753年版，第272—293页；1755年版，第233—252页。有关洛吉耶之引述，参见里纳尔迪《中国园林的理念》第

174 页；其于法国园林理论史之地位，详见该书第 181 页注释 59。

83 参见里纳尔迪所撰《风雅中式园林》第 264 页的简短传记说明，其文献来源见该书第 261 页。

84 相关章节 1753 年版第 279—282 页及 1755 年版第 240—243 页。洛吉耶所撰《建筑论》其他部分在第二版中有重大修订。

85 引文出自 1753 年版第 281—282 页及 1755 年版第 241—242 页："Sans doute que ce plan nous fourniroit un bon modèle, & qu' en faisant un ingénieux mêlange des idées Chinoises avec les nôtres, nous viendrons à bout de faire des Jardins où la nature se retrouveroit avec toutes ses graces." 此处为笔者自译；里纳尔迪所撰《中国园林的理念》第 181 页注释 59 也翻译了部分内容，并参照了英译本：马克-安托万·洛吉耶所撰《建筑论》，沃尔夫冈与安妮·赫尔曼译（洛杉矶：轩尼诗与英格尔斯出版社，1977 年）。

86 法兰西科学院图书馆手稿 1524 号第 168 页背面《1778 年寄送品录节选》记载："Pierre, avec son pied d' Estal [sic]. Quand elles sont petites, comme celle-ci, on les met dans les appartements; quand elle sont grandes, on les met dans les Jardins, et elles tiennent lieu des statues."

87 该领域的优秀导论参见罗勃特·莫瑞所撰《洞天别境：理查德·罗森布鲁姆藏中国赏石集》（*Worlds Within Worlds: The Richard Rosenblum Collection of Chinese Scholars' Rocks*），剑桥：哈佛大学艺术博物馆，1997 年。克劳迪娅·布朗等学者参与撰文。

88 关于杜绾，参见薛爱华所撰《杜绾〈云林石谱〉评注与概要》（*Tu Wan's Stone Catalogue of Cloudy Forest: A Commentary and Synopsis*），伯克利：加州大学出版社，1961 年；沃伦：浮世出版社，2005 年再版。

89 法国国家图书馆版画与摄影部藏，特藏编号 OE-44-Pet Fol。

90 法国国家图书馆布雷基尼档案 126 号，第 100—105 页。文本题为《中国园林装饰石材录》。首页批注："参见 42 幅相关画作。"

91 布雷基尼档案 126 号在第 2 页标注："No. 8 Carton 18 . . . [sic] 14. articles. Manuscrits concernant la Chine non employés dans les Memoires chinois. Architecture, Jardins, Vases, Ornemens." 所有文件虽未署名及标注日期，但笔迹与《中国园林装饰石材录》完全一致。

92 "ces jardins dont le dessein est plein d' anticimetrie [sic]" 一语见文献第 100 页背面。

93 同上，第 102 页正面（原文件第 5 页）记载："Le No. 15 est fameux dans l' histoire de Chine par la passion d' un empereur pour cette espèce de pierres. On en tira alors une quantité prodigieuse du tai hou ou Grand Lac au fond du quel elles avoient été vuidées et cavernées par les eaux. Elle a porté depuis le nom de pierre du Grand Lac et a continüé d' être à la mode dans les jardins. Les morceaux qui sortent véritablement de ce lac sont plus travaillés, plus agréables à voir et plus [illeg.] que ceux qu' on tire d' ailleurs."

94 参见何瞻，《徽宗的艮岳：开封皇家园林研究》（*Huizong's Magic*

Marchmount: The Genyue Pleasure Park of Kaifeng），载《华裔学志》，1988—1989 年第 38 期，第 1—48 页；此处引证见第 12 页注释 37。

95 同上，第 5 页及后续。

96 布雷基尼档案 126 号第 104 页正面记载："Quoique nous en ayons déjà envoyé quelques morceaux, comme aucune réponse n' en a fait mention, nous en Envoyerons Encore d' autres cette année, La Conviction que nous avons de notre ignorance n' intimide pas notre Bonne volonté."

97 《中国杂纂》第 12 卷（1786 年）第 1—403 页记载："Vie de Koung-tsée, Appellé vulgairement Confucius, . . ." "Koung-tsée" 为 18 世纪法语对"孔子"的音译。

98 同上，插图第Ⅴ版位于传记第 16 页对面，图版说明见第 439—440 页。

99 《中国杂纂》第 12 卷（1786 年）第 7 版（第 153 页对面）、第 12 版（第 333 页）、第 15 版（第 379 页）、第 17 版（第 398 页）。

第三章 构建真实的中国

1 "Serres chaudes des Chinois, et fleurs qu' ils y conservent"，法国国家图书馆版画与摄影部藏，编号 OE-30-FOL。

2 书写者不明，实际画册中仅有 5 幅绘画。

3 参见《中国杂纂》第 3 卷（1778 年）《中国温室》章节（下文）；第 427 页对温室建造的描述，提到屋顶采用特殊工艺以抵御严寒，画作中可见为满足此需求而增加的隔热层。

4 现代玻璃温室在中文中被称作"玻璃花窖"或更常见的"玻璃温室"。

5 《中国杂纂》第 3 卷（1778 年）《中国温室》章节，第 423—437 页。

6 参见法兰西学院图书馆手稿部档案（编号 1524），第 164—165 页，其中载有 1777 年 11 月 18 日自北京寄出的 14 篇韩国英所撰文章目录（报告、简报），其中包括一篇关于中国温室的文章。

7 《中国杂纂》第 3 卷（1778 年）第 423 页记载："Notre France, reconnoîtra-t-elle cette sagesse des Chinois, & dans la manière dont sont construites les serres d' aujourd' hui, & dans ce qu' elle a imaginé pour y suppléer dans les jardins potagers des environs des villes & des campagnes? . . . Nous ne parlons que d' après nos yeux, & nous ne faisons qu' écrire ce que nous avons vu. "

8 同上，第 427—428 页。关于供暖系统与屋顶构造的细节，文本指引读者参考《中国杂纂》另一卷中论述公共粮仓的文章，但该文未见于刊行本或手稿。

9 韩国英文章的缩略版出现在《中华帝国全志》的较晚版本中，该书共 7 卷（巴黎：Pillet Ainé 出版社，1818—1820 年）。关于温室的文章出现在第 3 卷，第Ⅶ册第ⅩⅫ章，第 374—383 页。该系列的各种版本广泛流传。

10 参见埃米尔·利特雷所编《法语词典》（*Dictionnaire de la langue française*）四卷本（巴黎：L. Hachette 出版社，1863—1872 年），第 4 卷，第 1915 页记载，"中国式地窖，即埋入地下的储藏结构"；另可参阅网络版《利特雷法语词典》相关词条（http://littre.reverso.net/dictionnaire-francais/definition/ serre，笔者于 2013 年 5 月 5 日访问）。

11 该文本以优美的书法抄写，几乎没有修改，现存法国国家图书馆布雷基尼手稿部，编号为第 123 号藏品，第 189—194 页记载。第一页顶部有一条批注，"où sont les figures?"（插图在哪里？），另一条批注则为"voyez les arcs de triomphes."（参见"凯旋门"）。关于"凯旋门"，见下文。

12 同前引文献，第 191 页背面记载："Ce qui nous y a déterminé surtout c' est que ces peintures parlent aux yeux..."（我们尤其被这些绘画所吸引，因为它们能够直接诉诸视觉……）

13 关于皇家仪仗路线上的建筑，参见埃伦・厄伊津格所著《应有尽有者：乾隆宫廷寿宴中的西式奇珍》（For the Man Who Has Everything: Western-Style Exotica in Birthday Celebrations at the Court of Ch' ien-lung），载伦纳德・布吕塞、宋汉理主编，《现代早期东亚的冲突与适应：纪念许理和论文集》（*Conflict and Accommodation in Early Modern East Asia: Essays in Honour of Erik Zurcher*），"莱顿汉学丛书"第 29 卷（Sinica Leidensia XXIX)（莱顿、纽约和科隆：E.J. Brill，1993），第 206—239 页。关于一幅手卷的复制件，参见 J.R. 特尔・莫伦著《紫禁城》（"De Verboden Stad / The Forbidden City"），鹿特丹：博伊曼斯・范伯宁恩美术馆（Museum Boymans van Beuningen），1990 年，目录 9，"庆祝崇庆皇太后生日的庆典"（第 4 部分），清地晰展示了 1751 年的临时建筑。

14 乾隆皇帝及其母亲崇庆皇太后（1693—1777）的年龄遵循中国习惯，出生时算作 1 岁。文中还提到崇庆皇太后 60 岁寿辰庆典的皇家仪仗路线以及沿途临时搭建的恢宏建筑的构造；参见 1752 年 10 月 20 日钱德明神父的书信，载《耶稣会士中国书简集》第 23 卷（1781 年），第 154—181 页，特别是第 164 页及其之后的内容。

15 法国国家图书馆版画与摄影部，编号OE-24-FT 4。参见考狄所编《法国国家图书馆版画部所藏中国画册目录》（*Catalogue des albums chinois et ouvrages relatifs à la Chine conservés au Cabinet des estampes de la Bibliothèque nationale; extrait du Journal asiatique*），1909 年 9—10 月（巴黎：国家印刷厂，1909 年），第 209—262 页。特别是第 12 页记载了该画册的大幅尺寸、蓝色纸封面，并列出了 11 幅画作的法文标题，这些标题附在绘画的中文题词旁。另见安妮・加尔所编，《法国国家图书馆版画部中国画册、版画及绘画收藏来源目录》（*Inventaire avec indication de provenance des collections d'albums, d'estampes et de peintures chinoises du Département des Estampes*），巴黎：法国国家图书馆，1990 年。该书仅以影印本形式保存于法国国家图书馆。该书将该画册列为于法兰西共和二年（1793—1794）被没收的贝尔坦藏书之一。

16 全部 11 幅绘画均有编号，并配有法文标题，部分绘画配有中文标题。

17 法文原文为"Arc de Triomphe double en soyeries & Lanternes"。

18 原文写作"五谷丰灯"，出现了一处明显的讹误。

19 本部分内容的相关论述已发表于拙文《构建真实的中国：亨利·贝尔坦与18世纪法国的中国建筑认知》（Constructing an Authentic China: Henri Bertin and Chinese Architecture in 18th-Century France），载斯蒂芬·怀特曼编，《景观修辞学：现代早期世界的权威表述》（*Rhetorics of Landscape: Articulating Authority in the Early Modern World*），2020年。

20 《论中国建筑》，现藏法国国家图书馆版画与摄影部，典藏编号 Réserve OE-13-PET FOL 及Réserve OE-13 (A)-PET FOL。首册扉页题字“论中国建筑·第一册”（Premiére [sic] Partie de l’ Essai sur l’ Architecture Chinoise）。图版已发表于李纬文所著《论中国建筑：18世纪法国传教士笔下的中国建筑》，顾乃安作序，北京：电子工业出版社，2016年。该著作包含法文原文的翻译及作者的补充研究。

21 该手稿现藏法国国家图书馆布雷基尼手稿部第126卷，扉页（fol. 2）标注为“未刊中国杂纂：建筑、园林、器皿、纹饰”（Manuscrits concernant la Chine non employés dans les Mémoires chinois. Architecture, Jardins, Vases, Ornemens）。所涉文本见第4—17页，标题为《中国建筑志略》（*Notices Relatives à l’Architecture Chinoise*）。末页（fol. 17）标注“北京，1773年10月3日”。由此可推定，贝尔坦接收《论中国建筑》图文资料的时间约在1773年，即《中国装饰考略》完成后的两三年。

22 该文始载于两页未编号的对开页。相关讨论详见下文。

23 《论中国建筑》第一册第15页对页记载：“Instruments & outils de maçon. Le No. 1. est une espèce de sac de grosse toile qui se remplit de mortier & qu’ on porte sur les épaules. Le No. 2. est une plaque de plomb pour battre les fondements, douze hommes l’ enlèvent à la fois & la laissent tomber à plat. No. 3. Demoiselle à quatre pour battre les pavés & fondements.”本文转录的法文拼写与标点符号均严格遵照《论中国建筑》原文。

24 参见《利特雷法语词典》网络版“demoiselle”词条的历史语义，访问网址：http://littre.reverso.net/dictionnaire-francais/definition/demoiselle。笔者于2013年5月25日访问。

25 《论中国建筑》第一册第26页对页记载：“Muraille de terre meslée de chaux, & batie entre deux planches. Celles qu’ on fait aujourd’ hui déboulent quelque fois dès la premiére année. On en voit dans d’ anciennes sépultures qui ont plus d’ un siécle. [Later addition in pencil:] Ce genre de Murailles sont utilisées dans les Potagers.”

26 同上，第33页对页记载：“Murs de séparation dans l’ intérieur du Palais et des maisons de l’ Empereur. Le No. 1. sur la partie qui n’ est pas encore crépie a été mis pour faire observer la manière dont on laisse pendre le chanvre qu’ on met sous les briques en bâtissant la muraille. Le crépissage s’ attache à des chevelures & ne se détache pas si aisément.”

27 同上，第43页对页记载：“Tchao Pei de Mandarin.”有趣的是，画中的人物似乎穿着明代风格的朝服，而不是清代。

28 同上，第42—43页对页记载：“Ce n’ est surement point pour éclairer nos

Architectes sur la grand Architecture des anciens, ni sur la manière dont on pourroit perfectionner la nouvelle que l' on a fait peindre ces Tchao Ping, Tchao Pi & Tchao Hiang des dix peintures suivant ainsi que celle cy; mais pour faire entrevoir comment le Gouvernement Chinois s' y prend, pour montrer aux yeux la différence des rangs, & contenir chacun dans la Sphère de son état. "

29 参见《利特雷法语词典》网络版"cabinet"词条第7义项："园林中有顶盖的小型构筑物（Petit lieu couvert dans un jardin）。"访问网址：http://littre.reverso.net/dictionnaire-francais/definition/cabinet，笔者于2014年2月25日访问。

30 《论中国建筑》第一册第54页对页载章节标题："Plans et développements des Cabinets Chinois . / On n' en auroit peut-être pas tant fait peindre si l' on n' avoit songé que l' on seroit bien ais[é] d' avoir à travailler en ce genre sur les desseins des Chinois, ou a les perfectionner. "

31 同上："On n' a rien a dire sur la manière de bâtir ces Cabinets: le Peintre l' a racontée mieux que l' on n' auroit sçu le faire, ainsi que tout ce qu' on sera bien aise d' en sçavoir. "

32 同上："L' on n' a que trois observations à faire; la premiére, que le peintre n' a rien ni exagéré ni orné . L' on a vu en réalité dans les Jardins de l' Empereur plusieurs des Cabinets qu' on trouve ici; ils sont réellement comme cela. La seconde est que la nécessité de bâtir en bois, le bon marché du Vernis & des couleurs, & le gout des Chinois pour ce qui est voyant & brille de loin, à conduit a orner & peindre ces Cabinets comme la Peinture les représente. La derniére observation c' est que l' Empereur seul peut avoir des Tuiles colorées, ou de Lieou Li."下文将简单地讨论彩色瓦件的皇家专属特性。

33 《论中国建筑》第一册第94页对页记载："Cabinet sur un amas de Rochers. / Les Chinois sont admirables pour imiter les amas de Rochers sauvages qu' on trouve dans la solitude des Montagnes. Ils les transportent dans leurs Jardins, pour y réunir le spectacle entier de la Nature. . . . Quand on est parvenu au haut, on y trouve des Cabinets, d' où l' on voit des parterres, des bosquets & des Canaux qui serpentent en mille maniéres dans la plaine. / Les Chinois nomment un Païsage Chang Choui, Montagnes & Eaux, & un Jardin selon eux, n' est Jardin qu' autant qu' il est semé de Collines & Monticules entrecoupés de Canaux & Bassins. "

34 同上，第111页对页记载："Si l' on donne un jour l' Architecture Chinoise en Grand, les Ponts, les Digues, les Levées, les Chaussées, & les Écluses y feront un grand article. L' on a préféré ce qui étoit le plus facile & on s' est attaché aux Ponts de Parade des Jardins de plaisir; mais qui les regardera avec soin verra bien que les connoissances qui ont dirigé la construction singuliére de ces Ponts de pure décoration, peuvent en bâtir sur

les Fleuves & les Riviéres de trés solides & de trés commodes. ”

35 同上，第 125 页对页记载："Les Architectes de l' Europen' y verront rien qui méritte [sic] attention..." 关于历史上型制多样的佛塔影像记录，参见梁思成、费慰梅编著，《图像中国建筑史：其结构体系之发展及型制演变研究》(*A Pictorial History of Chinese Architecture: A Study of the Development of Its Structural System and the Evolution of its Types*)，(剑桥及伦敦：麻省理工出版社，1984 年；多佛出版社，2005 年再版)，"佛塔"(Buddhist Pagodas) 章节，第 123—165 页。

36 参见韩书瑞，《北京：寺庙与城市生活(1400—1900)》(*Peking: Temples and City Life, 1400-1900*)，(伯克利：加州大学出版社，2000 年)，第 309 页。

37 《论中国建筑》第一册第 131 页对页文字标题为"祭祀神灵之塔"(Ta dédié aux Esprits)，并记载了其高度为三四百法尺以及悬钟等特征。

38 约翰·尼霍夫，《荷兰东印度公司使华记录》("Het gezantschap der Neêrlandtsche Oost-Indische Compagnie, aan den grooten Tartarischen Cham...")，阿姆斯特丹：Jacob van Meurs 出版社，1665 年。各版本目录信息参见"中国书目 2.0"(Bibliotheca Sinica 2.0)，网址为 www.univie.ac.at/Geschichte/China-Bibliographie/blog/2010/04/22/neuhof/，笔者于 2018 年 3 月 23 日访问。尼霍夫的名字有多种写法，1669 年英文首版写作"John Nieuhoff"，使团日期见原书扉页记载。

39 本段论述基于约翰·尼霍夫所著《荷兰联合东印度公司出使中国皇帝的使团》("L' Ambassade de la Compagnie orientale des Provinces unies vers l' empereur de la Chine...") 法文版，让·勒卡尔庞捷译(莱顿：阿姆斯特丹Jacob de Meurs 出版社，1665 年)。法文版图版与荷兰文原版相同，全景图见第 136 页，琉璃塔折页图装订于第 138 、139 页。荷兰文原版全景图位于第 108 页，折页图则位于第 124、125 页。

40 该寺庙历史沿革甚为复杂，详见《剑桥中国史》第 8 卷《明代史(下)》第 14 章"明代佛教"关于报恩寺的论述(第 905 、908 、937 页等处)。

41 该宝塔所用琉璃瓦、脊饰构件及雕模砖件，见以下两部展览图录：李贺、迈克尔·奈特合编，《权力与辉煌：中国明代宫廷艺术》(*Power and Glory: Court Arts of China's Ming Dynasty*)，(旧金山：亚洲艺术博物馆，2008 年)；柯律格、霍吉淑合编，《大明：改变中国的五十年》(*Ming: 50 Years That Changed China*)，(伦敦：大英博物馆出版社，2014 年)。另参见柯律格，《色彩与对比：中国建筑陶瓷传统》(*Colours and Contrast: Ceramic Traditions in Chinese Architecture*)，(莱顿：博睿出版社，2014 年)，第 8 章"规制与创新的平衡"(第 238—251 页) 对大报恩寺琉璃塔建筑构件的专题研究。

42 该手稿日志题为《1655 、1656 及 1657 年尊贵的皮特·德·戈耶尔与雅各布·凯瑟尔出使中国宫廷纪事》(*Journaal van zommige voorvallen, inde voyagie vande E. Heeren Pieter de Goyer en Jacob Keyser, ambassadeurs, aande grootmachtige keizer van Chyna en Tartaryen, inde jaaren 1655, 56 & 1657*)，含 229 页正文及 81 幅绘图，成书于 1659 年，现藏法国国家图

书馆，索书号SG MS8–17 (1271)。使节皮特·德·戈耶尔与雅各布·凯瑟尔参与撰写了部分文本。其中琉璃塔（Porcelain Pagoda）水墨淡彩绘见于铅编号 95 的页码，相邻页面的实地探访记录标注时间为 1656 年 5 月。

43 《荷兰联合东印度公司出使中国皇帝的使团》序言（未编号页）。首版荷兰文的扉页注明，该书含 150 余幅根据中国实景写生绘制的插图。

44 《论中国建筑》第二册"序言"，共两页未编号。

45 同上："[L]a politique Chinoise tient bon à cela au point d'avoir fait Imprimer un Livre où toutes les dimentions & dépenses sont articulées avec la derniére précision. "参见下文关于 1734 年官修《工部工程做法》的简要讨论。

46 同上，第二册第 10 页（建筑外观）与第 11 页（台基）。该厅堂的插图在对页标注为"皇帝宫殿之外部大厅，内部屋顶皆为黄色"（Grande Salle extérieure du Palais de l'Empereur. Les toits de celles de l'intérieur sont jaunes.）。此记载可能指紫禁城外朝（典礼区域）与内廷（居住区域）的区分，但第 10 页所绘绿色屋顶在技术上并不准确。

47 同上，第二册第 24 页对面。

48 同上，第二册第 25 页。该幅画作与《论中国建筑》中的其他图版，均以线描形式重绘于莫里斯·帕莱奥洛格所著《中国艺术》（*L'Art Chinois*）（巴黎：Alcide Picard & Kaan，1887 年）论述中国建筑的专章（第 82—130 页）之中，每幅仅标注"据中国绘画摹绘"（D'après une peinture chinoise）。

49 《中国杂纂》第 13 卷（1788 年），第 396—397 页"琉璃瓦考"（Notice sur le Lieu-Li, ou tuiles chinoises vernisées）。

50 该文本出版于 1788 年，系 1777 年 11 月 18 日自北京寄出的至少 14 篇文稿之一。参见法兰西学院图书馆手稿部档案（编号 1524 号），第 164—165 页；另参见前注释 6。

51 《论中国建筑》第二册第 27 页对页，标题为"御园三层建筑"（Bâtiment à trois étages dans les Jardins de l'Empereur）。

52 同上："N[ot]a. On avoit eû quelque envie de hazarder des idées & conjectures sur les différentes parties de l'architecture chinoise, ses dimensions, ses proportions, & les différents Plans qu'elle fait dans la distribution des Cours, des Bâtiments, des Galleries, des Toits, des Colonnes &c. mais tout bien considéré, il vaut mieux attendre des questions, d'autant plus qu'elles mettront à même de parler aux yeux par des Peintures plus méthodiques, & d'entamer des détails où il seroit trop difficile d'entrer icy. "

53 该段文字与系列首图（第 28 页）相对应，图题为"满洲旗人厅堂及暖炉加热平台"（Salle bourgeoise des Tartares avec une estrade échauffée par un Fourneau）。关于此类加热系统的讨论，参见前文温室取暖相关论述。

54 参见古斯塔夫·艾克，《一组 18 世纪北京室内绘画》（A Group of Eighteenth-Century Paintings of Beijing Interiors）中的简要论述，载《中国古典家具学会期刊》（*Journal of the Chinese Classical Furniture*

Society）第 4 卷第 3 期（1994 年夏季号），第 60—70 页。该文原以德文发表，题为《18 世纪北京室内景观六帧》（*Sechs Schaubilder Pekinger Innenräume des achtzehnten Jahrhunderts*），载《辅仁大学学刊》第 9 期（1934 年 11 月），第 155—169 页。感谢尼古拉斯·格林利提请笔者关注此文。

55 中国外销水彩画在一定程度上展现了商铺与住宅的内部景象。关于与《论中国建筑》第二册室内描绘相似的图例，参见钱伯斯所著《中国建筑设计》中的图版IX，该图呈现了一座两层中式住宅的“剖面透视图”（室内空间透视效果）。同时参见 1757 年英文版与法文版中的图版Ⅷ、IX 及第 8 、10—11 页相关内容。

56 《论中国建筑》第二册第 36 、37 、38 页对页记载：“Salle de Cérémonie & d’Audience chez les Princes Titrés”（有爵位亲王之典礼与接见厅堂）。

57 最长的题识为隔断上方居中位置的四行诗。笔者虽未考订该诗出处，但其书法落款显示时间为“乙亥[1755] 夏日书”。

58 《论中国建筑》第一册第 18 页对页记载：“编号 2 ：用于粉刷庙宇等宫殿墙体的红土石灰混合料”（No. 2. terre rouge qu’on mêle à la chaux pour crêpir les murailles du Palais des Miao &c.）。原文英译为“No. 2. red earth one mixes with lime to stucco the walls of Palaces and Miao [miao 廟 , temple or shrine], etc. ”。

59 同上，第二册第 39—40 页关于“台”的引言记载：“De surprise parceque tout ce qu’on a voulu apprendre jusqu’icy sur la Chine, ne mene pas à imaginer quelle puisse avoir chez elle rien de pareil; de curiosité, parceque la hauteur, la beauté, & la vaine magnificence de plusieurs de ces Tai ne se concilie pas avec les tant vantées Economies de sa politique, & que le motif de cette éxception a de quoi surprendre.”所有标注“台”的标签均参照第 39 页的注释。

60 该平面图法文记载为“Plan de la Maison d’un Colonel dans les Cazernes Impériales des Baniéres Tartares”。此图录出现于《论中国建筑》第二册末章，该章节页码未编号。

61 古恒所编三卷本《中日韩书籍目录》（*Catalogue des livres chinois, coréens, japonais*），巴黎：Ernest Leroux ，1902 、1910 、1912 年。在第 2 卷中，四本相互联系的画册被列为一组 —— 两本《论中国建筑》画册（编号 5543–5544）、《论中国建筑相关平面图》（“Plans relatifs à l’essai sur l’architecture chinoise”）画册（编号 5545），以及《中式天花板》画册（编号 5546），后文将讨论该画册。《中式天花板》画册中有一页注明“Recueil Relatif à l’Architecture Chinoise”（与中国建筑相关的画册）。

62 法国国家图书馆版画与摄影部藏《论中国建筑相关平面图录》，编号 Réserve OE-15-FT 4，内含三幅平面图：(1)《康熙皇帝第六子府第平面图》（*Plan du Palais du Seixieme [sic] Fils de l’Empereur Kang-Hi*）；(2)《大清某显宦宅第平面图》（*Plan de l’Hôtel d’un Ta-Gin ou Grand de l’Empire*）；

(3)《首辅大臣府第平面图》(*Plan du Palais d'un Premier Ministre*)。该图集另含两幅绘有园林石盆（配微型树石花卉）的画作。

63 允禄等主持编纂的清代宫廷礼器图谱《皇朝礼器图式》共16卷，成书于1759年；现藏法国国家图书馆的中文手抄本（编号2289–2304）系1796年从贝尔坦旧藏中收缴。参见玛丽–皮埃尔·拉菲特所编，《1789，遗产解禁：1789—1799年入藏法国国家图书馆的200件珍品》(*1789, le patrimoine libéré: 200 trésors entrés à la Bibliothèque nationale de 1789 à 1799*)，(巴黎：法国国家图书馆，1989年)，藏品编号190。另见玛丽–洛尔·德·罗什布吕纳所著《凡尔赛宫之中国》(*La Chine à Versailles*)图录第62条（由蒙曦撰写条目）。笔者尚未考订此宫殿及另外两处宅第在三幅平面图中的具体位置。

64 "Palais du fils du premier Ministre ou plustôt de la Kong Tchou son Epouse fille de l' Empereur."（"当朝首辅大臣之子的府第，更准确地说是其配偶——皇帝之女，即'公主'，法文误拼作'Kong Tchou'——的居所。"）

65 参见贺凯编著《中国古代官名辞典》第3408条"kung-zhu"（公主或皇女）。

66 参见恒慕义主编，《清代名人传略（1644—1912）》(*Eminent Chinese of the Ch'ing Period*)，2卷，(华盛顿特区：美国政府印刷局，1943年)。第1卷第372—373页为关于乾隆皇帝公主的记载，第259—260页为福隆安的传记，第252—253页为关于傅恒的记载。

67 法文原文为"N[ot]a. Quand à la distribution des bâtiments, il suffit de dire que tout ce qui est sur le devant sont des Offices & logements des Domestiques & des Officiers, le milieu est pour la Famille, & ce qui est sur les Jardins ne sert qu' à la magnificence."

68 参见维尔纳·桑比安，《对称、趣味与特征：古典时期建筑理论与术语（1550—1800）》(*Symétrie, goût, caractère: Théorie et terminologie de l'architecture à l'âge classique 1550-1800*)，巴黎：皮卡尔出版社，1986年。特别是第11—14页前言与序论。

69 参见雅克–弗朗索瓦·布隆代尔，《论建筑研习之必要性：第五次公开课程开幕演讲》(*Discours sur la nécessité de l'étude de l'architecture: Prononcé à l'ouverture du cinquième cours public...*)，巴黎：C.-A. Jombert出版社，1754年。特别是第83—89页。

70 同上，第88页记载："Oeuvres d' Estampes utiles aux Architectes & autres Artistes, qui font leur profession des ouvrages de goût."此引文出自布隆代尔关于参考版画的简要注释。

71 维特鲁威所著《建筑十书》(*De Architectura*)已有多种语言译本。参见克劳德·佩罗翻译的首个法文版本《维特鲁威建筑十书：法文新译本，附注释与图版》(*Les dix Livres d'architecture de Vitruve, corrigez et nouvellement traduits en françois, avec des notes et des figures*)，巴黎：J.-B. Coignard出版社，1673年。另见第二版，巴黎：J.-B. Coignard出版社，

1684年。

72 关于克劳德·佩罗，参见亚历山大·科雅诺、亚历山大·加迪合著，《为建造而设计：17世纪建筑师职业》（*Dessiner pour bâtir: le métier d'architecte au XVIIe siècle*），（巴黎：国家档案馆；巴黎：通道出版社，2017年），目录编号3、93—95，特别是第209—210页所引克劳德·佩罗之弟夏尔·佩罗的记述，其中将维特鲁威译本中的版画图样绘制归功于克劳德·佩罗。

73 参见维特鲁威《建筑十书》英译本，莫里斯·希基·摩根译（马萨诸塞州剑桥：哈佛大学出版社，1914年；纽约：多佛出版社，重印本，1960年）。关于房间的适宜性设计，参见第6卷第5章“房间配置如何与主人身份相称”（“How the Rooms Should be Suited to the Station of the Owner”）。

74 关于北京耶稣会图书馆藏书情况，参见惠泽霖所编《北堂图书馆目录》（*Catalogue de la Bibliothèque du Pé-T'ang*，北京，1949年）；另见邹晖，《透视园林之“景”》（The jing of a perspective garden）附录，载《园林与设计景观史研究》（*Studies in the History of Gardens and Designed Landscapes*）第22卷第4期（2002年10—12月），第293—326页，特别是第317—318页；并参见高华士，《西学东渐图书馆：耶稣会传教期间西文书籍在中欧间的流通（约1650—1750）》（*Libraries of Western Learning for China*），第3部第5章“民用建筑”，特别是第198—203页。

75 参见维特鲁威《建筑十书》第2卷第43章关于墙体的图示，另见第3卷第60—73章对著名神庙平面与立面的论述。

76 参见刘怡玮，《清代圆明园皇家园林的建筑师与建造者》（Architects and Builders of the Qing Dynasty Yuanming Yuan Imperial Garden- Palace），载《香港大学美术博物馆馆刊》（*The University of Hong Kong Museum Journal*）第1期（2002年9月），中英文版第38—59页（中文版第151—161页），特别是第38—39页。。

77 参见柯律格，《中华帝国晚期的木作与建筑：15世纪匠书〈鲁班经〉研究》（*Carpentry and Building in Late Imperial China: A Study of the Fifteenth-century Carpenter's Manual Lu Ban jing*），（莱顿、纽约、科隆：E.J. Brill出版社，1993年），特别是第24—32页关于“中国建筑文献中的技术著作”的论述。

78 参见梁思成、费慰梅编著，《图像中国建筑史》，第14—18页关于《营造法式》的论述。

79 参见贺凯编著，《中国古代官名辞典》第708条“chiang-tso chien”（将作监）。

80 参见鲁腾贝克，《木作与建筑》（*Carpentry and Building*），该书主要研究《鲁班经》。

81 参见梁思成、费慰梅编著，《图像中国建筑史》，第18—21页对《工部工程做法》的简要论述。梁氏引该书标题为《工程做法则例》。关于“工部”建置，参见贺凯编著，《中国古代官名辞典》第3462条

"kung-pu "（工部）。

82 参见前注 45。

83 参见刘怡玮，《清代圆明园皇家园林的建筑师与建造者》，第 48 页注释 7。

84 法国国家图书馆版画与摄影部藏《中式天花板》（编号Réserve OE- 25-FT 5），画幅约 63 厘米 × 96 厘米。相关著录信息参见古恒所编《中文书籍目录》（*Catalogue des livres chinois*）第 2 卷（编号 5546）；另见考狄所编《中国画册目录》（*Catalogue des albums chinois*）第 221 页，该目录不仅著录单幅画作，而且辑录了画册中的部分说明文字。按：考狄所引文本内容可与布雷基尼手稿部第 123 号（第 221—223 页）及第 126 号（第 19—22 页）所藏《论中国建筑》稿本相互参证。

85 关于清代宫廷错视壁画的专题研究，参见李启乐，《帝国的幻象：清宫绘画的边界跨越》（*Imperial Illusions: Crossing Pictorial Boundaries in the Qing Palaces*）。

86 关于清代皇家建筑中的透视错觉技法研究，参见约翰·芬利，《乾隆皇帝的西洋景：圆明园西洋楼建筑群的线性透视与错视画法》（The Qianlong Emperor' s Western Vistas: Linear Perspective and Trompe l' Oeil Illusion in the European Palaces of the Yuanming yuan），载《法国远东学院学报》（*Bulletin de l'École française d'Extrême-Orient*）第 94 期（2007 年），第 159—193 页。

87 《中式天花板》题记："Toutes ces raisons rapprochées, il en résulte que les plafonds peints sont rares en Chine, mais non pas qu' il n' y en ait point. Leur rareté a été pour nous une raison d' en faire copier deux, afin qu' on vit comment les Chinois viennent à bout de s' approprier les connoissances qu' on leur a portées d' Occident, & que les Artistes voyent à leur tour comment ils doivent travailler ce qu' ils déstineroient pour la Chine. Ces deux plafonds qui sont dans le Palais du premier Ministre, ont été peints pour faire un tout avec les grandes Salles où ils sont, en exhausser une d' un second étage, l' autre de deux. L' illusion de la perspective est d' autant mieux ménagée que tout se correspond, tout est lié, tout se suit & se ressemble dans les couleurs." 此段文字节选自法国国家图书馆布雷基尼手稿部第 123 号第 221—223 页之详本。另见布雷基尼手稿部第 126 号（同馆藏）第 19—22 页，其文本内容与前者基本相同，并且紧接于《论中国建筑》首册稿本之后。

88 关于西洋楼的基本历史沿革，参见皮拉佐里所著《圆明园：水法与欧式宫殿》（*Le Yuanmingyuan: jeux d'eau et palais européens*）；另见约翰·芬利所著《乾隆皇帝的西洋景》，特别是第 160—162 页的相关论述。

89 此处所指为远瀛观，该建筑专为陈列由耶稣会士进呈的博韦（Beauvais）挂毯组画而建，该组挂毯为路易十五赠予中国皇帝。关于这批挂毯的流转始末，参见约翰·芬利所著《亨利·贝尔坦与路易十五赠乾隆帝礼品考》（*Henri Bertin and Louis XV's Gifts to the Qianlong Emperor*）。

90 参见李启乐所撰《帝国的幻象》等著作。

91 北京耶稣会教堂的错视画装饰包括1703年重建的南堂（正式名称为圣母升天堂）的穹顶与墙面，1703年北堂（祝圣的救世主堂）中殿天顶画（由热拉第尼绘制，参见前文第31页注释17），以及1728年（或1729年）由郎世宁亲绘的东堂（圣若瑟堂）错视穹顶画。详见约翰·芬利所著《乾隆皇帝的西洋景》第172—174页。

92 关于错视天顶画的起源，参见穆西洛所著《璀璨的传承》（*The Shining Inheritance*）第78—79页关于"错视建筑画"（quadraturismo）的论述。该技法源自意大利建筑师所用术语"far di quadro"，原指需借助测量工具、直角尺等器械完成的建筑绘图作业。

93 首部法文版《绘画与建筑透视学》（*La Perspective propre des peintres et des architectes*）于1700年问世；首部英文版《画家与建筑师透视法则与范例》（*Rules and Examples of Perspective for Painters and Architects, etc.*）于1707年前后在伦敦出版，后以《建筑与绘画透视法》（"Perspective in Architecture and Painting"）为题再版（纽约：多佛出版社，1989年）。

94 参见恒慕义主编《清代名人传略（1644—1912）》第1卷第588页对年希尧的简略记载，该内容附于其弟年羹尧传记之中。另见艾丽莎贝塔·科尔西所撰《透视法的视觉呈现：年希尧（1671—1738）在〈视学〉序言中对西方透视法的阐释》（Envisioning Perspective: Nian Xiyao' s (1671–1738) Rendering of Western Perspective in the Prologues to "The Science of Vision"），载《东游生涯：朱利亚诺·贝尔图乔利（1923—2001）汉学纪念文集》（*A Life Journey to the East: Sinological Studies in Memory of Giuliano Certuccioli (1923–2001)*）（京都：意大利东亚学术研究所，2002年）。

95 参见任继愈主编、郭书春卷主编，《中国科学技术典籍通汇·数学卷》第4卷（郑州：河南教育出版社，1993年），第709—858页，1735年版《视学》。

96 关于这两篇序言的最新译本，参见贾克·吉斯，《年希尧(? —1739）的〈视学〉：中西相遇的永恒悖论》（Perspectiva ou Science de la vision de Nian Xiyao (?-1739): Le paradoxe récurrent de la rencontre ChineOccident），载玛丽-凯瑟琳·雷伊编，《中国宫廷的辉煌时刻：清代宫廷绘画杰作（1662— 1796）》（*Les Très Riches Heures de la Cour de Chine: Chefs d'oeuvre de la peinture impériale des Qing, 1662–1796*），（巴黎：法国国家博物馆联合出版社，2006年），第13—43页。吉斯所谓的"首个欧洲语言全译本"之说有误，参见艾丽莎贝塔·科尔西，《幻象的构建：耶稣会士与中国线性透视法的传播（1698—1766）》（*La fábrica de las ilusiones: los Jesuitas y la difusión de la perspectiva lineal en China (1698—1766)*），墨西哥城：墨西哥学院出版社，2004年。邹晖所撰《耶稣会透视法在中国》（Jesuit Perspective in China），载《建筑史》（*Architectura*）第31卷（2001年），第145—168页，特别是第157—158页。

97 参见安德烈·波佐所著《建筑与绘画之透视 》重印本第190页。

98 参见第一章注释20。

99 参见第一章中关于安德烈·波佐及透视法在礼拜仪式中应用的相关讨论。

100 参见前文关于此类匾额与题铭的讨论。

101 参见前文关于《论中间建筑相关平面图》的讨论，特别是其中某位与皇室联姻的宰相之子的府第平面图，然而，此处所指官员的确切身份尚难考订。

102 巴黎法兰西科学院图书馆第1515号手稿第172页钱德明致贝尔坦函记载：“Je n’ay aucune part à toutes les belles choses qu’on a dites à votre grandeur sur l’architecture chinoise... Il paroît que cette police n’est guère observée aujourd’huy à Péking.”

103 《百科全书或科学、艺术与工艺分类辞典》(*Encyclopédie, ou Dictionnaire raisonné des sciences, des arts et des métiers*)，由文人学会编纂，狄德罗主持整理出版，数学部分由达朗贝尔主编，共35卷对开本（巴黎：Briasson出版社，1751—1780年），参见第1卷第616—618页。条目末尾署名缩写（P）标识作者身份；据序言第xlvi页说明，（P）指建筑理论家布隆代尔。

104 《科学、人文艺术与机械艺术图录集》(*Recueil de planches, sur les sciences, les arts libéraux et les arts méchaniques: avec leur explication...*)，巴黎：Briasson、David、Le Breton、Durand 联合出版，1762年。该卷内容未采用连续编号。图版均配有各章节说明文字以及每幅雕版作品的详细条目。

105 法文原文标题为“Observations générales sur les Maisons royales & les Palais, appliquées en particulier à un grand Hôtel”.

106 《图录集》第1卷（1762年），“建筑”部第5节记载：“Les hôtels, demeures des grands seigneurs, sont des bâtimens élevés dans les capitales, & où ils font habituellement leur résidence. Le caractere de leur décoration exige une beauté assortie à la naissance & au rang des personnes qui les font bâtir; néanmoins ils ne doivent jamais annoncer cette magnificence réservée seulement pour les palais des rois. C’est de cette diversité de rang, du monarque aux grands princes, & de ceux-ci aux sujets, que doivent naître nécessairement les différens caracteres d’édifices; connoissances indispensables qui ne peuvent s’acquérir que par l’étude de l’art, & particulierement par l’usage du monde; c’est par ce dernier, n’en doutons point, qu’on arrive à la convenance, qu’on observe les bienséances, que le jugement s’acquiert, que l’ordre naît dans les idées, que le goût s’épure, & qu’on apprend à connoître positivement le caractere propre qu’il faut donner à chaque bâtiment. Certainement le rang du personnage qui fait bâtir, est la source où doivent se puiser les différents genres d’expressions dont nous voulons parler: or comment y arriver sans l’usage du monde, qui nous apprend à distinguer tous les besoins & le style convenable à telle ou telle habitation érigée pour tel ou tel propriétaire? [. . . Should those] personnages qui ne tenant pas le même rang dans la société, doivent avoir des habitations dont l’ordonnance annonce la supériorité ou l’infériorité des différens

ordres de l' état ? "

107 参见约翰·芬利,《18世纪晚期中法之间的图像贸易：亨利·贝尔坦与图像流通》(Between France and China in the Late 18th Century: Henri Bertin and the Commerce in Images)，载曲培醇、丁宁主编《清代中外艺术交流》，第79—94页。笔者的这篇论文最初于2012年10月10—13日在北京大学与西东大学（Seton Hall University）联合主办的研讨会上发表。另参见本书第二章关于贝尔坦收藏《圆明园四十景图》摹本的讨论。

108 《中国杂纂》第1卷（1776年）序言记载："Nous avons sous les yeux des peintures à la gouache de Peking. . . la perspective y est bien observée, & les couleurs sont d' une vivacité à laquelle nous n' avons pu atteindre jusqu' à présent. "

109 《论中国建筑》第一册前言记载："L' Architecture Chinoise mérite t' elle d' être connüe en Europe?... Il seroit inutile d' entrer dans les détails sur ce qui parle aux yeux."

110 法国国家图书馆布雷基尼手稿部档案（编号126号），对开本第4记载页："Un pauvre Missionnaire est en Echec vis-à-vis de ces sortes de questions. "

111 见前注第21、22。

112 《主题总表》(*Table Generale des Matières*)作为建筑学领域的累积性研究文献，其第10卷（1784年）收录了大量建筑主题论述。这些学术讨论在1777年第2卷发表的《关于P**先生著作的评注》一文中得到了充分体现。该文原为1775年从北京寄来的学术稿件。这篇针对科尼利厄斯·迪·鲍所著《埃及人与中国人之哲学研究》的批判性分析，笔者将在第二章中结合园林学进行探讨。

第四章　启蒙运动时期的法国儒家学者

1 参见梅谦立,《中国哲学家孔子（1687年）：儒家经典的首部译本》[*Confucius Sinarum Philosophus (1687): The First Translation of the Confucian Classics.*]。

2 相关研究参见唐纳德·拉赫,《莱布尼茨与中国》，载《思想史杂志》1945年第6卷第4期;《莱布尼茨〈中国近事〉序言：评注、翻译与文本》(夏威夷大学出版社，1957年)；孟德卫,《莱布尼茨与儒学：和谐之求索》(*Leibniz and Confucianism: The Search for Accor*)(夏威夷大学出版社，1977年)。

3 阿尔贝·屈尔梅,《沙图领主》(*Les Seigneurs de Chatou*)(凡尔赛：奥贝尔印刷所1919年版）第114页注释1。该研究最初发表于《凡尔赛与塞纳—瓦兹历史评论》(*Revue de l'histoire de Versailles et de Seine-et-Oise*)1918年1—6月号及7—12月号。

4 《历史与考古学会通报》(*Bulletin de la Société historique*)第36卷（1909年）第278页。

5 关于《中国杂纂》的出版情况，参见本书第一章。

6 法兰西科学院手稿1515号第212—219对开页，参见第219对开页

记　载："Le P. Yang m' écrit de Canton que votre grandeur lui avoit donné la commission de faire fondre, ou de se procurer à Canton un assortiment de clochettes pour en garnir un pavillon octogone à six rangs ou étages. . . . "

7　参见本书第三章关于大报恩寺琉璃塔的论述与图示（图 3.5、3.6）。

8　《论中国建筑》第一册图版 131，另见图版 8。

9　法兰西科学院手稿 1526 号第 40—46 对开页记载："Questions à Envoyer à Monsieur Bourgeois en le priant d' y satisfaire, si' il le peut, à Son Loisir. "

10　法兰西科学院手稿 1524 号第 104—107 对开页，该文件为附有贝尔坦亲笔批注的草案。另一份致晁俊秀神父的手稿现藏法国国家艺术史研究所（INHA），编号Ms 131，题为"Bertin et la Mission de Chine, 1764–1792 "（贝尔坦与中国传教团，1764—1792 年），位于第 91—96 对开页。此文件虽包含若干新增修改内容，但因保留了贝尔坦的大量批注细节，所以可判定为研究院 1524 号文本的誊抄本。

11　法兰西科学院手稿 1524 号第 104 正面记载："Memoire / On joint ici l' esquisse d' une Maison située au bout et terminant une Terrasse d' un Jardin François, sur le bord d' une belle rivière et d' un très beau et immense paysage, ayant sa petite Terrasse quarrée dans la longueur de son petit Bâtiment, donnant sur cette Rivière, avec deux autres Terrasses descendants. "

12　同上，第 104 背面记载："On a imaginé de l' employer, ainsi que la Maison, à faire Une habitation Chinoise. Elle terminera d' une façon nouvelle et agréable ce jardin de ces deux côtés; et à l' égard des deux autres, ils sont absolument indifférents, n' étant point aperçus du Jardin. "

13　同上，第 105 正面记载："Par là on croit imiter le Chinois, et d' autant plus qu' on se procure de Canton les vitrages en Nacre de la Chine, dont les fenêtres de la Maison, soit au premier, soit au Rès de Chaussée, seront garnies ……"

14　关于中国缺乏"建筑师"职业的讨论，参见本书第三章。

15　同注 11，第 106 正面记载："Pour peu, au contraire, que le gout chinois les admette toutes les quatre, on prendra le parti de n' en diminuer aucune, s' agissant ici de faire une chose suivant le gout chinois, et non seulement sans aucun égard au gout de l' Europe; Mais plus ce dernier se trouveroit contredit, mieux cela vaudroit. On prie donc le Correspondant de faire bien le décider par les architectes de Chine, si ce quarré de quatre Galeries, leur paroit bien, et de leur goût, et de le marquer, et dans le cas contraire, la partie qu' ils en retrancheroient. "

16　雅宁·巴里耶、莫尼克·莫塞尔与赵哲冰编纂的《在华夏园囿中：西方的英中想象——威廉·钱伯斯》（*Aux Jardins de Cathay: l'imaginaire anglo-chinois en Occident, William Chambers*，贝桑松：印刷者出版社，2004 年），第 117—121 页引用了法兰西科学院 1524 号手稿中的一大部分内容，并对其进行了探讨。注释 225 、226 引用了涉及植物与种植问题的资料，参见玛丽-皮埃尔·迪穆兰-热内所撰《18世纪中国植物在法国的引入与驯化》（*L'Introduction et l'acclimatation des plantes chinoises en France au XVIIIe siècle* ，巴黎高等社会科学研究院博士论文，1994年10月），以及雅克·鲁瓦所撰《中国传教士与植物学》（Les Missionnaires de Chine et la botanique），载《在华教务委员会文集》（*Collectanea Commissionis Synodalis in Sinis*） 第6卷 第7—8期，1938年7—8月。

17 法兰西科学院手稿1524号第107页正反面。

18 同上，第107页背面末段记载："Nous avons au surplus beaucoup de Desseins de Pavillons chinois, et de toute espèce, mais si quelque architecte de Pekin nous en donnoit un, nous pourrions volontiers l' exécuter de préférence: dans ce cas, comme dans plusieurs d' autres, on se recommande à l' amitié de M. Panzy, qui nous feroit bien le plaisir de prêter son Crayon, pour nous rendre les idées et projets qu' on voudra bien nous envoyer."

19 法兰西科学院手稿1526号第104对开页记载："Nous avons au surplus beaucoup de Desseins de Pavillons chinois, et de toute espèce, mais si quelque architecte de PeKin nous en donnoit un, nous pourrions volontiers l' exécuter de préférence: dans ce cas, comme dans plusieurs d' autres, on se recommande à l' amitié de M. Panzy, qui nous feroit bien le plaisir de prêter son Crayon, pour nous rendre les idées et projets qu' on voudra bien nous envoyer."

20 同上，第41背面。

21 关于《圆明园四十景图》的讨论，参见本书第二章。

22 菲利普·杜布瓦，《让-雅克·勒奎：建筑设计师》（*Jean Jacques Lequeu: dessinateur en architectur*，巴黎：伽利玛出版社，2018年），第21页。杜布瓦在此并未为其主张提供依据。杜布瓦在1972年撰写的威尼斯建筑大学（IUAV）博士论文《让-雅克·勒奎是建筑设计师吗?》中提出了这一主张，具体出现在"勒奎、贝尔坦或'真正的幸福在乡村'"这一章。在《让-雅克·勒奎：建筑设计师》第22—23页中，杜布瓦称其论文收录了对晁俊秀的"提问"及回复，但未提供更多的细节。

23 参见近期出版的展览图录《让-雅克·勒奎：幻想建造者》（*Jean- Jacques Lequeu: bâtisseur de fantasmes*），由洛朗·巴里东、让-菲利普·加里克与马蒂亚尔·盖德隆共同主编（巴黎：法国国家图书馆/Norma出版社，2018年）。另参见弗雷德里克·莫尔万所撰《让-雅克·勒奎》，载菲利普·杜布瓦的《让-雅克·勒奎：建筑设计师》附录第233—261页，尤见第235—236页，该文提供了关于勒奎生平与职业生涯最全面的文献证据。

24 埃米尔·考夫曼，《三位革命性建筑师：布勒、勒杜与勒奎》（Three Revolutionary Architects, Boullée, Ledoux and Lequeu），载《美国哲学学会会刊》（*Transactions of the American Philosophical Society*），新辑，第42卷第3部分（1952年），第431—564页；参见第三部分《让-

雅克·勒奎》，第538—558页。

25 《让-雅克·勒奎：幻想建造者》，第154—157页。

26 同上，第155页，注释33，引用让·蒙瓦尔的《苏夫洛：他的生平、作品与美学（1713—1780）》[*Soufflot, sa vie, son oeuvre, son esthétique (1713–1780)*，巴黎：A. 勒梅尔出版社，1918年]，第420页，注释3。

27 卡蒂纳所著《沙图庄园》（*Les Châteaux de Chatou*）第64—66页记载了1775年工程建设所需的石材。尽管引证了大量史料，但作者并未明确标注贝尔坦所谓的"新府第"（"Chateau neuf"）的设计与建造的起始时间；另见巴里耶所撰《沙图领主》第140页及后续内容。

28 屈尔梅在《沙图领主》（*Les Seigneurs de Chatou*）第141页提出，作为苏夫洛的秘书，勒奎很可能最终完成了该建筑的建造。菲利普·杜布瓦在其著作《让-雅克·勒奎：一个谜团》（*Jean Jacques Lequeu: une énigme*，巴黎：Hazan出版社，1987年）第353页中，将勒奎称为"苏夫洛的全权代表"（fondé de pouvoir de Soufflot），即代理执行人或授权代表。参见素描《呈递指环的黑人侍者》（*Noir qui présente l'anneau...*），勒奎在此画作中即以该头衔署名；另见注释41。

29 卡蒂纳所著《沙图庄园》第101页提及该日期，但未提供相关文献佐证。关于同一时间的记载，另可参见前文注释4。

30 勒奎的建筑图稿——连同那些充满奇幻色彩且时常带有高度情欲意味的肖像画与人物习作——成为2018年12月11日至2019年3月31日在巴黎小皇宫举办的展览"让-雅克·勒奎（1757—1826）：幻想建造者"的核心展品。关于其图纸捐赠至国王图书馆的始末，参见科琳娜·勒比图泽所撰《"一部极具好奇心的作品集"：法国国家图书馆版画与摄影部藏让-雅克·勒奎画作》（*Un très curieux recueil': Les dessins de Jean-Jacques Lequeu d ans les collections du Département des e stamp e s et de la photographie de la BnF* ），载巴里东等主编《让-雅克·勒奎：幻想建造者》，第173—177页。

31 让-雅克·勒奎所著《民用建筑》两卷本（1777—1825年），现藏法国国家图书馆版画与摄影部特藏库，编号HA-80 (1)-FOL及HA-80 (2)-FOL。

32 《民用建筑》第1卷图版36图108，题为"Kiosque dans le goût des pagodes des Chinois, élevé dans l' isle du levant à la tête du grand canal; il sert de repos de chasse"（仿中国宝塔风格的亭阁，建于大运河源头东岛，用作狩猎休憩）。

33 同上，图版37图109，题为"Orthographie de la demeure du jardinier, appellée Maison chinoise"（园丁居所正投影，称为"中国屋"）。同版图110呈现了一座带柱廊的长平台及河畔的两座亭阁，这一设计或许与苏夫洛的宁芙圣所设计风格遥相呼应。

34 威廉·钱伯斯所著《中国建筑设计》（*Designs of Chinese Buildings*，1757年），1757年法文版为"*Desseins des édifices, meubles, habits, machines, et ustenciles [sic] des Chinois...*"（《中国建筑、家具、服饰、机械与器皿图集》），1776年法文版为"*Traité des édifices, meubles, habits, machines et*

ustensiles des Chinois ... “(《中国建筑、家具、服饰、机械与器皿专论》，巴黎：Le Rouge 出版社）。关于钱伯斯与中国园林的延伸研究以及其著作法文版的再版情况，参见巴里耶等学者合著的《中国花园》（*Aux jardins de Cathay*）。

35 乔治–路易·勒鲁日所著《英中混合园林》（Jardins anglo-chinois ou Détails de nouveaux jardins à la mode），相关研究参见维罗妮克·罗耶等学者编著的《乔治–路易·勒鲁日：英中混合园林研究》，特别关注第 5 册第 124—129 页的内容。

36 罗耶所著《乔治–路易·勒鲁日：英中混合园林研究》第 124 页记载：该书扉页底部题有”vendu à M. Lequeu Archit.te”（“售予建筑师勒奎先生”），其捐赠目录第 7131 号条目亦注明“donné par M. Lequeu en 1825”（“1825 年由勒奎先生捐赠”）。《中国建筑设计》现藏法国国家图书馆版画与摄影部，索书号：HD-89 (5)-Pet Fol。

37 钱伯斯所著《中国建筑设计》包含以下重要图版：图版IV，”Pavillons dans une Pagode des Faubourg [sic] de Canton”（“广州城郊某宝塔亭阁”）[原文”Faubourg”拼写有误]；图版VI，”Pont dans un jardin de Canton”（“广州某园林中的桥梁”）；图版 X，”Façade d’une Maison de Canton”（“广州某宅第立面”）。

38 卡蒙泰勒:《蒙梭公园图集》，巴黎：德拉福斯（Delafosse）出版社，1779 年，图版XVI（主亭与转环游戏亭景观）。另见展览图录《蒙梭公园的历史片段》（*Grandes et petites heures du parc Monceau*），巴黎：赛努奇博物馆（Musée Cernuschi），1981 年，第 100 页及编号 30 、43 展品。

39 让-雅克·勒奎:《中式转环游戏亭细部图：蒙梭公园中国花园已建部分及沙图花园改建方案》（*Détails du jeu de bague chinois, exécuté dans le jardin chinois à le Monceau; Changements du même pour celui du jardin de Chateou*），红黑墨水绘制，画幅 44.8 厘米 × 34.9 厘米，现藏法国国家图书馆版画与摄影部，编号 HA-80 (D)-FOL。

40 勒奎:《沙图转环游戏亭设计图》（*Pour le jeu de bague de Chatou*），铅笔绘制，画幅 20.4 厘米 × 12.4 厘米，现藏法国国家图书馆版画与摄影部，编号HA-80(D)-FOL。据崔基一考证，图中两个人物形象源自私人收藏的《乾隆皇帝中国古董花瓶图录》（*Recueil de Vases Antiques, et Piéces, tires des Cabinets Chinois de l’Empereur Kien-Long*）所载细密画。参见崔氏在 2019 年 3 月 29 日纽约 IFA 中国项目研讨会发表的《中国纹饰：贝尔坦藏乾隆御窑花瓶图研究》（*Ornament from China: Henri-Léonard Bertin’s drawings of the Qianlong emperor’s vases Chinois*），特此致谢。

41 勒奎:《呈递指环的黑人侍者》（“Noir qui présente l’anneau à celui qui court la bague.”），水墨水彩，画幅 29.1 厘米 × 18.2 厘米，现藏法国国家图书馆版画与摄影部，编号 HA-80 (D)-FOL。画作题签“Pour le jeu de bague de Mr. Bertin à Chatou / Le Queu / fondé du pouvoir de Soufflot“（为贝尔坦先生沙图庄园转环游戏亭设计/ 勒奎/ 苏夫洛全权代表）。

42 勒奎:《中式亭阁檐顶设计图》（*Dessin du couronnement du pavillon chinois*），

纸本水墨设色，画幅21.2厘米×16.6厘米，现藏法国国家图书馆版画与摄影部，编号VA-78 (2)-FOL。(图稿讨论参见杜布瓦所撰《让-雅克·勒奎：一个谜团》第339页)。画作带有“JLQ”签名花押，右下方铅笔标注“沙图”字样，相关设计讨论另见屈尔梅所撰《沙图领主》第143—144页。

43 勒奎诸多画作中含有奇异的情色元素，详见巴里东等主编《让-雅克·勒奎：幻想建造者》相关论述。

44 法兰西科学院手稿1524号第191页正反面记载：“Envoyé En janvier 1786. vu profil et vu Élévation d’une maison pour consulté [sic].”

45 巴里耶等，《中国花园》，第119—120页。但作者未注明晁俊秀神父书信的原始出处。

46 法兰西科学院手稿1517号第65—86页。末页日期标注：“北京，1789年10月10日“(“8bre”原误作”9bre”，即十一月，后修正)。

47 同上，第66页记载：“Il [Bourgeois] s’est chargé pareillement de faire des dessins à la chinoise pour l’embellissement de vos jardins de Chatou.”

48 同上，第77页背面记载：“Je m’étois proposé de vous envoyer un Pien et ses toui-tsee, c’est à dire une inscription sentencieuse pour être placée au fond de votre cabinet d’étude chinoise, et ses deux pendentifs, l’un à droite et l’autre à gauche, pour en indiquer l’explication. Mais comme M. Bourgeois n’a pas encore obtenu de ses Peintres les dessins pour l’arrangement des pièces qui doivent orner le jardin, j’ay cru pouvoir différer, à fin que vous receviez le tout ensemble.”

49 《中国杂纂》第1卷(1776年)《论中国上古史》(*Essai sur l’Antiquité des chinois*)第1—271页(特别是第33—63页)，该文基于钱德明《从文物考证中国上古史》手稿(*L’antiquité des chinois prouvée par les monuments*，法国国家图书馆布雷基尼文库第107号第9—74页)，钱德明签名及日期“1775年9月15日“见第73页。

50 《中国杂纂》第3卷(1778年)第43—45页(孔子传编号XXI)。

51 《中国杂纂》第9卷(1783年)钱德明书信节选第1—5页。

52 钱德明所用“planches”特指印刷图版，此处不确定是直接采用版画还是转绘图像(同上注第4页)。相关图像研究参见宝拉·德玛戴所著《欧洲人的儒家教育》(A Confucian Education for Europeans)，载《艺术公报》(*The Art Bulletin*)，2016年3月，第98卷第1期，第43—71页(特别是第48—57页)。

53 《中国杂纂》第9卷(1783年)钱德明书信第5页。

54 德玛戴前引文第49页图5—6，引证陈镐(1487年进士)1505年版《阙里志》；另见孔贞丛等纂修《阙里志》(12卷，曲阜孔氏1609年刊本)所载”大成至圣文宣王像”摹本。参见玛西娅·里德、德玛戴合著《纸上中国》(*China on Paper:European and Chinese Works from the Late Sixteenth to Early Nineteenth Century*)图录21号。

55 该幅肖像画另见唐代其他庙宇记载。

56 《中国杂纂》第9卷第431—437页“图版说明”。钱德明详译了张孚敬（1475—1539年）奏疏（时任礼部尚书，一说内阁首辅），参见窦德士所著《明代政治生涯》（*A Political Life in Ming China*），第5、7、14页；另见孟久丽所著《庙堂偶像》，其中详述了各种禁令——官方孔庙中所有绘画和雕像均取缔，但学校或书院中仍保存了绘画及其他图像，此外，曲阜孔庙建筑群允许存在的各类图像。

57 《中国杂纂》第12卷第379—383页相关记载，见第444—445页图版说明；图像参见《纸上中国》图录21号图74。

58 孔子所称“六经”含《易经》《尚书》《诗经》《礼记》《春秋》及已佚《乐记》，参见魏根深所著《中国历史手册》（*Chinese History: A Manual*）第475页；另见中国知识库（www.chinaknowledge.de）古典文献专栏（笔者于2016年6月27日检索）。

59 图版说明提及通往纪念“六经”编纂之亭的栏杆。

60 《中国杂纂》第12卷（1786年）序言第iii页。

61 除了出版《中国大哲孔子生平要事纪略》，赫尔曼还出版了《中国皇帝大事记》（*Faits mémorables des empereurs de la Chin*。巴黎：作者自印，1788年），其中含24幅基于贝尔坦藏中国原画制作的版画。其底本为《中国皇帝生平图录》（*Recueil Historique des Principaux Traits de la Vie des Empereurs Chinois*）两册（现藏法国国家图书馆，编号OE-5-FOL），与《乾隆平定西域战图》（*Suite des seize estampes représentant les conquêtes de l'empereur de la Chine*，巴黎，1785—1786年）扩充版（其中三幅拼接成长卷，中心图像注“取自贝尔坦先生藏品”）互为补充。

62 赫尔曼的《中国大哲孔子生平要事纪略》有1786年（与《中国杂纂》第12卷同年）和1788年两种版本记载。

63 伏尔泰诗句初见于《百科全书问题》（*Questions sur l'Encyclopédie*）第3卷（巴黎，1770年）“论中国”条目，后收入《哲学辞典》（*Dictionnaire Philosophique*）同名章节。

64 “J'ai connu un philosophe qui n'avait que le portrait de Confucius dans son arrière-cabinet: il mit au bas ces quatre vers: / De la seule raison salutaire interprète, / Sans éblouir le monde, éclairant les esprits, / Il ne parla qu'en sage, et jamais en prophète; / Cependant on le crut, et même en son pays. / J'ai lu ses livres avec attention; j'en ai fait des extraits; je n'y ai trouvé que la morale la plus pure, sans aucune teinture de charlatanisme.”（前引文德玛戴第49页含直译版本）。

65 皮埃尔-夏尔·勒韦克编译《孔子道德箴言》（*Pensées morales de Confucius*，巴黎：Didot&De Bure出版社，1782年，第166页），拉丁文底本未详。该著作引自赫尔曼《中国大哲孔子生平要事纪略》末页。

66 德玛戴（用英文写作）与李超英（用法文写作）对赫尔曼版画有深入研究，参见德玛戴所撰《欧洲学术视野中的中国历史哲学》（*Chinese History and Philosophy for European Scholars*）及《纸上中国》条目；李超英所撰《〈中国杂纂〉的图像政治与宗教意涵（1776—1791）》（*L'enjeu*

politique et religieux des modes de représentation dans les Mémoires concernant les Chinois (1776–1791)），载《艺术史》（*Histoire de l'Art*），2002年第51期，第87—99页；另见《〈关于中国人的回忆录〉中的政治议题（1776—1791）》（L' enjeu politique dans les Mémoires concernant les Chinois (1776–1791)），载《交汇》（*Croisements*）第4期（2014年），旅行与邻里笔记工坊，第190—208页；另见《18世纪法国对中华帝国的想象》（*Visions de l'Empire du Milieu au 18e siècle en France*）。

67 比西埃尔所著《贝尔坦家族史》第三部分，《佩里戈尔通报》（*Bulletin du Périgord*）1909年第36卷第159—160页转录钱德明致贝尔坦书信（Nepveu 文库第三卷），法兰西科学院手稿1517号第139页正面记载："Ne pouvant le faire en réalité, je le fais en idée et je me trouve déjà dans votre agréable séjour de Chatou."。参见比安梅、帕特里克·米歇尔合著《中国事务大臣贝尔坦侧影》（Portrait du singulier monsieur Bertin, ministre investi dans les affaires de la Chine），载罗什布吕纳所著《凡尔赛的中国风》（*La Chine à Versailles*），第150—177页（特别是第156—157页图6）。

68 参见前文关于1786年《中国杂纂》第12卷所载《孔子传》的讨论。

69 比西埃尔前引文："... dans la partie du milieu ce que nous appelons un ting; dans la partie de l' est, votre cabinet particulier ou votre chou-fang chinois; et, dans la partie de l' ouest, vous aurez un petit tso-fang ou laboratoire, où vous irez, de tems en tems, vous amuser ou vous délasser par quelque travail des mains."

70 图纸批注为钱德明书信内容的浓缩版。

71 "圣人非器"及下文引文皆转录自钱德明图纸批注。

72 参见理雅各所撰《中国经典》第1卷（牛津：克拉伦登出版社，1971年重印本），第150页《论语·为政》第12章及其注疏。

73 "德政口碑盈四堣"—— 钱德明误释"口碑"为"纪功碑"，实指民众颂扬。参见《马修斯汉英词典》（*Mathews'Chinese-English Dictionary*）第511页"k' ou-pei"（口碑）词条。

74 "仁寿身承冠一球"——钱德明释为"以仁为纲，故得心安寿永，天下景仰"。

75 钱德明论乾隆帝内容见其书信结尾（法兰西研究院手稿1517号第142页背面）。

76 该文献（封面烫印贝尔坦纹章）现存沙图市档案馆（www.chatou.fr，笔者于2019年2月28日检索），《蒙泰松采邑图录》——贝尔坦的另一处领地——亦存伊夫林省档案馆（www.montesson-histoire.com，笔者于2019年3月7日检索）。

77 扉页含贝尔坦全部官衔及编纂日期（参见屈尔梅所撰《沙图领主》第140—141页）。

78 1780年《沙图地籍图》标注贝尔坦属地（第71—72区），显示宅第与宁芙圣所轮廓。原图网址已失效，参见雅克·卡蒂纳所著《沙图的庄园与苏夫洛的水榭》(*Les Châteaux de Chatou et le nymphée de Soufflot*)第 106 页重绘图。

79 勒鲁日所著《时尚的英中混合园林》与《税赋图志》园治设计高度吻合。

80 卡蒂纳前引书第 93 页复刻《税赋图志》局部(标注含转环游戏亭的”中式花园”),第 94—95 页论贝尔坦”中式阁楼”但未注明出处。

81 参见前注 38 卡蒙泰勒蒙梭公园设计。

82 比西埃尔前引文第 238—239 页。

83 卡蒂纳前引文第 116—117 页。

84 明信片由沙图的 A. 法布尔出版(邮戳日期为 1910 年 9 月 12 日)。

85 约翰・亚当斯自传第二部分(马萨诸塞历史学会电子档案,笔者于 2014 年 8 月 1 日检索)。

86 比西埃尔前引文第 238—240 页(贝尔坦藏书信息见 1826 年信件)。

87 同上,第 240 页记载:“. . . comme une pagode en miniature à ses collections et ses curiosités chinoises.”

结　语

1 西尔维斯特・德・萨西,《足迹》(*Sillage*),第 13 章“沙图退休时期(1780—1792)”[La Retraite à Chatou (1780–1792)],第 149—155 页。

2 吕克-樊尚・蒂埃里,《巴黎鉴赏家与外国旅行者指南:巴黎城郊及周边名胜详述》(*Guide des amateurs et des étrangers voyageurs à Paris, ou Description raisonnée de cette ville, de sa banlieue et de tout ce qu'elles contiennent de remarquable*,两卷本,巴黎:阿尔杜安与加泰出版社,1787 年)。参见第 1 卷第 134—136 页记载:“Le Cabinet de M. Bertin . . . est riche sur-tout en raretés des Indes, & particulièrement de la Chine. Une correspondance suivie que M. Bertin entretient depuis plus de vingt ans avec des François résidens à Pékin lui a facilité les moyens de se procurer ce que ce pays produit de plus curieux & de plus intéressant, soit dans les Arts, soit pour l' Histoire naturelle. . . . Mais ce qui rend encore ce Cabinet plus intéressant c' est la collection considérable des Peintures que M. Bertin a reçues de la Chine, & qui mettent sous les yeux les moeurs, les usages, les productions & les arts de ce grand Empire, qui nous est jusqu' à présent si peu connu. M. Bertin se fait un plaisir non-seulement de laisser voir ce Cabinet, mais même d' en communiquer les differens objets aux Savans & aux Artistes qui espèrent retirer quelque utilité de leur examen.” 该《指南》两卷中载有多处类似“奇珍室”的记载,这些场所专门收藏艺术品、自然标本及其他珍玩。在此特别感谢枫丹白露宫遗产与藏品部主任文森・德罗盖为笔者指明这一重要文献来源。

3 法兰西科学院图书馆手稿 1522 号第 54 页正面记载:“puisque je suis déterminé premièrement à faire imprimer chaque année tout ce que vous nous envoyés, afin que le public joüisse sur le champs des richesses littéraires dont les sciences et les arts ne sauroient profiter trop tôt.

Secondement j' ai formé un cabinet ou tout ce que vous m' envoyés de la Chine est conservé prétieusement pour en donner communication à tout ceux qui ayant aquis vos mémoires et seront curieux de voir, de comparer, d' analyser même les originaux."此段文字引用自比安梅、米歇尔合著的《独特的贝尔坦先生肖像画》(Portrait du singulier monsieur Bertin),载德·罗什布吕纳等人编著的《凡尔赛的中国风》,第155—156页注释30。该文论述了贝尔坦"中国奇珍室"的组建过程。在此特别感谢东亚文明研究中心(CRCAO)的菲利普·彭斯研究员为笔者提供了完整文献。

4 法兰西科学院图书馆手稿1522号第58页背面至第60页正面。

5 关于潘廷章的生卒年份,各份文献记载略有出入。本书采用荣振华所著《在华耶稣会士列传》第194页的记载:他于1734年5月2日出生于佛罗伦萨,1771年抵达中国,1773年进入北京,1812年前卒于北京。法国同期文献多以"Joseph Panzi"称之。伯希和根据《中华帝国全志》(文学万神殿版第四卷)中"Pan-ting-tchang"的译音,考订其中文名为潘廷章。详见伯希和所撰《〈中国皇帝武功图〉考》(*Les 'Conquêtes de l'Empereur de la Chine*,《通报》1921年,第187—188页注释1)。伯希和在此指出,考狄等学者曾将其误写作潘若瑟(Pan Ruose)。

6 法兰西科学院图书馆手稿1515号,详见第20页背面至第21页正面。

7 塞夫勒皇家瓷器厂根据潘廷章的摹本,制作了两件瓷器:一件是瓷板釉上珐琅彩绘,另一件是全身肖像素胎雕塑。详见崔基一,《德行的写照:亨利–莱昂纳尔·贝尔坦、钱德明与中国的"伟人"形象》(Portraits of Virtue: Henri-Léonard Bertin, Joseph Amiot and the "Great Man" of China),载《东方陶瓷学会会刊》(*Transactions of the Oriental Ceramic Society*),第80卷,2015—2016年,第49—65页。感谢崔基一惠赐此文副本。

8 《中国杂纂》第1卷(1776年)扉页题诗:"Occupé sans relâche à tous les soins divers / D' un Gouvernement qu' on admire / Le plus grand Potentat qui soit dans l' Univers / Est le meilleur Lettré qui soit dans son Empire."

9 详见第一章关于严州府洪涝灾害的论述。

10 详见第四章注释66所引李超英关于这一图像转换研究的精辟论著。《中国杂纂》各卷所附图版的详细目录及参考文献,可参阅荣振华的《大型丛考》(*Grande Collection*)。

11 关于赫尔曼创作的大量中国题材版画的研究,参见尼可拉斯·莱弗伦茨所撰《伊西多尔–斯坦尼斯拉斯·赫尔曼与J. 佩利西耶》(Isidore-Stanislas Helman and J. Pélicier),载《印刷季刊》(*Print Quarterly*)第37卷第1期,2020年,注释栏目第75—76页。赫尔曼还创作了诸多法国大革命题材版画,法国国家图书馆数字档案(编号ark:/12148/cb149542077,笔者于2019年9月29日访问)收录约340幅作品,该网站同时记载其卒年为1806年或1809年。

12 《中国杂纂》第12卷"前言"第iii页记载:"II. Il nous a fait passer plus de

cent Dessins relatifs aux diverses circonstances de la vie de Confucius; nous n' avons employé que les plus intéressans, & nous les avons fait graver par un Artiste d' autant plus propre à saisir & à rendre ce qui les caractérise, qu' il travaille depuis plusieurs années fur des Dessins de Chine, dont il a publié des suites avec succès."所有图版右下角均标有赫尔曼签名——"Helman sculp[sit]"。另可参阅第四章关于赫尔曼中国主题版画的专题讨论。

13 《中国杂纂》第 12 卷特别声明:"因本卷增录大量镌版工艺精良的画作，出版成本有所增加，定价相应调整。"

14 关于这些画册的研究，参见崔基一,《古与今：亨利·贝尔坦与中国乾隆皇帝"瓷瓶"画册》(Ancien vs Antique: Henri-Léonard Bertin' s Albums of the Qianlong Emperor' s "Vases Chinois"), 载《18 世纪期刊》(*Journal18*) 第 6 期图册专题（2018 年秋季刊），原文链接为 www.journal18.org/issue6/ ancien-vs-antique-henri-leonard-bertins-albums-of-the-qianlong-emperors-vases- chinois/，笔者于 2019 年 10 月 3 日访问。

15 《中国古瓷瓶与各类瓷器图录》(*Vases anciens et diverses porcelaines de Chine*)，法国国家图书馆版画与摄影部特藏，编号OE-42-PET FOL。

16 该文本同时收录于布雷基尼档案 123（第 213—214 页）、126（第 96—99 页），两份抄本标注日期均为 1777 年。

17 法兰西科学院图书馆手稿 1522 号第 57—58 页。

18 该信息载于 1767 年运往贝尔坦的货物箱清单，该清单似乎为事后补编。详见法兰西科学院图书馆手稿 1524 号第 130 、133 页。

19 关于贝尔坦所藏《西清古鉴》抄本（现存法国国家图书馆）的研究，可参阅莫尼克·科恩、娜塔莉·莫奈合著《中国印象》(*Impressions de Chine*，巴黎：法国国家图书馆，1992 年），目录编号 86；娜塔莉·莫奈所著《中华帝国纹样》(*Chine: l'Empire du trait*)，目录编号 99 所载 1755 年御制《钦定西清古鉴》。

20 《西清古鉴》卷十七，页十九，周环梁卣六。

21 法兰西科学院图书馆手稿 1522 号所藏致高、杨二人信函，第 57 页背面记载:"J' ai fait exécuter cette année deux de ces vases dans la manufacture du Roy, ils ont été très goutés à la cour et le Roy en a fait présent à l' un de ses petits fils. "

22 参见夏洛特·维尼翁的论述，原载弗里克收藏馆2011年发布的新闻稿（存档于www.frick.org/sites/default/files/pdf/press/Fall2011NewAcquisitionsRelease_Archived.pdf，笔者于2019年10月3日访问）。该文献为本书诸多细节的来源。关于"日本花瓶"的详细图录及讨论，可参阅史曼泰克所撰《中国与希腊—罗马古物：18 世纪法国花瓶研究序章》(China and Greco-Roman Antiquity: Overture to a Study of the Vase in Eighteenth-Century France)，载《18 世纪期刊》第 1 期"多重维度"(Multilayered) 专题，2016 年春季刊，www.journal18.org/issue1/china-and- greco-roman-antiquity-overture-to-a-study-of-the-vase-in-

eighteenth-centuryfrance/，笔者于 2019 年 10 月 3 日访问。除了 1774 年制作的“日本花瓶”，史曼泰克还提到了贝尔坦 1785 年所下的订单——要求制作两件赠予中国皇帝的新品，这两件新品可能采用了仿金属器皿的变体纹饰。详见史曼泰克所撰《中国与希腊—罗马古物》第 4 页，编号 20—24。

23 画册内的题跋亦为诸册之间的关联提供了佐证。关于四卷画册之间的具体联系，详见第三章注释 61；另可参阅画册内容的专题讨论部分。

24 关于布雷基尼档案 126 号第 19—22 页的记载，详见第三章注释 87。该档案第 17 页（建筑篇末页）载有纪年文字，“a pe-king ce 3. oct. 1773”（乾隆三十八年十月初三日于北京）。经考证，与其内容完全相同的文本亦见于法国国家图书馆布雷基尼档案 123 号第 221—223 页。

25 法国国家图书馆布雷基尼档案 123 号第 221 页正面载：“On a dû voir dans l’envoi de l’année dernière la forme extérieure et intérieure des Bâtiments Chinois.”

26 关于该典籍及其内容的简要说明，可参阅罗香林、福开森合编《中国画学书目提要》（An Annotated Bibliography of Chinese Painting Catalogues and Related Texts），载《密歇根中国研究丛刊》（*Michigan Papers in Chinese Studies*）第 16 辑（安阿伯：密歇根大学出版社，1973 年），第 99—101 页。

27 法国国家图书馆布雷基尼档案第 123 号第 223 页正面字迹虽时有难辨，但仍可见“He-Le-Sieou”（何乐修）、“Ha-La-Tchi”（哈喇吉）、“Hiao Tchang”（孝章）等人名或题署。

28 法国国家图书馆布雷基尼档案第 123 号第 223 页背面（大小写悉依手稿原貌）记载：“Hélas! combien d’ames ont été gangrenées de l’usure par des peintures et des gravures que la pudeur naturelle eut fait jetter dans les flames si la Célébrité du pinceau ou du Burin qui les avoit faites n’en avoit pas fait un objet de curiosité ou de Commerce.”

29 法国国家图书馆布雷基尼档案 123 号第 223 页背面记载：“mais où nous égarons nous à propos des deux petites peintures de plafonds Chinois? qu’on nous pardonne cette follie à notre amour pour la patrie et pour la religion. l’histoire de la Chine nous effraye sur les avenirs que se prépare notre France si la Sagesse et l’exemple de nos bons ayeux ne ramenent pas les idées publiques vers le goût du vrai, du solide, de l’utile qui peuvent seuls procurer l’abondace et l’innocence dont dépend la tranquilité publique. Hélas! nous étant venus sacrifier au bout du monde pour des Etrangers que ne ferions-nous pas pour nos Compatriotes?”

30 《中国杂纂》第 9 卷（1783 年），第 454—470 页，后附 12 幅选刊图版。相关的政治意涵分析参见李超英所著《政治博弈》（*L’enjeu politique*）第 89—92 页。

31 《中国杂纂》第 9 卷第 454 页记载：“c’est une pièce originale dont il n’existe point de copie; qu’en Chine un curieux acheteroit un pareil monument,

comme on achète en Europe les tableaux originaux des plus grands maîtres; qu' il le laisseroit à ses enfans, comme une des plus belles portions de son héritage; & que sa famille vendroit plutôt ses terres & ses maisons que de s' en dessaisir.'" 该段记述与下一条注释中的评述相互印证。

32 同上，第 458 页记载："Mais si la peinture peut raconter aux yeux l' histoire de ces faits dignes d' un éternel souvenir, les faire connoître à tout l' Empire & en conserver les détails aux races futures; il est au-dessus de tous les efforts de cet art sublime d' en présenter une image fidelle & qui égale la vérité . Puissent au moins ces peintures être un monument eternel de la reconnoissance de ceux qui les ont demandées, & inspirer à tous ceux qui les verront, les sentimens de respect & d' amour dont ils sont pénétrés pour le meilleur des Princes! "

33 《中国杂纂》第 2 卷（1777 年），第 365—574 页所载《关于P 先生著述之按语》（*Remarques sur un Écrit de M. P...*），这篇撰于 1775 年 7 月 27 日的文章对迪・鲍所著《埃及人与中国人之哲学研究》进行了严厉批评。

34 《中国杂纂》第 2 卷第 426—428 页所载第 33 则按语。

35 《中国杂纂》第 2 卷第 427 页记载（原文为斜体）："Les idées pittoresques dont on nous remplit la tête en Occident sont si folles sur cet article, que j' y tiendrois encore probablement, si la nécissité de les abandonner, dans nos peitures pour l' Empereur, n' avoit pas mis ma raison au large, & ne lui avoit pas fait prendre le dessus. "

36 《中国杂纂》第 2 卷第 436—439 页所载第 40 则按语，针对迪・鲍原书第四章"论埃及人、中国人及全体东方民族之绘画与雕塑现状"（"De l' état de la peinture & de la sculpture chez les Égyptiens & les Chinois & tous les Orientaux en général"）中有关整个"东方"艺术的论断进行了驳斥。

37 此处所指书目，其来源很可能是惠泽霖等人编撰的《北堂图书馆目录》。

38 《中国杂纂》第 2 卷（1777 年）第 442—445 页第 42 则按语。

39 荣振华在《大型丛刊》第 274 页指出，"按语"的作者实为高类思与韩国英，其依据包括贝尔坦 1777 年 9 月 30 日致韩国英书函，"按语"正文第 365 页的记载，费赖之所著《在华耶稣会士列传及书目（1552—1773）》（*Notices biographiques et bibliographiques sur les Jésuites de L'ancienne Mission de Chine*）第 924 条注释 3（上海：天主教传教会印刷所，1932/1934 年版）。

40 《中国杂纂》第 2 卷第 459—460 页第 49 则按语。

41 关于欧洲线性透视法在中国的传播及其与错视画天花板创作之间关系的详细讨论，请参阅本书第三章相关内容。

42 此处所指为远瀛观，该建筑专为陈列路易十五赠予乾隆皇帝的博韦挂毯组画而建。这套挂毯虽于 1766 年运抵中国，却因广东巡抚的阻挠而滞留海关，成为北京耶稣会士与清廷交涉的重要筹码。详见考狄所著《贝尔坦通信集之七：蒋友仁》（Les Correspondants de Bertin, VII, Michel

Benoist)，载《通报》第18卷（1917年），起自第303页。远瀛观内还陈设了乾隆皇帝收藏的诸多其他欧洲珍品，参考乔治·罗尔《18世纪清宫廷传教士画家的本土化及其创作》（The Sinicization of Missionary Artists and Their Work at the Manchu Court during the Eighteenth Century），载《世界历史杂志》（*Cahiers d'histoire mondiale*）第7卷第4期（1963年），第795—816页，特别是第812—813页。另据路易—弗朗索瓦·德拉图尔所著《论中国建筑、园林、医学原则及风俗习惯论集》（巴黎：克卢西耶印书馆，1803年）第165页记载，1767年路易十五所赠"哥白林挂毯"（Gobelin）组画被安置于新建的70尺长殿中，室内还陈列了诸多"机械装置"。

43 详见约翰·芬利所撰《乾隆皇帝的西洋景》，特别是第163—168页。

44 《中国杂纂》第2卷，第459—460页（原文为斜体）记载："Si la peinture etoit un sujet assez intéressant & assez utile pour mériter des recherches, nous pourrions envoyer en Occident bien des détails qui aideroient peut-être à mieux entendre & à mieux expliquer qu' on ne fait ce qu' on trouve dans les Auteurs sur celle des Anciens. L' Empereur a actuellement dans son parc un village européen peint à fresque & en scènes, de manière à tromper les yeux. La muraille représente un paysage & des collines qui se terminent si heureusement au point de vue des montagnes éloignées qui sont derrière, qu' il est difficile d' imaginer rien en ce genre de plus heureusement inventé & exécuté . Nos peintres Chinois ont exécuté ce bel ouvrage d' après les dessins & sous la direction d' un misérable broyeur de couleurs. "

45 关于《西洋楼二十景》铜版画的不同版本及其传入欧洲的经过，详见约翰·芬利所撰《亨利·贝尔坦（1720—1792）与18世纪法国的圆明园图像》（*Henri Bertin (1720-1792) and Images of the Yuanmingyuan in Eighteenth- century France*），第129—131页的专门论述。

46 《中国杂纂》第2卷第460—461页第50则按语。

47 同上，第488—489页第66则按语。

48 同上，第489页记载："Nous en aurions trop long à dire, si nous nous mettions à relever tout ce que l' Auteur avance de faux, de hasardé & d' inconséquent sur notre peinture, qu' il ne paroît connoître que par des éventails ou des paravents de Canton. "

49 《中国杂纂》第9卷（1783年），第282—430页所载《论中国语言文字》（*Essai sur la langue et les caractères des Chinois*）。本书讨论的评注详见第363—364页注释16，该注释针对正文第296页的内容。

50 《中国杂纂》第9卷第364页记载："Qu' on nous permette d' ajouter ici que si le génie & le bon goût pouvoient tirer la peinture chinoise de sa langueur, les frères Castiglioné & Attiret y auroient réussi par les belle choses en tout genre qu' ils ont faites pour l' Empereur. L' histoire de leurs ouvrages & de leur vie mériteroit d' entrer dans celle de la peinture. "

51 关于玻璃反画（又称"背绘"或镜画）的基础介绍，可参阅：玛格丽特·佐丹、R. 索姆·詹宁斯合著的《18 世纪中国外销艺术》(*Chinese Export Art in the Eighteenth Century*),伦敦:乡村生活出版社(Country Life Ltd.),1950 年;1967 年春季书籍(Spring Books)再版 ,特别是第三章“玻璃上的绘画”(“Paintings on Glass”,第 33—39 页)及图版 53—66。艾米莉·伯恩·柯蒂斯所撰《欧洲与中国的玻璃交流(1550—1800):外交、商业与技术互动》(*Glass Exchange between Europe and China, 1550–1800: Diplomatic, Mercantile and Technological Interactions*), 第四章“玻璃面板:窗户与绘画”(Panes of Glass: Windows and Paintings,第 41—55 页),特别是“玻璃反画”部分(第 50—52 页);法纳姆与伯灵顿:Ashgate 出版社,2009 年。

52 《中国杂纂》第 11 卷(1786 年)所载《已故北京传教士韩国英论中国实用艺术杂记》(*Diverses remarques de feu M. Cibot, missionnaire à Péking, sur les arts-pratiques en Chine*),第 361—370 页;参见第二部分“论玻璃绘画技艺”(De l' art de peindre sur les glaces),第 363—366 页。

53 在 18 世纪法语中,“glace ”一词既可指镜子,亦可指透明玻璃板(详见下文注释 57)。

54 《中国杂纂》第 11 卷第 365—366 页记载:“Les Chinois n' ont que trop bien réussi à peindre, sur de grandes & de petites glaces, les saletés & les infames cyniques dont on leur avoit donné des modeles. Il ne suffisoit pas d' exciter le talent des vrais Peintres par l' appât de l' or & de l' argent, il falloit encore les enhardir contre les loix de l' Empire, les engager à travailler dans des lieux cachés & inconnus, pour ne pas exposer leurs personnes & leurs familles; & l' on en est venu à bout à force des piastres.”此段记载亦被佐丹与詹宁斯在《18 世纪中国外销艺术》第 38 页注释 1 所引述,唯其标注的页码及作者归属(误作钱德明)均有讹误。

55 详见佐丹、詹宁斯合著《18 世纪中国外销艺术》图版 53—68,该系列精选了具有代表性的玻璃画作品。

56 另请参阅约翰·芬利所撰《亨利·贝尔坦与路易十五赠乾隆帝之礼》(Henri Bertin and the Présents from Louis XV to the Qianlong Emperor)一文。

57 《利特雷法语词典》在线版对“glace”的释义:“用于制作镜子的玻璃板或水晶板。浇铸玻璃板(Couler une glace)。给玻璃板镀银(Étamer une glace)。该词尤指大型镜子。”

58 贝尔坦致高、杨二人的书信(1765 年 1 月 16 日)详细记载了《致高先生与杨先生之指示》,明确规定了二人应如何处理路易十五下令交付其携返中国的礼品。法兰西科学院图书馆手稿 1521 号,第 60—71 页;另可参阅贝尔坦亲笔在该文件页边所作的批注。

59 同件手稿第 62 页背面。

60 《中国杂纂》第 5 卷(1780 年)序言(无页码标注)记载:“Ce cinquième Volume des Mémoires sur les Chinois, contient, 1o. une Idée générale de la Chine, & de ses premières relations avec l' Europe. On a pensé qu' une

exposition abrégée de l' Histoire de la Chine, de ses révolutions, de sa Religion, de ses Loix, de ses mœurs, de ses usages, &c. seroit utile & agréable au grand nombre des Lecteurs qui par-là seront plus en état de faire la comparaison des objets ainsi rapprochés, & de juger l' Europe par la Chine & la Chine par l' Europe. Ce morceau n' a point été envoyé de Pékin: c' est l' ouvrage de M. **." 该文载第1—68页。需注意：第10卷（1784年）的总目录未标明作者身份，荣振华的《大型丛刊》亦未提及此人。

61 《中国杂纂》第5卷第1—25页《中国行纪选编》（*Extraits des Voyages faits à la Chine*）。

62 《中国杂纂》第5卷第6页记载："… encore aujourd' hui, lorsqu' on parle à la Chine de la manière dont cette famille gouverna l' Empire, on l' appelle le sage gouvernement." 关于马可·波罗的旅行、发现及其记述，详见第4—10页，后续章节亦有援引。

63 文中引述了耶稣会于1573年在澳门建立传教站的历史事件，当时正值中国明朝万历皇帝统治时期，但该文令人费解地将这位皇帝的称谓误写为"Chintsong II"（秦宗二世），详见该书第15—16页。

64 同前引文献记载："Le Père Valignan eut soin de se procurer des curiosités de l' Europe, comme des montres, des horloges, des quarts de cercle, des globes, toutes sortes d' instrumens de mathématiques, & autres choses de prix, afin de les présenter au Mandarins de Canton, & de les engager de les faire recevoir favorablement à la Cour de Pékin. "

65 同前引文献第25—45页，第二部分"中国之教育、学术、风俗、政制与天文"（Education, Etudes, Mœurs, Gouvernement, Sciences & Astronomie des Chinois）。

66 同前引文献第32页记载："De tous les modèles du Gouvernement qui nous sont venus des anciens, il n' en est aucun qui renferme autant de perfection que la Monarchie Chinoise. "

67 同前引文献第45—68页，第三部分"中国之年代学、历史与宗教"（De la Chronologie, de l' Histoire & des Religions de la Chine）。

68 法兰西科学院图书馆手稿1521号第71页背面，载《指示》第九项结尾处："Les cartes géographiques que le Sr. Ko et le Sr. Yang emportent avec eux leur serviront à démontrer la distance qui sépare l' empire de la Chine de celuy de la France et que la navigation françoise sçait franchir pour entretenir un commerce avec les Chinois, la grandeur de la Chine comparée avec celle de la France et avec celle des autres puissances de l' Europe, les plans de Paris, du Louvre, de Versailles et des autres maisons royales donneront une idée de la magnificence du Roy. "

69 同前引文献记载："Les mémoires d' astronomie et de géométrie que les académiciens du Roy on publié et qu' ils que les Srs. Ko et Yang emportent feront connoitre la protection particulière que le Roy accorde aux lettres, aux sciences et aux arts, comme l' empereur de la Chine auprès duquel ils sont en

grande recommandation. ”

70 参见《利特雷法语词典》在线版（http://littre.reverso.net/dictionnaire-francais/）的“comparer”（比较）词条。

71 《中国杂纂》第1卷（1776年）序言第xiii—xiv页记载：“Si depuis que la Chine envoie en Europe des observations & des faits, on les eût toujours recueillis soigneusement, & donnés au public à peu près tels qu’ils étoient, nous serions plus en état que nous ne le sommes de comparer les Chinois avec nous, quant aux Arts, à l’Industrie aux Mœurs, au Gouvernement. Nous aurions vu il y a long-tems que cette Nation, éloignée de nous à tant d’égards, n’a pas été moins riche, ni moins heureuse que nous; qu’elle l’a peut-être été davantage: & nous aurions pu en tirer cette conséquence utile, Qu’un certain milieu entre la grossière ignorance & les rafinemens des Sciences & du Goût est peut-être l’élément qui convient le mieux à l’espèce humaine: & celle-ci encore, Que le Gouvernement paternel, dont les Empereurs Chinois se sont rarement écartés, & où ils sont rappellés sans cesse par le ton général des mœurs & des principes de la Nation Chinoise, est celui de tous qui produit le plus sûrement le bonheur des Peuples & la vraie gloire des Souverains. ”

72 详见第一章注释62，所涉及的文本载法兰西科学院图书馆手稿1521号第66页背面至第69页背面。

73 法兰西科学院图书馆手稿1521号第9项，第66页背面至第67页背面记载：“mais comme ils ne sauroient suffire d’eux-mêmes à la connoissance de tout ce qui leur est nécessaire pour remplir ces objets, ils doivent chercher soigneusement à former des liaisons différentes et analogues aux connoissances de différente espèce qu’il leur est essentiel d’acquérir à la Chine pour les comparer avec celle qu’ils on pris en France. ”

74 法兰西科学院图书馆手稿1521号第67页正面记载：“ . . . on leur fera les instructions toujours de l’état ou en est l’Europe relativement à ces mêmes objets. ”

75 葛雷格·M. 托马斯所撰《圆明园 / 凡尔赛宫：中国与欧洲宫廷文化之间的跨文化互动》（Yuanming yuan/Versailles: Intercultural Interactions between Chinese and European Palace Cultures），载《艺术史》（*Art History*）第32期第1号（2009年2月），第115—143页。

76 同前引文献第129—130页；另可参阅约翰·芬利所撰《亨利·贝尔坦（1720—1792）与18世纪法国的圆明园图像》[Henri Bertin (1720–1792) and Images of the Yuanmingyuan in Eighteenth-century France] 一文。

77 同前引文献第135—136页。葛雷格·M. 托马斯是首位研究该地图的现代学者，而此地图直至近年才在法国国家图书馆藏品中被辨识确认。

78 现藏法国国家图书馆版画与摄影部，编号AG-187-GRAND ROUL。标签文字：“圆明园大部平面图，欧洲人谓之中国凡尔赛及乾隆帝离宫别苑，含北京精雕铜版画20帧，我于1787年10月得自北京法籍传教士晁俊秀。”

据法国国家图书馆记录，此图首见于《里尔已故杜里埃藏书拍卖目录》[*Catalogue des livres imprimés et manuscrits, composant la bibliothèque de feu M. L.-M.-J. Duriez (de Lille)*]（巴黎，J.-S. Merlin 书局，1827年），1828年1月22日至4月1日拍卖，编号1353，第137页著录为“圆明园大部平面图……”。

79 关于《西洋楼二十景》铜版画及伊兰泰参与制作的最新研究，可参阅李启乐所著《帝国的幻影》第五章“展演欧洲”（Staging Europe）。尤需关注第194页及后续章节“镌刻与观赏《西洋楼水法图》”（Engraving and viewing the Pictures of the European Palaces and Waterworks），其中引用了清宫档案记载的工程时间。

80 参见德拉图尔藏品首场遗物拍卖目录前言，即《已故德拉图尔先生珍藏善本初编目录》（*Premier Catalogue des Livres, la plupart précieux, du Cabinet de feu M. L.-F. Delatour*），巴黎：提利亚兄弟书局与梅里戈书局（Tilliard Freres; J.-G. Mérigot），1808年。

81 《论中国建筑》第五章专论中国园林，其中多次提及德拉图尔与晁俊秀的通信往来。德拉图尔引用了晁俊秀寄赠的版画作品，这些画作在1786年北京发运清单（法兰西科学院图书馆手稿1524号第192页）中均有记载，包括乾隆皇帝《战功图》铜版画中国拓本（原版刻于法国），《西洋楼二十景图》版画（误记为“中国首批铜版画”），《圆明园四十景图》木刻版画（误记为五十景），6幅宫廷绘画及其原始木刻底版。关于这批宫廷绘画，详见约翰·芬利所撰《亨利·贝尔坦（1720—1792）与18世纪法国的圆明园图像》。

82 参见伯希和所撰《〈中国皇帝的战绩〉考》（*Les'Conquêtes de l'empereur de la Chine*）第227—229页注释4，尤需关注第228页所引1808年遗物拍卖目录之记载。

83 英国曼彻斯特大学图书馆所属的瑞兰兹图书馆特藏部藏有相关文献。详见约翰·芬利所著《亨利·贝尔坦（1720—1792）与18世纪法国的圆明园图像》。

84 《论中国建筑·中国园林》第6章“论中国温室之形制及其他”（Des serres chinoises et de leurs formes, etc.），第221—229页。

85 关于德拉图尔摘录韩国英文稿的内容，详见上书第221—227页。

86 《论中国建筑》第228页记载：“En 1776, nous avons vu entre les mains de M. l' abbé Batteux, de l' Académie françoise, Editeur des sept premiers volumes des Mémoires des Missionnaires françois de Pékin, quatre dessins des belles serres de l' Empereur, colorés avec une propreté infinie. On doit appeler ces dessins des peintures: elles avoient été envoyées en présent par les Missionnaires, à M. Bertin, et ne déparoient pas la riche collection de curiosités chinoises qui formoient son cabinet. ”

87 参见第三章注释2；该注释提及6幅画作，然而图册仅存5幅，所缺一幅笔者不详。

88 《论中国建筑》第229页引述1778年7月1日第26期《公报、启事与杂闻周刊》（*Affiches, Annonces, et Avis Divers... Feuille Hébdomadaire*）第102页的记载。

89 《论中国建筑》第244页注释（o）引第228页内容："Le riche cabinet de M. Bertin, formé par les Missionnaires de la Chine, qui avoient en lui un protecteur généreux et zélé, toujours disposé à solliciter, auprès du gouvernement, des secours pécuniaires, pour faciliter leur accès, et être utiles à la nation, près des Grands de la cour et du Prince même, doivent être considérés par leurs travaux, comme Missionnaires et littérateurs . Ce cabinet qui contenoit tant d' objets de goût et de curiosité, est passé, avant 1791, en d' autres mains par dispersion, ou par la vente que l' ancien ministre, dépouillé de ses pensions et de sa fortune, a été obligé de faire. Une terre étrangère lui a présenté un asile où, peu de temps après, il a terminé ses jours. "

90 西尔维斯特·德·萨西所撰《轨迹》第154—155页。

91 同前引文献第154页，转引自考狄所撰《贝尔坦的通信者》，载《通报》第17卷（1916年），第620页。

92 西尔维斯特·德·萨西所撰《轨迹》第155页；另见洛尔·博蒙-马耶，《版画馆藏家录》（Les collectionneurs au Cabinet des estampes），载《版画新闻》（*Nouvelles de l'estampe*），1993年12月，第132号文献，第5—27页，其中贝尔坦条目第12项记其卒于1792年9月12日。此外，比西埃尔的《佩里戈尔通讯》（*Bulletin du Périgord*）第36卷（1909年）第238—239页则载其卒日为同年9月16日。

93 前引博蒙-马耶所著《版画馆藏家录》。

94 伊莲娜·阿吉翁，《革命时期的博物馆》（Le Musée révolutionnaire），载《考古学史：从器物到研究》（*Histoires d'archéologie: De l'objet à l'étude*，巴黎：法国国立艺术史研究院，2009年）第1页，网络资源见http://journals.openedition.org/inha/2789（笔者于2019年10月8日访问）。

95 参见法国国家图书馆官网数据页"法国国民公会艺术委员会"（France. Convention nationale. Commission des arts），网址：https://data.bnf.fr/fr/13533855/france_convention_nationale__commission_des_arts/（笔者于2019年10月8日访问）。该委员会详尽的编目规范详见菲利克斯·维克达齐尔、托马·兰代与老布基耶合著的《艺术品、科学仪器及教学物品共和国全境编目与保存指南》（*Instruction sur la manière d'inventorier et de conserver, dans toute l'étendue de la République, tous les objets qui peuvent servir aux arts, aux sciences et à l'enseignement, proposée par la Commission temporaire des arts...*），巴黎：国家印刷局，共和二年（1793年）。

96 路易·蒂泰编纂《临时艺术委员会会议记录》（*Procès-verbaux de la Commission temporaire des arts*），两卷（巴黎：国家印刷局，1912年第1卷，1917年第2卷）。其中诸多原始文献现藏法国国家档案馆，另一部分现藏法国国家图书馆钱币徽章馆（Cabinet des Médailles de la BnF）。相关研究详见伊莲娜·阿吉翁所著《革命时期的博物馆》第4页。

97 路易·蒂泰编纂《临时艺术委员会会议记录》第1卷，第54页注释1。该注释援引法国国家档案馆藏档案（编号F171231）。

98 同前引文献第56页。贝尔坦在此被一致称为“流亡者贝尔坦”(“émigré Bertin”)。

99 同前引文献第87页注释4。该注释记录了1794年2月14日（共和二年雨月二十六日）图书管理员签收的17幅画作状况。此文件现存法国国家档案馆，编号F171047第7号。

100 《流亡者贝尔坦旧藏17项物品清单》(*État des 17 articles provenant de l'émigré Bertin. . .*)，现藏法国国家图书馆版画与摄影部特藏库，编号399。笔者谨向该部门工作人员致谢，承蒙准许查阅馆藏贝尔坦旧藏绘画及相关文物档案。

101 文档编号399上留有铅笔标注的索书号，其中多数藏品仍现存于法国国家图书馆版画与摄影部特藏库。

102 法国国家图书馆版画与摄影部特藏库第398号文档，题为《前件所述14项物品清册》(*Etat des 14 articles mentionnés dans la pièce précédente*)。

103 法国国家图书馆版画与摄影部特藏库第400号文档，所列数值为“预估”。

104 法国国家图书馆版画与摄影部特藏库第401号文档，标题为《来自贝尔坦先生收藏的中国珍品目录》(*Note des Curiosités Chinoises provenant du cabinet de Mr. Bertin*)。

105 此批注实为法国国家图书馆版画与摄影部所藏文档之简目，题为《流亡者贝尔坦档案》(*Dossier de l'Émigré Bertin*)，仅列6份清单标题，编号自397至402号。

106 标题为《国家图书馆古物博物馆藏贝尔坦公民收藏室中国物品目录——共和五年果月十七日[1797年9月3日]于奈尔街查抄》(*Catalogue des objets chinois provenant du cabinet du citoyen Bertin, enlevé à la maison de Nêle le dix-sept fructidor an cinq [3 September 1797] de la République, pour le Muséum des antiques de la Bibliothèque nationale*)，索书号5 AMC 74。另见下一条注释。

107 贝特朗·多热龙,《在古典与异域之间：共和三年“古物博物馆”被遗忘的比较研究计划》(Entre l'antique et l'exotique, le projet comparatiste oublié du 'Muséum des Antiques' en l'an III)，载《法国大革命历史年鉴》(*Annales historiques de la Révolution française*) 第356期（2009年4—6月），第143—176页；http://ahrf.revues.org/10629，笔者于2019年10月8日访问；特别参见第165页及注释97，其中提及钱币徽章馆藏《贝尔坦公民收藏室中国物品目录……》(*Catalogue des objets chinois provenant du cabinet du citoyen Bertin. . .*)（索书号5 AMC 74，同前注）。该索书号现已失效。

108 泰奥菲尔·马里翁·迪梅桑,《奖章、古董与雕刻宝石馆历史：附国王图书馆简介及该馆展出物品描述》(*Histoire du Cabinet des médailles, antiques et pierres gravées avec une notice sur la Bibliothèque Royale, et une description des objets exposés dans cet établissement*)，巴黎，作者自印，

1838 年，第 164 页。

109 同上书第 165 页；该页注释 95 引用了迪梅桑频繁引用的文献来源——蒂泰所著《临时艺术委员会会议记录》。

110 共和国五年果月十七日。

111 法文原文："10. Bâton de Vieillesse donné au P. Amiot par l' Empereur. Il est en trois pièces."

112 法文原文："42. Tasse faite à la Manufacture de l' Empereur. Elle porte un poème que l' empereur a fait à la chasse sous un arbre qui lui plut. mutilée."

113 崔基一所撰《钱德明神父之杯》(Father Amiot' s Cup)，载何安娜、列略主编《物质文化史书写》(*Writing Material Culture History*)，第 24 页，注释 8 、9。

114 同上书第 34 页注释 8；法兰西科学院手稿 1522 号第 2—3 页（对开页）所载引文如下："4o: 2 tasses avec leur couvercles sur lesquels sont des vers faits par l' Empereur lui-même, la 11e Année de son règne, et que j' ay traduits en français le moins mal que j' ay pû." 乾隆十一年即公元 1746 年；崔基一此处另引裴化行所著《中国寄赠文物目录》(*Catalogue des objets envoyés de Chine*) 第 125 页的记载。

115 同上书第 34 页注释 9，引用法兰西科学院手稿 1524 号第 133 页（对开页）。该目录虽标注为 1769 年，但其条目内容与同手稿前页第 129 页（对开页）所载基本一致。第 127 页（对开页）附注标明后续数页所列皆为"中国来物"。

116 《已故贝尔坦先生（路易十五及路易十六时期的大臣兼国务秘书）的中国收藏室珍品说明》(*Notice des articles curieux composant le Cabinet chinois du feu M. Bertin, Ministre et Secrétaire d'État sous Louis XV et Louis XVI*)，H. 德拉罗什鉴定，拍卖官莫罗[巴黎：克拉普莱印刷所（Crapelet），1815 年 2 月 1—4 日]；相关条目见第 9 页第 20 号。笔者感谢崔基一惠赐该目录扫描副本。

117 这一鉴定结论是崔基一在《钱德明神父之杯》中论述题诗瓷杯的核心依据。参见钱德明译《盛京赋》，出版人约瑟夫·德吉涅，巴黎：N.M. 蒂利亚尔书局，1770 年。书中第 329 —337 页对乾隆御制诗《茶诗》进行了描述、转录及翻译。该书主体内容为钱德明所译乾隆皇帝颂扬清王朝发祥地盛京（今沈阳）的御制诗赋。

118 钱德明在《盛京赋》译本第 336 — 337 页的转录文字如下："……时值乾隆丙寅（c）孟冬小春"；编者所附注（c）将干支纪年"丙寅"换算为公元 1746 年。

119 崔基一所撰《钱德明神父之杯》，第 36—37 页。

120 《贝尔坦先生中国珍奇藏品目录》(*Notice des articles curieux composant le Cabinet chinois du feu M. Bertin*，1815 年)，编号 125 号藏品。

121 同上，编号 157 号藏品。该屏风记录见伯纳德-马特尔所著《1765 —1786 年传教士自华寄送物品目录》(*Catalogue des objets envoyés de Chine par les missionnaires de 1765 à 1786*)，第 154—155 页，编号 32-1777，此处

编号 35；另参见考狄所著《18 世纪法国之中国风》（*La Chine en France au XVIIIe siècle*），巴黎：亨利·洛朗出版社（Henri Laurens), 1910 年，第 103—105 页，其中有对该屏风的详细描述及相关引文。

122 法兰西科学院图书馆 1521 号手稿第 93—96 页（对开页）记载："诸君，余终收悉所寄三箱，其一内装彩绘石屏一架……"（"J' ai reçu enfin, Messieurs, les trois caisses que vous m' avés addressé contenant la premiere un paravant de pierre peinte. . . ."）

123 法兰西科学院图书馆 1524 号手稿第 127 页正反面及第 129 页（对开页）。

124 同上（第 168 页）。

125 《贝尔坦先生中国珍奇藏品目录》编号 164 号藏品记载："钱德明神父寄送之 105 幅版画集，呈现孔子生平要事，系为其所撰孔子传记而备。"条目记载，其中 18 幅图版已刊于《中国杂纂》第 12 卷，然而缩印严重，原作神韵未能尽传。

126 同上，编号 165 号藏品。

127 《中国及波斯绘画、青铜器、漆器与瓷器拍卖目录》（*Catalogue de Peintures chinoises et persanes . . ., de Bronzes, Lacques et Porcelaines de la Chine. . .*），巴黎：内弗出版社（M. Nepveu），1828 年 4 月 22—26 日。第 2 页《告读者》中将"Titsingh"（德胜）误拼为"Titzingh"，并提及贝尔坦与范罢览的旧藏。这次拍卖物品除了中国文物，还包括波斯艺术品、大量欧洲艺术品及图书文献。

128 参见雅克·马克思，《荷兰"贡使"在乾隆宫廷：德胜使团（1795）与朝贡体系》，（*Mandarins hollandais à la cour de Qianlong: l'ambassade Titsingh (1795) dans le système tributair*），http://jacquesmarx. be/pdfs/be509e1b37. pdf，笔者于 2013 年 10 月 23 日访问。

129 《荷兰东印度公司使团 1794—1795 年中国纪行》（*Voyage de l'ambassade de la Compagnie des Indes orientales hollandaises vers l'empereur de la Chine dans les années 1794 et 1795. . .*），两卷本，巴黎：莫罗·德·圣梅里出版社（Moreau de Saint-Méry），1798 年；费城：1797—1798 年。

130 法国国家图书馆版画与摄影部特藏库，编号 AG-35-Roul，来源标注为"此件系大革命时期没收贝尔坦藏品所得（共和二年雨月二十六日，即 1794 年 2 月 14 日）"。版画与摄影部特藏库第 399 号文件将该画作编为第 16 号藏品。

131 法兰西科学院图书馆第 1517 号手稿，第 65—86 页（对开页）；钱德明书信相关文本见卷末第 85 页背面至第 86 页正面。

132 "钱德明先生，北京宗座代牧、天主教法国国王陛下（S.M.T.C.）驻华特使，被中国皇帝册封为钦天监监正。译有中文名著《名人传》等，其著述见于《中国杂纂》；居京四十二载，终老于 1793 年，享寿七十有四。"（注：S.M.T.C. 为"笃信王陛下"标准缩写。）铭文诗云："François, Mantchou, Chinois, homme de Cour, Apôtre / Il fut, sans deroger, tantôt l' un tantôt l' autre / S' il est comme ecrivain digne de quelque prix, / Chacun peut le juger en lisant ses ecrits. "

133 关于“礼”作为新儒学核心概念的简要讨论，参见陈荣捷编译，《中国哲学文献选编》(*A Source Book in Chinese Philosophy*)，普林斯顿大学出版社，1963年；1969、1973年平装版，第519—520页。陈氏亦引述新儒学“天理”概念，既指自然法则，又含自然法之义。

134 法兰西科学院图书馆1517号手稿第86页正面（钱德明书信第43页）记载：“Il est plus que probable qu’il ne s’agit icy que de cette portion de bonheur à laquelle ils pouvoient aspirer dans le cours de leur vie mortelle sur la terre, et qu’il laissoit à la justice et à la bonté de ce même tien de les récompenser ou de les punir dans une autre vie, suivant qu’ils auroient mérité l’un ou l’autre. C’est pour cette raison qu’il préféra la voie de l’enseignement qui instruit et indique, et de l’exemple qui persuade, à la voie de la magistrature qui ordonne ou défend. D’ailleurs rien n’est exalté chez lui: il propose, il indique, il instruite, il exhorte, il agit; mais toujours avec discrétion, et sans enthousiasme, &c.”

人物译名表

（根据各章人物出现顺序排列）

导　论

弗里德里希·梅尔基奥尔·格里姆	Friedrich Melchior Grimm
德尼·狄德罗	Denis Diderot
亨利–莱昂纳尔·让–巴蒂斯特·贝尔坦	Henri–Léonard Jean–Baptiste Bertin
亨利·伯纳德–马特尔	Henri Bernard–Maître
勒内·盖拉德	René Gaillard
亚历山大·罗斯林	Alexandre Roslin
伏尔泰	François–Marie Arouet
高类思	Aloys Ko
杨德望	Étienne Yang
钱德明	Joseph–Marie Amiot
王致诚	Jean–Denis Attiret
朱尔 – 安托万·塔什罗	Jules Antoine Taschereau
小弗雷德里克·韦克曼	Frederic Wakeman, Jr
孟德卫	David Mungello

第一章　高类思、杨德望及北京法国耶稣会传教团

潘廷章	Giuseppe Panzi

贺清泰	Louis Antoine de Poirot
洪若翰	Jean de Fontaney
让-巴蒂斯特·柯尔贝尔	Jean-Baptiste Colbert
杜赫德	Jean-Baptiste Du Halde
郎世宁	Giuseppe Castiglione
安德烈·波佐	Andrea Pozzo
马图兰-雅克·布里松	Mathurin-Jacques Brisson
路易-克劳德·卡代·德·加西库尔	Louis-Claude Cadet de Gassicourt
皮埃尔·普瓦尔	Pierre Poivre
安·罗伯特·雅克·杜尔哥	Anne Robert Jacques Turgot
杰罗姆·德·拉朗德	Jérôme de La Lande
达朗贝尔	D’Alembert
殷弘绪	François Xavier d’Entrecolles
路易·维杰	Louis Vigée
弗朗索瓦·布歇	François Boucher
蒋友仁	Michel Benoist
邓类思	Joseph-Louis Le Febvre
约翰·特伯维尔·尼德姆	John Turberville Needham
荣振华	Joseph Dehergne, S.J.
蒙曦	Nathalie Monnet
玛丽-洛尔·德·罗什布吕纳	Marie-Laure de Rochebrune
蓝莉	Isabelle Landry-Deron
卡米耶·德·罗什蒙特	Camille de Rochemonteix, S.J.
卡特琳娜·马兰	Catherine Marin
裴化行	Henri Bernard-Maître, S.J.
考狄	Henri Cordier

皮埃尔–西尔万·佛辽若	Pierre–Sylvain Filliozat
维吉尔·毕诺	Virgile Pinot
马可·穆西洛	Marco Musillo
米歇尔·伯尔德莱	Michel Beurdeley
李启乐	Kristina Kleutghen
高文·亚历山大·贝利	Gauvin Alexander Bailey
聂云龙	Giovanni Gherardini
高居翰	James Cahill
雅克·西尔维斯特·德·萨西	Jacques Silvestre de Sacy
卡代·德·加西古	Cadet de Gassicourt
梅尔基奥尔–弗朗索瓦·帕朗	Melchior–François Parent
奥古斯特·贝尔纳	Auguste Bernard
李超英	Chao–Ying Lee
韩若兰	Roslyn Lee Hammers
菲利普·K.胡	Philip K. Hu
劳格文	John Lagerwey
马颂仁	Pierre Marsone
白馥兰	Francesca Bray
皮埃尔·萨缪尔·杜邦·德·奈穆尔	Pierre Samuel Du Pont de Nemours
杰罗姆·德·拉朗德	Jérôme de La Lande
让–弗雷德里克·贝尔纳	Jean–Frédéric Bernard
欧立德	Mark C. Elliott
路易–乔治·乌达尔·费德里克斯·德·布雷基尼	Louis–Georges Oudart Feudrix de Bréquigny
伊丽莎白·路易丝·维杰–勒布伦	Élisabeth Louise Vigée–Lebrun
赵冰	Zhao Bing
法比安·西蒙	Fabien Simon

查尔斯·萨扬	Charles Saillant
让-吕克三世·尼永	Jean-Luc III Nyon
皮埃尔·瓦拉-拉沙佩尔	Pierre Vallat-la-Chapelle
让-巴蒂斯特·雷德莱	Jean-Baptiste Reydellet
克里斯泰尔·史曼泰克	Kristel Smentek
梅梅·拉多	Mei Mei Rado
帕斯卡尔-弗朗索瓦·伯特兰	Pascal-François Bertrand
奥黛丽·N.莫帕斯	Audrey N. Maupas
贺凯	Charles O. Hucker
毕梅雪	Michèle Pirazzoli-t' Serstevens
保罗·勒鲁瓦	Paul Leroy
崔基一	Kee Il Choi, Jr.
何安娜	Anne Gerritsen
乔吉奥·列略	Giorgio Riello
弗朗索瓦·雅各布	François Jacob
亚当·帕尔	Adam Parr
晁俊秀	François Bourgeois
韩国英	Pierre-Martial Cibot
宋君荣	Antoine Gaubil
德经	Joseph de Guignes
夏尔·巴特	l' Abbé Charles Batteux
让-巴蒂斯特·约瑟夫·布雷东·德·拉马蒂尼埃	Jean Baptiste Joseph Breton de La Martinière
奥古斯特·内普弗	August Nepveu
弗朗索瓦-玛丽·德莱塞尔	François-Marie Delessert
梅谦立	Thierry Meynard
卢文生	Lu Wensheng

孟久丽	Julia K. Murray

第二章　事实与幻想的景观

让-弗朗索瓦·热尔比永（张诚）	Jean-François Gerbillon
托马斯·惠特利	Thomas Whately
弗朗索瓦·德波尔·拉塔皮	François de Paule Latapie
威廉·钱伯斯	William Chambers
约瑟夫·斯宾塞	Joseph Spence
宣立敦	Richard Strassberg
马国贤	Matteo Ripa
维吉耶神父	Abbé Viguier
绍讷公爵	Michel-Ferdinand d' Albert d' Ailly
卡尔·弗雷德里克·舍费尔	Carl Fredrik Scheffer
乔治-路易·勒鲁日	Georges-Louis Le Rouge
让·西奥多·罗耶	Jean Theodore Royer
科尼利厄斯·迪·鲍	Cornelius de Pauw
比安卡·里纳尔迪	Bianca Rinaldi
韩文彬	Robert Harrist
克劳德-亨利·瓦特莱	Claude-Henri Watelet
圣西蒙公爵	Louis de Rouvroy, duc de Saint-Simon
马克-安托万·洛吉耶	Marc-Antoine Laugier
安德烈·勒诺特尔	André le Nôtre
伊西多尔-斯坦尼斯拉斯·赫尔曼	Isidore-Stanislas Helman
休·昂纳	Hugh Honour
喜龙仁	Osvald Sirén
哈里·博蒙特爵士	Sir Harry Beaumont

米凯莱·法蒂卡	Michele Fatica
庄岳	Yue Zhuang
安德烈娅·M.里门施奈特	Andrea M. Riemenschnitter
罗伯特·塞耶	Robert Sayer
亨利·奥弗顿	Henry Overton
托马斯·鲍尔斯	Henry Overton
约翰·鲍尔斯	John Bowles
玛西娅·里德	Marcia Reed
保拉·德马特	Marcia Reed
曲培醇	Petra ten–Doesschate Chu
保罗·伯希和	Paul Pelliot
路易丝·泰塔科特	Louise Tythacott
邱治平	Chiu Che Bing
康斯坦斯·比安梅	Constance Bienaimé
佛罗伦萨·布勒里	Florence Boulerie
维罗妮克·罗耶	Véronique Royet
厄尔托·德·拉梅维尔	M. Heurtault de Lammerville
扬·范·坎彭	Jan van Campen
亨德里克·布德	Hendrik Budde
钟妙芬	Anita Chung
理雅各	James Legge
埃德温·T.莫里斯	Edwin T. Morris
宇文所安	Stephen Owen
罗勃特·莫瑞	Robert D. Mowry
克劳迪娅·布朗	Claudia Brown
薛爱华	Edward H. Schafer

何瞻	James M. Hargett

第三章　构建真实的中国

约翰·尼霍夫	Johannes Nieuhof
阿塔纳斯·珂雪	Athanasius Kircher
埃米尔·利特雷	Émile Littré
雅克-弗朗索瓦·布隆代尔	Jacques-François Blondel
克劳德·佩罗	Claude Perrault
刘怡玮	Cary Y. Liu
文森佐·马里奥蒂	Vincenzo Mariotti
埃伦·厄伊津格	Ellen Uitzinger
伦纳德·布马塞	Leonard Blussé
J.R. 特尔·莫伦	J.R. ter Molen
安妮·加尔	Anne Gall
斯蒂芬·怀特曼	Stephen Whiteman
顾乃安	Antoine Gournay
宋汉理	Harriet T. Zurndlorfer
费慰梅	Wilma Fairbank
韩书瑞	Susan Naquin
让·勒·卡尔庞捷	Jean Le Carpentier
迈克尔·奈特	Michael Knight
柯律格	Craig Clunas
霍吉淑	Jessica Harrison-Hall
皮特·德·戈耶尔	Pieter de Goyer
雅各布·凯瑟尔	Jacob Keyser
莫里斯·帕莱奥洛格	Maurice Paléologue

古斯塔夫·艾克	Gustave Ecke
尼古拉斯·格林利	Nicholas Grindley
古恒	Maurice Courant
玛丽–皮埃尔·拉菲特	Marie-Pierre Laffiftte
恒慕义	Arthur W. Hummel
维尔纳·桑比安	Werner Szambien
亚历山大·科雅诺	Alexandre Cojannot
亚历山大·加迪	Alexandre Gady
莫里斯·希基·摩根	Morris Hicky Morgan
惠泽霖	Hubert Germain Verhaeren
高华士	Noël Golvers
鲁腾贝克	Ruitenbeek
皮拉佐里	Pirazzoli
热拉第尼	Giovanni Gherardini
艾丽莎贝塔·科尔西	Elisabetta Corsi
贾克·吉斯	Jacques Giès
玛丽–凯瑟琳·雷伊	Marie–Catherine Rey

第四章　启蒙运动时期的法国儒家学者

戈特弗里德·威廉·莱布尼茨	Gottfried Wilhelm Leibniz
让–雅克·勒奎	Jean–Jacques Lequeu
菲利普·杜布瓦	Philippe Duboÿ
雅克–日尔曼·苏夫洛	Jacques–Germain Soufflot
路易·卡罗吉（笔名卡蒙泰勒）	Louis Carrogis
费基埃尔侯爵夫人	Marquise de Feuquières
夏尔–亚历克西·特拉沃	Charles–Alexis Travault

约翰・亚当斯	John Adams
本杰明・富兰克林	Benjamin Franklin
威廉・坦普尔・富兰克林	William Temple Franklin
乔治・比西埃尔	Georges Bussière
唐纳德・拉赫	Donald Lach
阿尔贝・屈尔梅	Albert Curmer
雅宁・巴里耶	Janine Barrier
莫尼克・莫塞尔	Monique Mosser
赵哲冰	Che Bing Chiu
玛丽－皮埃尔・迪穆兰－热内	Marie–Pierre Dumoulin–Genest
雅克・鲁瓦	Jacques Roi
洛朗・巴里东	Laurent Baridon
让–菲利普・加里克	Jean–Philippe Garric
马蒂亚尔・盖德隆	Martial Guédron
弗雷德里克・莫尔万	Frédéric Morvan
埃米尔・考夫曼	Emil Kaufmann
让・蒙瓦尔	Jean Monval
雅克・卡蒂纳	Jacques Catinat
科琳娜・勒比图泽	Corinne Le Bitouzé
宝拉・德玛戴	Paola Demattè
玛西娅・里德	Marcia Reed
窦德士	John W. Dardess
魏根深	Endymion Wilkinson
帕特里克・米歇尔	Patrick Michel
皮埃尔－夏尔・勒韦克	Pierre–Charles Levesque

结语

范礼安	Alessan dro Valignano
葛雷格・M.托马斯	Greg M. Thomas
路易-弗朗索瓦・德拉图尔	Louis-François Delatour
德胜	Isaac Titsingh
范罢览	Andreas Everardus Van Braam Houckgeest
西尔维斯特・德・萨西	Silvestre de Sacy
吕克-樊尚・蒂埃里	Luc-Vincent Thiéry
文森・德罗盖	Vincent Droguet
菲利普・彭斯	Philippe Pons
尼可拉斯・莱弗伦茨	Niklas Leverenz
莫尼克・科恩	Monique Cohen
娜塔莉・莫奈	Nathalie Monnet
夏洛特・维尼翁	Charlotte Vignon
罗香林	Hin-cheung Lovell
福开森	John C. Ferguson
费赖之	Louis Pfister
乔治・罗尔	George R. Loehr
玛格丽特・佐丹	Margaret Jourdain
R.索姆・詹宁斯	R. Soame Jenyns
艾米莉・伯恩・柯蒂斯	Emily Byrne Curtis
洛尔・博蒙-马耶	Laure Beaumont-Maillet
伊莲娜・阿吉翁	Irène Aghion
菲利克斯・维克达齐尔	Félix Vicq-d'Azyr
托马・兰代	Thomas Lindet

路易・蒂泰	Louis Tuetey
贝特朗・多热龙	Bertrand Daugeron
泰奥菲尔・马里翁・迪梅桑	Théophile Marion Dumersan
H. 德拉罗什	H. Delaroche
约瑟夫・德吉涅	Josesph de Guines
雅克・马克思	Jacques Marx
陈荣捷	Wing–tsit Chan

参考文献

档案文献

Bréquigny, Louis George Oudard Feudrix de (1714–1795). *Collection de manuscrits constituée de la correspondance et des travaux historiques de L.-G. de Bréquigny*. Acquired by the Bibliothèque royale in 1815, 165 volumes. Bibliothèque nationale de France. Département des manuscrits. http://catalogue.bnf.fr/ark:/12148/cb144688432/PUBLIC, accessed 24 August 2015. Cited in the present volume as: BnF Fonds Bréquigny.

Correspondance des RR. PP. Jésuites missionnaires en Chine avec H.-L.-J.-B. Bertin. Twelve volumes of Bertin' s papers and correspondence, acquired by the publisher and bookseller Auguste Nepveu (act. ca. 1804–1837), sold to François-Marie Delessert (1780–1868), and bequeathed in 1874 to the Bibliothèque de l' Institut de France; referred to in the present volume as: Bib. Inst. Mss 1515–1526. See the website of the Institut de France, www.calames.abes.fr/pub/institut.aspx#details?id=IF2B12091, accessed 18 October 2019.

亨利·贝尔坦收藏的文献

Essai sur l'architecture chinoise. 2 vols. Ca. 1773. BnF, Département des Estampes et de la photographie, Réserve OE-13-PET FOL, and Réserve OE-13 (A)-PET FOL.

Haitien. Maison de Plaisance de l'Empereur de Chine. Ca. 1750–1792. BnF, Département des Estampes et de la photographie, Réserve OE-21-PET FOL.

Paysages Chinois [Tirés des Jardins de l' Empereur, et autres]. BnF, Département des Estampes et de la photographie, Réserve OE-26-FT 4.

Pierres employées pour ornemens [*sic*] *dans les jardins chinois*. BnF, Département des Estampes et de la photographie, Réserve OE-44-PET FOL.

Portraits de quelques uns d'entre les principaux chinois qui se sont rendus célèbres . . . . Bibliothèque nationale de France, Département des Manuscrits, Chinois 1236.

Recueil. Arcs de triomphe et berceaux chinois. Ca. 1772. BnF, Département des Estampes et de la photographie, Réserve OE–24–FT 4.

Recueil Historique des Principaux Traits de la Vie des Empereurs Chinois. 2 vols. BnF, Département des Estampes et de la photographie, Réserve OE–5–BOITE FOL, Réserve OE–5 (A)–BOITE FOL.

Recueil. Paysages Chinois [Recueil Relatif à l' Architecture Chinoise]. BnF, Département des Estampes et de la photographie, Réserve OE–31–4.

Recueil. Plafonds Chinois. BnF, Département des Estampes et de la photographie, Réserve OE–25–FT 5.

Recueil. Plans relatifs à l'essai sur l'architecture chinoise. Ca. 1773. BnF, Département des Estampes et de la photographie, Réserve OE–15–FT 4.

Recueil. Vases anciens et diverses porcelaines de Chine. BnF, Département des Estampes et de la photographie, Réserve OE–42–PET FOL.

Serres chaudes des Chinois et fleurs qu'ils y conservent. Ca. 1777. BnF, Département des Estampes et de la photographie, Réserve OE–30–FOL.

Yuzhi Gengzhi tu. Text by the Kangxi emperor; prints after Jiao Bingzhen. 1696. BnF, Département des Estampes et de la photographie, Réserve OE–89–4.

Yuzhi Gengzhi tu. Text by the Kangxi emperor; prints after Jiao Bingzhen. 1696. BnF, Département des Estampes et de la photographie. Réserve OE–90–PET FOL.

其他文献

Aghion, Irène. "Le Musée révolutionnaire." In *Histoires d'archéologie: De l'objet à l'étude.* Paris: Institut national d' histoire de l' art, 2009.

Amiot, Jean–Joseph–Marie, S.J., trans. *Art militaire des Chinois, ou Recueil d'anciens traités sur la guerre, composés avant l'ere chrétienne, par différents généraux chinois* . . . . Edited by Joseph de Guignes. Paris: Didot l' Ainé, 1772.

Amiot, Jean–Joseph–Marie, S.J., trans., and Josesph de Guines, ed. *Éloge de la ville de Moukden et de ses environs; poeme compose par Kien–Long, empereur de la Chine & de la Tartarie, actuellement régnant.* Paris: N.M. Tilliard, 1770. Reprint; Milton Keynes, UK: Lightning Source UK Ltd., 2010.

Attiret, Jean–Denis. "Lettre du frère Attiret, de la Compagnie de Jésus, peintre au service du l' Empereur de la Chine, à M. d' Assaut." *Lettres édifiantes et curieuses* 27 (1749): 1–57.

Attiret, Jean–Denis. *A Particular Account of the Emperor of China's Gardens Near Pekin* . . . . Translated from the French by Sir Harry Beaumont [Joseph Spence]. London: R. Dodsley, 1752.

Bailey, Gauvin Alexander. *Art on the Jesuit Missions in Asia and Latin America, 1542–1773.* Toronto: University of Toronto Press, 1999.

Baridon, Laurent, Jean-Philippe Garric, and Martial Guédron. *Jean-Jacques Lequeu: bâtisseur de fantasmes*. Paris: Bibliothèque nationale de France; Éditions Norma, 2018.

Barrier, Janine, Monique Mosser, and Che Bing Chiu, comp. *Aux Jardins de Cathay: l'imaginaire anglo-chinois en Occident, William Chambers*. Besançon: Éditions de l' Imprimeur, 2004.

Beaumont-Maillet, Laure. "Les collectionneurs au Cabinet des estampes." In *Nouvelles de l'estampe*, Vol. 132: 5–27. Paris, December 1993.

Bernard, Auguste. *Histoire de l'imprimerie royale du Louvre*. Paris: Imprimerie impériale, 1867.

Bernard-Maître, Henri, S.J. "Le voyage du père de Fontaney au Siam et à la Chine, 1685–1687, d' après des lettres inédites." *Bulletin de l'Université l'Aurore* (1942): 227–280.

Bernard-Maître, Henri, S.J. "Le Frère Attiret au service de K' ien-long (1739–1768): Sa premiére Biographie écrite par le P. Amiot, rééditée avec notes explicatives et commentaires historiques par Henri Bernard, S.J." *Bulletin de l'Université l'Aurore* (1943), series III, 4, no. 1 (2013): 30–82; 4, no. 2 (2014): 435–474.

Bernard[-Maître], Henri, S.J. "Catalogue des objets envoyés de Chine par les missionnaires de 1765 à 1786." *Bulletin de l'Université l'Aurore*, Series III, 9, (January–April 1948): 119–206.

Bernard-Maitre, Henri, S.J. "Le 'petit Ministre' Henri Bertin et la correspondance littéraire de la Chine à la fin du XVIIIe siècle." *Comptes-rendus des séances de l'Académie des Inscriptions et Belles-Lettres*, 92nd year, no. 4 (1948): 449–451.

Bernard-Maître, Henri, S.J. "Deux Chinois du XVIIIème siècle à l' école des physiocrates français." *Bulletin de l'Université l'Aurore* (1949): 151–197.

Bernard-Maitre, Henri, S.J. *Les Tapisseries chinoises de Boucher au Palais Yuen-Min-Yuen de Pékin*. Variétés d' orientalisme 1. Paris: Lille: Editions Cathasia, n.d., 1950.

Beurdeley, Michel. *Peintres jésuites en Chine au XVIIIe siècle*. Arcueil: Anthèse, 1997.

Bienaimé, Constance. "Les objets 'de la Chine' dans les collections des ducs de Chaulnes." In *L'Extrême-Orient dans la culture européenne des XVIIe et XVIIIe siècles*, edited by Florence Boulerie and others: 151–165. Tübingen: Narr, 2009.

Bienaimé, Constance, and Patrick Michel. "Portrait du singulier monsieur Bertin, ministre investi dans les affaires de la Chine." In Rochebrune, *La Chine à Versailles: Art et diplomatie au XVIIIe siècle*, edited by Marie-Laure de Rochebrune: 150–177. Paris: Somogy Éditions d' Art, 2014.

Blondel, Jacques-François. *Discours sur la nécessité de l'étude de l'architecture:*

Prononcé à l'ouverture du cinquième cours public . . . . Paris: C.–A. Jombert, 1754.

Bray, Francesca. "Agricultural Illustrations: Blueprint or Icon?" In *Graphics and Text in the Production of Technical Knowledge in China: The Warp and the Weft*, edited by Francesca Bray, Vera Dorofeeva–Lichtmann, and Georges Métailié: 521–567. Leiden and Boston: Brill, 2007.

Budde, Hendrik, and others, eds. *Europa und die Kaiser von China (1240–1816)*. Frankfurt am Main: Insel–Verlag, 1985.

Cahill, James. "A Group of Anonymous Northern Figure Paintings from the Qianlong Period," http://jamescahill.info/the-writings-of-james-cahill/a-group-of-anonymous-northern-figure-paintings-from-the-qianlong, accessed 31 October 2015.

Cahill, James. *Pictures for Use and Pleasure: Vernacular Painting in High Qing China*. Berkeley: University of California Press, 2010.

The Cambridge History of China: Volume 8, the Ming Dynasty, Part 2: 1368–1644. Edited by Denis C. Twitchett and Frederick W. Mote. Cambridge, UK: Cambridge University Press, 1998.

Carmontelle (Louis Carrogis, 1717–1806). *Jardin de Monceau, près de Paris, appartenant à S. A. S. Mgr. le duc de Chartres*. Paris: Delafosse, 1779.

Catalogue de Peintures chinoises et persanes . . ., de Bronzes, Lacques et Porcelaines de la Chine, . . ., 22–26 April 1828. Paris: M. Nepveu.

Catinat, Jacques. *Les Châteaux de Chatou et le nymphée de Soufflot*. Chartres: S.O.S.P., 1974.

Chambers, Sir William. *Designs of Chinese Buildings, Furniture, Dresses, Machines and Utensils* . . . . London: Published for the Author . . ., 1757.

Chambers, Sir William. *Desseins des édifices, meubles, habits, machines, et ustenciles [sic] des Chinois* . . . . London: J. Haberkorn, 1757.

Chambers, Sir William. *Traité des édifices, meubles, habits, machines et ustensiles des Chinois* . . . . Paris: Chez le Sieur Le Rouge, 1776.

Chan, Wing–tsit, comp. and trans. *A Source Book in Chinese Philosophy*. Princeton: Princeton University Press, 1963; paperback ed., 1969, 1973.

Chiu, Che Bing. *Yuanming Yuan: Le jardin de la Clarté parfaite*. Besançon: Les Éditions de l' Imprimeur, 2000.

Choi, Kee Il, Jr. "Father Amiot' s Cup: A Qing Imperial Porcelain Sent to the Court of Louis XV." In *Writing Material Culture History*, edited by Anne Gerritsen and Giorgio Riello, Chap. 3: 33–41. London and New York: Bloomsbury Academic, 2014.

Choi, Kee Il, Jr. "*Portraits of Virtue*: Henri–Léonard Bertin, Joseph Amiot and the 'Great Man' of China." *Transactions of the Oriental Ceramic Society* 80 (2015–16): 49–65.

Choi, Kee Il, Jr. "Ancien vs Antique: Henri–Léonard Bertin' s Albums of the

Qianlong Emperor' s 'Vases Chinois' ." *Journal18*, "Albums," , no. 6 (Fall 2018), www.journal18.org/issue6/ancien-vs-antique-henri-leonard-bertins-albums-of-the-qianlong-emperors-vases-chinois/, accessed 3 October 2019.

Chung, Anita. *Drawing Boundaries: Architectural Images in Qing China*. Honolulu: University of Hawai 'i Press, 2004.

Clunas, Craig, and Jessica Harrison-Hall. *Ming: 50 Years That Changed China*. London: British Museum Press, 2014.

Cohen, Monique, and Nathalie Monnet. *Impressions de Chine*. Paris: Bibliothèque nationale, 1992.

Cojannot, Alexandre, and Alexandre Gady. *Dessiner pour bâtir: le métier d'architecte au XVIIe siècle*. Paris: Archives Nationales; Paris: Le Passage, 2017.

Cordier, Henri. *Catalogue des albums chinois et ouvrages relatifs à la Chine conservés au Cabinet des estampes de la Bibliothèque nationale*. Extrait du Journal asiatique, Septembre–Octobre 1909: 209–262. Paris: Impr. nationale, 1909.

Cordier, Henri. *La Chine en France au XVIIIe siècle*. Paris: Henri Laurens, 1910.

Cordier, Henri. "La Suppression de la Compagnie de Jésus et la mission de Peking." *T'oung Pao*, Second Series, 17, no. 3 (July 1916): 271–347, and *Suite*, *T'oung Pao*, Second Series, 17, no. 4/5 (October–December 1916): 561–623.

Cordier, Henri. "Les Correspondants de Bertin, Secrétaire d' État au XVIIIe siècle." *T'oung Pao*, 18, no. 4/5 (October–December 1917): 295–379.

Cordier, Henri. "Les Chinois de Turgot." In *Mélanges d'histoire et de géographie orientales*, Vol. 2: 31–39. Paris: J. Maisonneuve, 1920.

Corsi, Elisabetta. "Envisioning Perspective: Nian Xiyao' s (1671–1738) Rendering of Western Perspective in the Prologues to 'the Science of Vision' ." In *A Life Journey to the East: Sinological Studies in Memory of Giuliano Certuccioli (1923–2001)*. Kyoto: Italian School of East Asian Studies, 2002.

Corsi, Elisabetta. *La fábrica de las ilusiones: los Jesuitas y la difusión de la perspectiva lineal en China (1698–1766)*. Mexico City: El Colegio de México, 2004.

Courant, Maurice. *Catalogue des livres chinois, coréens, japonais*, 3 vols. Paris: Ernest Leroux, 1902, 1910, 1912.

Curmer, Albert. *Les Seigneurs de Chatou*. Versailles: Impr. de J. Aubert, 1919.

Curtis, Emily Byrne. *Glass Exchange between Europe and China, 1550–1800: Diplomatic, Mercantile and Technological Interactions*. Farnham, Surrey and Burlington: Ashgate, 2009.

Dardess, John W. *A Political Life in Ming China*. Lanham, MD: Rowman & Littlefield, 2013.

Daugeron, Bertrand. "Entre l' antique et l' exotique, le projet comparatiste oublié du 'Muséum des Antiques' en l' an III." *Annales historiques de la*

Révolution française 356 (April–June 2009): 143–176.

Dehergne, Joseph, S.J. "Voyageurs chinois venus à Paris au temps de la marine à voiles et l' influence de la Chine sur la littérature française du XVIIIe siècle." *Monumenta Serica* 23 (1964): 372–397.

Dehergne, Joseph, S.J. *Répertoire des Jésuites de Chine de 1552 à 1800*. Roma: Institutum Historicum; Paris: Letouzey & Ané, 1973.

Dehergne, Joseph, S.J. "Une grande collection: Mémoires concernant les Chinois (1776–1814)." *Bulletin de l'Ecole française d'Extrême-Orient* 72 (1983): 267–298.

Delatour, Louis-François. *Essais sur l'architecture des Chinois, sur leurs jardins, leurs principes de médecine, et leurs moeurs et usages . . . .* Paris: Impr. de Clousier, 1803.

Demattè, Paola. "A Confucian Education for Europeans." *The Art Bulletin* 98, no. 1 (March 2016): 43–71.

de Pauw, Cornelius. *Recherches philosophiques sur les Égyptiens et les Chinois, par l'auteur des recherches sur les Amériquains*, 2 vols. Berlin: C.J. Decker, 1773.

Descriptions des arts et métiers, faites ou approuvées par messieurs de l'Académie royale des sciences de Paris, avec figures en taille douce, 113 vols. Paris, 1761–1788.

De Verboden Stad: Hofcultuur van de Chinese Keizers (1644–1911)/The Forbidden City: Court Culture of the Chinese Emperors (1644–1911). Edited by J.R. ter Molen and Ellen Uitzinger. Rotterdam: Museum Boymans—van Beuningen, 1990.

Diderot, Denis, and others, comp. *Encyclopédie, ou Dictionnaire raisonné des sciences, des arts et des métiers, par une Société de gens de lettres. Mis en ordre et publié par M. Diderot, et, quant à la partie mathématique, par M. d'Alembert*, 35 vols. Paris: Briasson, 1751–1780.

Différents palais & temples de l'Empereur de la Chine: dessinés et gravés à la Chine. Ex. col. Michel-Ferdinand d' Albert d' Ailly (duc de Chaulnes, 1714–1769). Bibliothèque nationale de France, Département des Estampes et de la photographie, Réserve OE-21 (C)-PET FOL.

Duboÿ, Philippe. "Jean Jacques Lequeu Architecte?" PhD Diss., Istituto Universitario di Architettura di Venezia (IUAV), Venice, 1972.

Duboÿ, Philippe. *Jean Jacques Lequeu: une énigme*. Paris: Hazan, 1987.

Duboÿ, Philippe. *Jean Jacques Lequeu: dessinateur en architecture*. Paris: Gallimard, 2018.

Du Halde, Jean-Baptiste. *Description géographique, historique, chronologique, politique et physique de l'Empire de la Chine et de la Tartarie chinoise . . .*, 4 vols. Paris: P.-G. Le Mercier, 1735.

Dumersan, Théophile Marion. *Histoire du Cabinet des médailles, antiques et pierres gravées avec une notice sur la Bibliothèque royale, et une description des objets exposés dans cet établissement*. Paris: chez l' auteur, 1838.

Dumoulin-Genest, Marie-Pierre. "L' Introduction et l' acclimatation des plantes chinoises en France au XVIIIe siècle." PhD diss., EHESS, Paris, October 1994.

Ecke, Gustave. "A Group of Eighteenth-Century Paintings of Beijing Interiors." *Journal of the Chinese Classical Furniture Society* 4, no. 3 (Summer 1994): 60–70.

E' ertai 鄂爾泰, and others. *Guochao gongshi* 國朝宮史 (History of the Palaces of the Present [Qing] Dynasty), 1769; reprint, Beijing: Guji chubanshe, 2000.

Elliott, Mark C. "The Limits of Tartary: Manchuria in Imperial and National Geographies." *The Journal of Asian Studies* 59, no. 3 (August 2000): 603–646.

Eng, Clarence. *Colours and Contrast: Ceramic Traditions in Chinese Architecture.* Leiden: Brill, 2014.

Explication des peintures, sculptures, et autres ouvrages de Messieurs de l'Académie royale . . . ., Jean-Baptiste Reydellet, comp. Paris: Jacques Colombat, 1742.

Fatica, Michele, and Yue Zhuang. "Copperplates Controversy: Matteo Ripa' s *Thirty-Six Views of Jehol* and the Chinese Rites Controversy." In *Entangled Landscapes: Early Modern China and Europe*, edited by Yue Zhuang and Andrea M. Riemenschnitter: 144–186. Singapore: National University of Singapore Press, 2017.

Finlay, John. "The Qianlong Emperor' s Western Vistas: Linear Perspective and Trompe l' Oeil Illusion in the European Palaces of the Yuanming yuan." *Bulletin de l'Ecole française d'Extrême-Orient* 94 (2007): 159–193.

Finlay, John. " '40 Views of the Yuanming yuan' : Image and Ideology in a Qianlong Imperial Album of Poetry and Paintings." PhD diss., Yale University Press, New Haven, CT, 2011.

Finlay, John. "Between France and China in the Late 18th Century: Henri Bertin and the Commerce in Images." In *Qing Encounters: Artistic Exchanges between China and the West*, edited by Petra Chu and Ning Ding: 79–94. Los Angeles: Getty Institute, 2015.

Finlay, John. "Henri Bertin (1720–1792) and Images of the Yuanmingyuan in Eighteenth-century France." In *Collecting and Displaying China's "Summer Palace" in the West: The Yuanmingyuan in Britain and France*, edited by Louise Tythacott: 123–137. Abingdon, UK and New York: Routledge, 2018.

Finlay, John. "Henri Bertin and Louis XV' s Gifts to the Qianlong Emperor." In *Des arts diplomatiques: Échanges de présents entre la Chine et l'Europe, XVIIe-XVIIIe siècles*, edited by Zhao Bing, Isabelle Landry-Deron, and Fabien Simon. *Extrême-Orient Extrême-Occident*, Vol. 43, 2019.

Finlay, John. "Constructing an Authentic China: Henri Bertin and Chinese Architecture in 18th-Century France." In *Rhetorics of Landscape: Articulating Authority in the Early Modern World*, edited by Stephen Whiteman. Forthcoming, 2020.

Gall, Anne. *Inventaire avec indication de provenance des collections d'albums, d'estampes et de peintures chinoises du Département des Estampes*. Paris: Bibliothèque nationale de France, 1990; available only as a photocopy in the Département des Estampes et de la photographie.

Giès, Jacques. "*Perspectiva* ou *Science de la vision* de Nian Xiyao (?–1739): Le paradoxe récurrent de la rencontre Chine-Occident." In *Les Très Riches Heures de la Cour de Chine: Chefs-d'oeuvre de la peinture impériale des Qing, 1662–1796*, edited by Marie-Catherine Rey: 13–43. Paris: Éditions de la Réunion des musées nationaux, 2006.

Golvers, Noël. *Libraries of Western Learning for China: Circulation of Western Books between Europe and China in the Jesuit Mission (ca. 1650—ca. 1750). Part 3: Of Books and Readers*. Leuven Chinese Studies XXX. Leuven: Ferdinand Verbiest Instituut KU Leuven, 2015.

Grimm, Friedrich Melchior, and Denis Diderot. *Correspondance littéraire, philosophique et critique de Grimm et de Diderot depuis 1753 jusqu'en 1790*, Vol. 12, 1784–1785. Edited by Jules-Antoine Taschereau. Paris: Furne, 1830.

Grosier, Jean Baptiste Gabriel Alexandre (1743–1823). *De la Chine, ou description générale de cet empire . . . .*, Third Edition, 7 vols. Paris: Pillet Ainé, 1818–20.

Hammers, Roslyn Lee. "Perspectives in Early Qing-Dynasty *Pictures of Tilling and Weaving* and *Pictures of Cotton.*" *Historia Scientiarum* 21, no. 1 (2011): 3–19.

Hammers, Roslyn Lee. *Pictures of Tilling and Weaving: Art, Labor and Technology in Song and Yuan China*. Hong Kong: Hong Kong University Press, 2011.

Hargett, James M. "Huizong' s Magic Marchmount: The Genyue Pleasure Park of Kaifeng." *Monumenta Serica* 38 (1988–89): 1–48.

Harrist, Robert E., Jr. *Painting and Private Life in Eleventh-Century China: Mountain Villa by Li Gonglin*. Princeton: Princeton University Press, 1998.

He, Li, and Michael Knight. *Power and Glory: Court Arts of China's Ming Dynasty*. San Francisco: Asian Art Museum, 2008.

He, Zhongyi, and Zeng Zhaofen. *Yuanming yuan yuanlin yishu* (Garden Art of the Yuanming yuan). Beijing: Kexue chubanshe, 1995. 何重义，曾昭奋著. 圆明园园林艺术. 北京：科学出版社，1995.

Hearn, Maxwell K., ed. *Landscapes Clear and Radiant: The Art of Wang Hui (1632–1717)*. New York: Metropolitan Museum of Art; New Haven: Yale University Press, 2008.

Helman, Isidore-Stanislas. *Suite des seize estampes représentant les conquêtes de l'empereur de la Chine* . . . . Paris: Chez l' Auteur, 1785–86.

Helman, Isidore–Stanislas. *Faits mémorables des Empereurs de la Chine, Tirés des Annales Chinoises, Dédiés à Madame, Ornés de 24 Estampes en 4o*. Gravées par Hellman, d' après les Desseins Originaux de la Chine, tirés du Cabinet de Mr. Bertin, Mtre. et ancien Sre. d' Etat. A Paris: Chez l' Auteur, . . ., 1788.

Helman, Isidore–Stanislas. *Abrégé historique des principaux traits de la vie de Confucius, Célèbre Philosophe Chinois* . . . . Paris, 1786–88(?).

Hu, Philip K., ed. *Visible Traces: Rare Book and Special Collections from the National Library of China*. New York: Queens Borough Public Library; Beijing: National Library of China, 2000.

Hucker, Charles O. *A Dictionary of Official Titles in Imperial China*. Stanford, CA: Stanford University Press, 1985.

Hummel, Arthur W., ed. *Eminent Chinese of the Ch'ing Period (1644–1912)*, 2 vols. Washington, DC: U.S. Government Printing Office, 1943.

Jacob, François. "Kien–Long, poète d' empire." *Text Presented on Academia.edu*, www.academia.edu/14040787/Kien–Long_po%C3%A8te_dempire, accessed 24 November 2016.

Jourdain, Margaret, and R. Soame Jenyns. *Chinese Export Art in the Eighteenth Century*. Feltham, Middlesex: Country Life Ltd., 1950; reprint, Spring Books, 1967.

Kaufmann, Emil. "Three Revolutionary Architects, Boullée, Ledoux and Lequeu." *Transactions of the American Philosophical Society*, New series, 42, part 3 (1952): 431–564.

Kleutghen, Kristina. *Imperial Illusions: Crossing Pictorial Boundaries in the Qing Palaces*. Seattle and London: University of Washington Press, 2015.

Lach, Donald. "Leibniz and China." *Journal of the History of Ideas* 6, no. 4 (1945): 436–455.

Lach, Donald. *The Preface to Leibniz' Novissima Sinica: Commentary, Translation, Text*. Honolulu: University of Hawai 'i Press, 1957.

La Chine en miniature, ou Choix de costumes, arts et métiers de cet Empire, ... Edited by Jean Baptiste Joseph Breton de La Martinière. Paris: Nepveu, 4 vols., 1811; 2 vols. 1812.

Laffitte, Marie–Pierre, ed. *1789, le patrimoine libéré: 200 trésors entrés à la Bibliothèque nationale de 1789 à 1799*. Paris: Bibliothèque nationale, 1989.

Lagerwey, John, and Pierre Marsone, eds. *Modern Chinese Religion I: Song–Liao–Jin–Yuan (960–1368 AD)*. Leiden: Brill, 2015.

La Lande, Jérôme de. *Art de faire le papier*. Paris: Saillant et Nyon, 1761.

Landry–Deron, Isabelle. "Les Mathématiciens envoyés en Chine par Louis XIV en 1685." *Archive for History of Exact Sciences* 55, no. 5 (April 2001): 423–463.

Landry–Deron, Isabelle. *La preuve par la Chine: la "Description" de J.–B. Du Halde, jésuite, 1735*. Paris: Éd. de l' École des hautes études en sciences sociales, 2002.

Landry-Deron, Isabelle. "La curiosité de Turgot à l' égard de la Chine: Regard sur ses cinquante-deux questions à Ko et Yang." *Paper for the Colloque International Turgot (1727–1780), notre contemporain? Économie, Administration et Gouvernement au Siècle des Lumières*. Université de Caen, 14–16 May 2003.

Landry-Deron, Isabelle. " 'Pour la perfection des sciences et des arts' : La mission jésuite française en Chine sous le patronage de l' Académie royale." In *L'œuvre scientifique des missionnaires en Asie*, edited by Pierre-Sylvain Filliozat, Jean-Pierre Mahé, and Jean Leclant: 77–96. Paris: Académie des Inscriptions et Belles-lettres; de Boccard, 2011.

Laugier, Marc-Antoine. *Essai sur l'Architecture*. Paris: Chez Duchesne, 1753; idem, *Nouvelle édition, Revue, corrigée, & augmentée* . . . . Paris: Chez Duchesne, 1755.

Laugier, Marc-Antoine. *An Essay on Architecture by Marc-Antoine Laugier*. Translated by Wolfgang and Anni Herrmann. Los Angeles: Hennessey & Ingalls, 1977.

Le Bitouzé, Corinne. " 'Un très curieux recueil' : Les dessins de Jean-Jacques Lequeu dans les collections du Département des estampes et de la photographie de la BnF." In *Jean-Jacques Lequeu: Bâtisseur de fantasmes*, edited by Laurent Baridon and others: 173–177. Paris: Bibliothèque nationale de France; Éditions Norma, 2018.

Lee, Chao-Ying. "L' enjeu politique et religieux des modes de représentation dans les *Mémoires concernant les Chinois* (1776–1791)." *Histoire de l'Art* 51 (November 2002): 87–99.

Lee, Chao-Ying. "L' enjeu politique dans les *Mémoires concernant les Chinois* (1776–1791)." *Croisements* 4 (2014), Atelier des cahiers voyages/voisinages: 190–208.

Lee, Chao-Ying. *Visions de l'Empire du Milieu au 18e siècle en France: Illustrations des* Mémoires concernant les Chinois *(1776–1791)*. Paris: L' Harmattan, 2016.

Legge, James. *The Works of Mencius Translated, with Critical and Exegetical Notes, Prolegomena, and Copious Indexes by James Legge*. The Chinese Classics, Vol. 2. Oxford: Clarendon Press; reprint, New York: Dover Publications, 1970.

Legge, James, trans. *Confucius: Confucian Analects, the Great Learning & the Doctrine of the Mean*. The Chinese Classics, Vol. 1. Oxford: Clarendon Press; reprint, New York: Dover Publications, 1971.

Lequeu, Jean-Jacques. *Architecture civile de Jean Jacques Le Queu contenant nombre d'édifices de diférents peuples disséminés sur la terre* . . . ., 2 vols., 1777–1825. Bibliothèque nationale de France, Département des Estampes et de la photographie, Réserve HA-80 (1)-FOL and HA-80 (2)-FOL.

Leroy, Paul. "Notes sur les relations artistiques entre la France et la Chine aux XVIIe et XVIIIe siècles." *Réunion des sociétés des beaux-arts des départements*, Salle de l' hémicycle, à l' École nationale des beaux-arts, 24th session (1900): 413–430.

Lettres édifiantes et curieuses, écrites des Missions étrangères, par quelques missionnaires de la Compagnie de Jésus, Vols. 1–34. Paris: Nicolas Le Clerc, and others, 1703–1776. See the BnF website https://catalogue.bnf.fr/ark:/12148/cb328061927.public, accessed 18 October 2019, for details on the publication of the first series.

Leverenz, Niklas. "Isidore-Stanislas Helman and J. Pélicier." *Print Quarterly* 37, no. 1 (2020), "Notes," 75–76.

Levesque, Pierre-Charles, ed. *Pensées morales de Confucius, recueillies et traduites du latin par M. Levesque*. Paris: chez Didot l' aîné et De Bure l' aîné, 1782.

Li, Weiwen 李纬文. *Lun Zhongguo jianzhu: 18 shiji Faguo chuanjiaoshi bixia de Zhongguo jianzhu* 论中国建筑: 18 世纪法国传教士笔下的中国建筑. Preface by Antoine Gournay. Beijing: Publishing House of Electronics Industry电子工业出版社, 2016.

Liang Shizheng 梁詩正, and others, comp. *Qinding Xiqing gujian* (40 *juan*) 欽定西清古鑑 (四十卷). Beijing: Wuying dian 武英殿, Qianlong 16 (1751). Bibliothèque nationale de France, Département des manuscrits, Chinois-1139 (*juan* 6–12), Chinois-1140 (*juan* 1–5, 13–19), Chinois-1141 (*juan* 20–26), Chinois-1142 (*juan* 27–33), Chinois-1143 (*juan* 34–40).

Littré, Émile (1801–1881). *Dictionnaire de la langue française*, 4 vols. Paris: L. Hachette, 1863–1872. Dictionnaire de la langue française "Littré" , http://littre.reverso.net/dictionnaire-francais/

Liu, Cary Y. "Architects and Builders of the Qing Dynasty Yuanming Yuan Imperial Garden-Palace." *The University of Hong Kong Museum Journal* 1 (September 2002), in English and Chinese: 38–59, 151–161.

Loehr, George R. "The Sinicization of Missionary Artists and Their Work at the Manchu Court during the Eighteenth Century." *Cahiers d'histoire mondiale* 7, no. 4 (1963): 795–816.

Lovell, Hin-cheung, and John C. Ferguson. *An Annotated Bibliography of Chinese Painting Catalogues and Related Texts*. Michigan Papers in Chinese Studies 16. Ann Arbor: University of Michigan, 1973.

Lu, Wensheng, and Julia K. Murray. *Confucius: His Life and Legacy in Art*. New York: China Institute Gallery, 2010.

Marin, Catherine. "La mission française de Pékin après la suppression de la compagnie de Jésus en 1773." *Transversalités* 107 (2008/3): 9–28.

Marx, Jacques. "Mandarins hollandais à la cour de Qianlong: l' ambassade

Titsingh (1795) dans le système tributaire," http://jacquesmarx.be/pdfs/be509e1b37.pdf, accessed 23 October 2013.

Mathews, R.H. *Mathews' Chinese–English Dictionary*, Revised American Edition. Cambridge, MA: Harvard University Press, 1943.

Mémoires concernant l'histoire, les sciences, les arts, les moeurs, les usages, &c. des Chinois: Par les missionnaires de Pekin, Joseph Amiot, François Bourgeois, Pierre–Martial Cibot, Aloys Kao, Aloys de Poirot, et al., comp., 15 vols. Paris: Nyon, 1776–1791. Referred to in the present volume as: *Mémoires concernant les Chinois*.

Meynard, Thierry, S.J., trans. and ed. *Confucius Sinarum Philosophus (1687): The First Translation of the Confucian Classics*. Monumenta Historica Societatis Iesu Nova Series, Vol. 6. Rome: Institutum Historicum Societatis Iesu, 2011.

Monnet, Nathalie. *Le Gengzhitu: Le livre du riz et de la soie*. Paris: J.C. Lattès, 2003.

Monnet, Nathalie. *Chine: l'Empire du trait: calligraphies et dessins du Ve au XIXe siècle*. Paris: Bibliothèque nationale de France, 2004.

Monnet, Nathalie. "Le Jeune duc du Maine, Protecteur des premières missions françaises en Chine." In *La Chine à Versailles: Art et diplomatie au XVIIIe siècle*, edited by Marie–Laure de Rochebrune: 36–43. Paris: Somogy Éditions d' Art, 2014.

Monval, Jean. *Soufflot, sa vie, son oeuvre, son esthétique (1713–1780)*. Paris: A. Lemerre, 1918.

Morris, Edwin T. *The Gardens of China: History, Art, and Meanings*. New York: Charles Scribner' s Sons, 1983.

Morvan, Frédéric. "Jean Jacques Lequeu." In Appendix in Philippe Duboÿ, *Jean Jacques Lequeu: dessinateur en architecture*: 233–261. Paris: Gallimard, 2018.

Mowry, Robert D., with contributions by Claudia Brown, and others. *Worlds within Worlds: The Richard Rosenblum Collection of Chinese Scholars' Rocks*. Cambridge, MA: Harvard University Art Museums, 1997.

Mungello, David E. *Leibniz and Confucianism: The Search for Accord*. Honolulu: University of Hawai' i Press, 1977.

Mungello, David E. "Some Recent Studies on the Confluence of Chinese and Western Intellectual History." *Journal of the History of Idea* 40, no. 4 (October–December 1979): 649–661.

Mungello, David E. *The Great Encounter of China and the West, 1500–1800*, Fourth Edition, Revised. Plymouth: Rowman & Littlefield, 2013.

Musillo, Marco. "Bridging Europe and China: The Professional Life of Giuseppe Castiglione (1688–1766)." PhD diss., School of World Art and Museology, University of East Anglia, United Kingdom, 2006.

Musillo, Marco. *The Shining Inheritance: Italian Painters at the Qing Court,*

1699–1812. Los Angeles: Getty Research Institute, 2016.

Naquin, Susan. *Peking: Temples and City Life, 1400–1900*. Berkeley: University of California Press, 2000.

Needham, John Turberville. *De Inscriptione quâdam Ægyptiacâ Taurini inventâ, et Characteribus Ægyptiacis, olim Sinis communibus* . . . . Rome: Nicolai, 1761.

Nieuhof, Johan. *Journaal van zommige voorvallen, inde voyagie vande E. Heeren Pieter de Goyer en Jacob Keyser, ambassadeurs, aande grootmachtige keizer van Chyna en Tartaryen, inde jaaren 1655, 56 & 1657*. Travel journal, 1659. Paris: Société de Géographie, held in the Bibliothèque nationale de France.

Nieuhof, Johan. *Het gezantschap der Neêrlandsche Oost–Indische Compagnie aan den grooten tartarischen Cham, den tegenwoordigen keizer van China*. Dutch Edition. Amsterdam: Jacob van Meurs, 1665.

Nieuhof, Johan. *Die Gesandschaft der Ost–Indischen Gesellschaft in den Niederlanden an den Tartarischen Cham und nunmehr auch Sinischen Keiser. Ber. durch . . . Peter de Gojer u. Jacob Keiser mit 150 Kupferstükken*. German Edition. Amsterdam: Moers 1666; Amsterdam: Moers, 1669.

Nieuhoff, Jean. *L'ambassade de la Compagnie orientale des Provinces Unies vers l'empereur de la Chine, ou grand cam de Tartarie, faite par les Srs. Pierre de Goyer, & Jacob de Keyser*. French Edition. Leiden: Pour J. de Meurs, 1665.

Notice des articles curieux composant le Cabinet chinois du feu M. Bertin, Ministre et Secrétaire d'État sous Louis XV et Louis XVI. H. Delaroche; Moreau, commissaire–priseur, 1–4 February, 1815. Paris: l' Imprimerie de Crapelet.

Owen, Stephen. *The End of the Chinese 'Middle Ages': Essays in Mid–Tang Literary Culture*. Stanford, CA: Stanford University Press, 1996.

Paléologue, Maurice. *L'Art Chinois*. Paris: Alcide Picard & Kaan, 1887.

Parr, Adam. "John Clarke' s *Military Institutions of Vegetius* and Joseph Amiot' s *Art Militaire des Chinois*: Translating Classical Military Theory in the Aftermath of the Seven Years' War." PhD diss., University College London, 2016, http://discovery.ucl.ac.uk/1485839/7/Adam%20Parr%20Translating%20Classical%20Military%20Theory%202016.pdf, accessed 30 November 2016.

Pelliot, Paul. "Les 'Conquêtes de l' Empereur de la Chine' ." *T'oung Pao* 20 (1921): 183–274.

Perrault, Claude. *Les dix Livres d'architecture de Vitruve, corrigez et nouvellement traduits en françois, avec des notes et des figures*. Paris: J.–B. Coignard, 1673.

Pfister, Louis. *Notices biographiques et bibliographiques sur les Jésuites de l'ancienne mission de Chine, 1552–1773*, 2 vols. Variétés Sinologiques 59–60. Shanghai: Imprimerie de la Mission catholique, 1932, 1934.

Pinot, Virgile. "Documents inédits relatifs à la connaissance de la Chine en France de 1685 à 1740." PhD diss., Université de Paris, P. Geuthner, Paris, 1932;

Reprint: Slatkine, Geneva, 1971.

Pirazzoli-t' Serstevens, Michèle, ed. *Le Yuanmingyuan: jeux d'eau et palais européens du XVIIIème siècle à la cour de Chine.* Paris: Editions Recherche sur les civilisations, 1987.

Poivre, Pierre. *Oeuvres complettes de P. Poivre, . . . Précédées de sa vie, et accompagnées de notes.* Paris: Fuchs, 1797.

Pozzo, Andrea, and Vincenzo Mariotti. *Perspectiva Pictorum et Architectorum Andreae Putei.* Rome: Joannis Jacobi Komarek, 1693. English Edition, *Rules and Examples of Perspective Proper for Painters and Architects.* London, 1707; reprint, *Perspective in Architecture and Painting.* New York: Dover Books, 1989.

Premier Catalogue des Livres, la plupart précieux, du Cabinet de feu M. L.-F. Delatour. Paris: Tilliard Freres; J.-G. Mérigot, 1808.

Rado, Mei Mei. "Qing Court' s Encounters with European Tapestries: The *Tenture Chinoise* and Beyond." In *Arachné: un regard critique sur l'histoire de la tapisserie*, edited by Pascal-François Bertrand and Audrey N. Maupas. Rennes: Presses Universitaires de Rennes, 2017.

Recueil de planches, sur les sciences, les arts libéraux et les arts mechaniques: avec leur explication . . . . Paris: Briasson, David, Le Breton, Durand, 1762.

Recueil de voyages au nord: contenant divers mémoires très utiles au commerce & à la navigation, Jean-Frédéric Bernard, ed., Vol. 10. Amsterdam: Jean Frédéric Bernard, 1738.

Rinaldi, Bianca Maria. *The "Chinese Garden in Good Taste": Jesuits and Europe's Knowledge of Chinese Flora and Art of the Garden in the 17th and 18th Centuries.* Munich: Martin Meidenbauer, 2006.

Rinaldi, Bianca Maria, ed. *Ideas of Chinese Gardens: Western Accounts, 1300–1860.* Penn Studies in Landscape Architecture. Edited by John Dixon Hunt. Philadelphia: University of Pennsylvania Press, 2016.

Rochebrune, Marie-Laure de, ed. *La Chine à Versailles: Art et diplomatie au XVIIIe siècle.* Paris: Somogy Éditions d' Art, 2014.

Rochebrune, Marie-Laure de. "Les porcelaines de Sèvres envoyées en guise de cadeaux diplomatiques à l' empereur de Chine par les souverains français dans la seconde moitié du XVIIIe siècle." In *Extrême-Orient Extrême-Occident.* Des arts diplomatiques: Échanges de présents entre la Chine et l' Europe, XVIIe-XVIIIe siècles, edited by Zhao Bing, Isabelle Landry-Deron, and Fabien Simon, Vol. 43, 2019.

Rochemonteix, Camille de, S.J. *Joseph Amiot et les derniers survivants de la mission française à Pékin (1750–1795), avec quelques relations nouvelles des missions, et des notes géographiques et historiques.* Paris: Librairie Alphonse Picard et fils, 1915.

Roi, Jacques. "Les Missionnaires de Chine et la botanique." *Collectanea*

Commissionis Synodalis in Sinis 6, nos. 7–8 (July–August 1938).

Royet, Véronique, and others, comp. *Georges Louis Le Rouge: Jardins anglo-chinois*. Paris: Bibliothèque nationale de France, 2004.

Ruitenbeek, Klaas. *Carpentry and Building in Late Imperial China: A Study of the Fifteenth-Century Carpenter's Manual Lu Ban jing*. Leiden, New York and Cologne: E.J. Brill, 1993.

Schafer Edward H. *Tu Wan's Stone Catalogue of Cloudy Forest. A Commentary and Synopsis*. Berkeley: University of California Press, 1961; reprint, Warren, CT: Floating World Editions, 2005.

Shaw, Shiow-jyu Lu. *The Imperial Printing of Early Ch'ing China, 1644–1805*. Taipei: Chinese Materials Center, 1983.

Silvestre de Sacy, Jacques. *Henri Bertin dans le sillage de la Chine: 1720–1792*. Paris: Editions Cathasia; les Belles lettres, 1970.

Sirén, Osvald. *China and Gardens of Europe of the Eighteenth Century*. New York: Roland Press, 1949; reprint, Washington, DC: Dumbarton Oaks Research Library and Collection, 1990.

Smentek, Kristel. "China and Greco-Roman Antiquity: Overture to a Study of the Vase in Eighteenth-Century France." *Journal18*, no. 1 (Spring 2016), "Multilayered", www.journal18.org/issue1/china-and-greco-roman-antiquity-overture-to-a-study-of-the-vase-in-eighteenth-century-france/, accessed 3 October 2019.

Smentek, Kristel. "Chinoiseries for the Qing: A French Gift of Tapestries to the Qianlong Emperor." *Journal of Early Modern History* 20 (2016): 87–109.

Strassberg, Richard. "The Landscape of Intercultural Citation: The Chinese-Style Garden in Europe." In *China on Paper: European and Chinese Works from the Late Sixteenth to the Early Nineteenth Century*, edited by Marcia Reed and Paola Demattè: 121–132. Los Angeles: Getty Research Institute, 2007.

Strassberg, Richard. "War and Peace: Four Intercultural Landscapes." In *China on Paper: European and Chinese Works from the Late Sixteenth to the Early Nineteenth Century*, edited by Marcia Reed and Paola Demattè: 89–137. Los Angeles: Getty Research Institute, 2007.

Strassberg, Richard E. "Yizuo Qingdai yuyuan zhi chuanbo: Kangxi Bishu shanzhuang sanshiliu jing qi zai xifang de chuanbo licheng" (一座清代御苑之传播康熙避暑山庄三十六景及其在西方的传播历程); "Transmitting a Qing Imperial Garden: Kangxi's Thirty-Six Views of Bishu shanzhuang and Their Journey to the West." *Fengjing yuanlin* 风景园林 (*Landscape Architecture*) 83 (June 2009): 93–103.

Szambien, Werner. *Symétrie, goût, caractère: Théorie et terminologie de l'architecture à l'âge classique 1550–1800*. Paris: Picard, 1986.

Thiéry, Luc-Vincent. *Guide des amateurs et des étrangers voyageurs à Paris, ou Description raisonnée de cette ville, de sa banlieue et de tout ce qu'elles contiennent de remarquable*, 2 vols. Paris: Hardouin et Gattey, 1787.

Thomas, Greg M. "Yuanming yuan/Versailles: Intercultural Interactions between Chinese and European Palace Cultures." *Art History* 32, no. 1 (February 2009): 115–143.

Tuetey, Louis, comp. and ed. *Procès-verbaux de la Commission temporaire des arts*, 2 vols. Paris: Imprimerie Nationale, 1912, 1917.

Turgot, Anne-Robert-Jacques, *Oeuvres de M. Turgot, ministre d'État, ... Précédées et accompagnées de Mémoires et de Notes sur sa Vie, son Administration, et ses Ouvrages*, edited by Pierre Samuel Du Pont de Nemours, 9 vols. Paris: Imprimerie de Delance, 1808–1811.

Uitzinger, Ellen. "For the Man Who Has Everything: Western-Style Exotica in Birthday Celebrations at the Court of Ch' ien-lung." In *Conflict and Accommodation in Early Modern East Asia: Essays in Honour of Erik Zurcher*, edited by Leonard Blussé and Harriet T. Zurndorfer. Sinica Leidensia XXIX: 206–239. Leiden, New York, and Cologne: E.J. Brill, 1993.

Van Braam Houckgeest, Andreas Everardus. *Voyage de l'ambassade de la Compagnie des Indes orientales hollandaises vers l'empereur de la Chine dans les années 1794 et 1795 . . .*, 2 vols. Paris: Moreau de Saint-Méry, 1798; Philadelphia, 1797–1798.

van Campen, Jan. "A Chinese Collection in the Netherlands." *The Magazine Antiques*, September 2000: 360–371.

Verhaeren, Hubert Germain and Mission catholique des Lazaristes à Pékin. *Catalogue de la Bibliothèque du Pé-T'ang*. Beijing: Mission catholique des Lazaristes à Pékin, 1949. Reprint: Paris: Société d' Edition Les Belles Lettres, 1969.

Vicq-d' Azyr, Félix, Thomas Lindet, and Bouquier (aîné) [sic]. *Instruction sur la manière d'inventorier et de conserver, dans toute l'étendue de la République, tous les objets qui peuvent servir aux arts, aux sciences et à l'enseignement, proposée par la Commission temporaire des arts . . . .* Paris: Imprimerie nationale, an II, 1793.

Vitruvius: The Ten Books on Architecture. Translated by Morris Hicky Morgan. Cambridge, MA: Harvard University Press, 1914; reprint, New York: Dover Books, 1960.

Voltaire (François-Marie Arouet). *Dictionnaire philosophique, portatif.* "Liberté de Penser" : 224–228. London, 1765.

Voyage et Séjour en France, par Ordre du Roi, de deux particuliers chinois, les Sieurs Kô & Yang, 1765. Bibliothèque de l' Institut de France, Ms 1520, fols. 50–55.

Wakeman, Frederic, Jr. "The Chinese Mirror." *Proceedings of the Academy of Political Science* 31, no. 1, China' s Developmental Experience (March 1973): 208–219, www.jstor.org/stable/1173495, accessed 30 July 2016.

Watelet, Claude-Henri. *Essai sur les Jardins*. Paris: Impr. de Prault, 1774.

Whately, Thomas. *Observations on Modern Gardening, Illustrated by Descriptions* . . . . London: Printed for T. Payne, at the Mews-gate, 1770.

Whately, Thomas. *L'Art de former les jardins modernes, ou L'art des jardins anglois* . . . . Translated by François de Paule Latapie. Paris: Charles-Antoine Jombert, Père, 1771.

Wilkinson, Endymion. *Chinese History: A Manual*. Harvard-Yenching Institute Monograph Series 52. Cambridge, MA: Harvard University Asia Center, Harvard-Yenching Institute; Harvard University Press, 2000.

Zhuang, Yue. "Hatchings in the Void: Ritual and Order in *Bishu Shanzhuang Shi* and Matteo Ripa' s *Views of Jehol*." In *Qing Encounters: Artistic Exchanges between China and the West*, edited by Petra ten-Doesschate Chu and Ning Ding: 142–157. Los Angeles: Getty Research Institute, 2015.

Zhuang, Yue. "Fear and Pride: Sir William Chambers' *Dissertation on Oriental Gardening*, Burke' s Sublime and China." In *Entangled Landscapes: Early Modern China and Europe*, edited by Yue Zhuang and Andrea M. Riemenschnitter: 56–114. Singapore: National University of Singapore Press, 2017.

Zhuang, Yue, and Andrea M. Riemenschnitter, eds. *Entangled Landscapes: Early Modern China and Europe*. Singapore: National University of Singapore Press, 2017.

Zou, Hui. "Jesuit Perspective in China." *Architectura* 31 (2001): 145–168.

Zou, Hui. "The *jing* of a Perspective Garden." *Studies in the History of Gardens and Designed Landscapes* 22, no. 4 (October–December 2002): 293–326.